Dolores Cannon

Jesús y los esenios

Previously published by and Permissions given to print by:
Ediciones Luciérnaga

Library of Congress Cataloging-in-Publication Data
Cannon, Dolores, 1931-2014
Jesús y los esenios (Jesus and the Essenes) by Dolores Cannon
Testigos presenciales de los años perdidos de Jesús, las porciones que se han eliminado de la Biblia y la comunidad de los esenios en Qumran. La información se obtuvo a través de la hipnosis regresiva, realizada por Dolores Cannon. Incluye bibliografía.

1. Hipnosis   2. Rencarnación   3. Terapia de vidas pasadas
4. Jesús   5. Esenios   6. Qumran
I. Cannon, Dolores, 1931-2014   II. Jesús   III. Esenios   IV. Title

Library of Congress Catalog Card Number: 2020943102
ISBN 978-1-950608-01-0

Ilustración de la cubierta: Victoria Cooper Art
Book set in Adobe Times New Roman Script
Book Design: Nancy Vernon
Traducción: Kira Bermúdez

Published by:

OZARK
MOUNTAIN
PUBLISHING

P.O. Box 754
Huntsville, AR 72740-0754
Impreso en United States of America

Índice

Prefacio

¿Quién soy yo para atreverme a escribir un libro que alterará, o cuando menos perturbará la base de las creencias de muchos, judíos y cristianos, por igual? Yo respeto las creencias. El hombre debe *creer en algo,* aunque crea que nada existe.

Ésta es la historia de unas personas que dedicaron sus vidas a proteger y conservar el conocimiento. Es algo que me incumbe personalmente. Para mí, la destrucción del conocimiento es algo espantoso. Parece como si estas personas me hubieran entregado la antorcha proverbial a través de los eones del espacio y el tiempo. Esta información no me fue dada para que acumulara polvo en un estante. Está destinada a ser revelada una vez más para aquellos que tienen sed de conocimiento. Es casi como si los esenios me susurraran al oído. «Escribe -me dicen-, la sabiduría ha estado oculta demasiado tiempo. Escribe, no dejes que la sabiduría se vuelva a perder.» Por eso, siento que debo compartir lo que he aprendido. Si mi decisión inquieta a algunos, espero que se entienda que no es éste mi cometido. Si hace pensar a algunos, ésa es mi intención.

No puedo afirmar que lo que he presentado en este libro sea la verdad absoluta, es decir, hechos indiscutibles. No lo sé, y dudo seriamente que alguien vivo tenga las respuestas. Pero quizá, por primera vez, os diría: atreveos a romper el molde que os ha tenido prisioneros desde la infancia. Abrid las ventanas de vuestras mentes y dejad que penetren la curiosidad y la búsqueda de la sabiduría, como una brisa fresca de primavera que disipe las telarañas de la complacencia. Atreveos a cuestionar lo incuestionable. Atreveos a considerar diferentes conceptos de la vida y de la muerte. Y con ello, el alma, vuestro «ser» eterno, se habrá enriquecido.

PRIMERA PARTE

Los misteriosos esenios

1 - Cómo empezó todo

Sí, es posible viajar a través del tiempo y el espacio, y visitar civilizaciones desaparecidas hace mucho tiempo. Es posible hablar con aquellos que murieron en un pasado remoto, y revivir con ellos sus vidas y sus muertes. Es posible viajar hacia atrás en el tiempo, cientos e incluso miles de años, para explorar el pasado. Lo sé porque lo he hecho, no una vez, sino cientos de veces.

Lo he hecho a través de la hipnosis regresiva. Esta técnica o método permite a las personas recordar y, a menudo, revivir sus vidas anteriores. La idea de que no vivimos una sino muchas veces, se llama *reencarnación*. Esto no debe confundirse con «transmigración», que es la creencia errónea de que el hombre es capaz de renacer como animal. Según mis investigaciones, esto no sucede. Cuando el alma de un hombre se encarna, habita siempre un cuerpo humano. Por desgracia, puede llegar a hundirse tanto como para tener una naturaleza bestial, pero nunca adopta la forma de un animal. Se trata de un tipo de espíritu completamente distinto.

No sé por qué a algunas personas les cuesta tanto entender la idea de la reencarnación, pues es algo que pueden relacionar con sus propias vidas. Todos cambiamos constantemente. Si no cambiamos, significaría que hemos dejado de crecer. En ese momento te estancas y empiezas a morir. Cambiamos tanto que a menudo sentimos que hemos vivido muchas vidas distintas en la que estamos viviendo. Vamos al colegio, nos casamos, tenemos hijos, a veces nos casamos de nuevo. Tal vez cambiemos de ocupación, tomando caminos completamente distintos en ocasiones. Tal vez viajemos o vivamos en un país extranjero durante un tiempo. Tal vez experimentemos traumas y una gran tristeza con la muerte o las desgracias de seres queridos. Es de esperar que aprendamos a amar y alcancemos nuestras metas en la vida. Son fases de nuestra vida, y son completamente distintas una de otra. Cometemos errores, y es de esperar que aprendamos de ellos. Oímos que la gente dice: «No sé cómo pude hacer cosas tan estúpidas de joven. Es casi como si le hubiera sucedido a otra persona».

Yo sé que nunca podría volver a ser la joven adolescente que fui cuando iba al instituto. Ni siquiera podría conectar con ella, tan ingenua y tímida. Ahora no tendríamos nada en común. Y ella nunca habría podido entender a la persona compleja en la que me he convertido. Y sin embargo, somos la misma persona.

Así es como yo concibo las vidas anteriores. Sabemos que las hemos vivido, como sabemos que hemos vivido nuestra infancia. Podríamos llamarlas la *infancia del alma*. Es de esperar que hayamos aprendido a aplicar los conocimientos adquiridos a lo largo de cientos de años de cometer errores, de ser humanos. Pero así como hay personas que tardan más en madurar, también hay personas que han de vivir muchas vidas antes de aprender una sola lección.

Podemos contemplar nuestros propios cuerpos como una forma de reencarnación. Sabemos que nuestros cuerpos cambian continuamente. Las células mueren y se renuevan sin cesar en un ciclo interminable. Sin duda, no tenemos el mismo cuerpo de hace diez, veinte o treinta años. Ha cambiado para mejor o para peor.

Podemos contemplar la reencarnación como una escuela del alma, una serie de lecciones y cursos que debemos aprender para nuestra educación y desarrollo. Así podemos dejar de maldecir las malas rachas que a menudo pasamos, y aprender a considerarlas como pruebas y exámenes que hay que aprobar o suspender. No podemos cambiar lo que nos ha sucedido en esta vida ni en las otras. Podemos únicamente aprender de ello y seguir adelante, dejando que el pasado nos guíe y nos enseñe.

La doctrina de la reencarnación es una filosofía y, como tal, no desvirtúa ninguna de las formas de religión establecidas. Al contrario, las realza y enriquece. Cualquiera que estudie detenidamente esta idea con una mentalidad abierta, encontrará que es capaz de creer en las dos. Lo cierto es que no están en conflicto. La reencarnación no forma parte de las ciencias ocultas. No se la debería asociar indiscriminadamente con el ocultismo. Su principio es el amor y, por consiguiente, puede combinarse con cualquier religión cuyo principio básico sea el amor. Muchas personas que andan a tientas en la oscuridad buscando respuestas, tal vez encuentren lo que buscan aquí. Es como una luz brillante al final de un túnel.

Es cierto que vivimos para siempre porque el alma es eterna, no puede morir. La vida es una única existencia continuada, que pasa de un cuerpo a otro. Cambiamos de cuerpo con la facilidad con que nos cambiamos d vestido. o despojamos de un traje cuando se vuelve demasiado viejo y desgastado, o demasiado roto o dañado para remendarlo. Para algunas personas *es* difícil, pues se resisten a desprenderse de él, por muy andrajoso que esté. Al fin y al cabo, e cierto que le tomamos cariño. Pero *tenemos* un cuerpo, no *somos* un cuerpo.

Habrá quien piense que la idea del renacimiento es demasiado complicada, demasiado radical, demasiado difícil de entender. Son personas que quizá no estén preparadas aún para el concepto de la reencarnación. Entonces deberían procurar vivir su vida lo mejor que puedan de acuerdo con su propia creencia, una creencia con la que puedan conectar y sentirse cómodos. Nadie debería imponer estas creencias a los demás.

El concepto de volver atrás en el tiempo despierta fascinación en muchas personas. ¿Por qué? ¿Será la búsqueda de la verdad, la atracción de lo desconocido, o el deseo de ver cómo vivían realmente nuestros antepasados? ¿Será tal vez la sospecha de que de algún modo el pasado fue mejor que el presente? ¿Es por esto que los relatos sobre máquinas del tiempo son tan populares? Tal vez el hombre desee para sus adentros despojarse de las cadenas que lo atan al presente, para deambular libremente a través del tiempo sin limitaciones ni restricciones.

Yo soy una regresionista. Se trata de un término moderno para referirse al hipnotizador que se especializa en regresiones

5

a vidas anteriores. No empleo la hipnosis de manera convencional, como por ejemplo, para ayudar a las personas a perder peso, a dejar de fumar o a aliviar el dolor. Hace más de veinte años que tengo un profundo interés en la reencarnación. Todo empezó al contemplar los experimentos con regresiones realizadas por mi esposo, que era hipnotizador. Él empleaba métodos de hipnosis convencionales y se topó con la reencarnación «por casualidad» mientras trabajaba con una mujer que quería perder peso.

La historia de nuestra primera aventura hacia lo desconocido y su trágico desenlace está recopilada en mi libro *Five Lives Remembered*. *Mi* esposo estuvo a punto de morir en un espantoso accidente de coche y pasó un año en el hospital. Tras una recuperación larga y difícil, dejó de interesarse por la hipnosis. Su vida ha tomado un rumbo completamente distinto.

Pero yo tenía curiosidad por las experiencias de vidas pasadas a las que me había visto expuesta. La puerta estaba abierta a un mundo totalmente nuevo, lleno de posibilidades. Siempre me ha cautivado la historia y ésta era una manera fascinante de explorarla. Era algo más vivo que los textos de historia con sus datos y fecha árido y mustios. Este método era como pasar por un túnel del tiempo y conocer de verdad a personas que vivían en el pasado. Era posible hablar con aquellos que vivían la historia mientras ésta ocurría. Sí, la puerta estaba abierta y yo había vislumbrado lo desconocido. No iba a dejar que se me cerrara para siempre. i mi esposo había dejado de interesarse, entonces yo tendría que aprender a llevar a cabo mis propias investigaciones.

No me atraían los métodos convencionales de inducción. Los consideraba demasiado largo y agotadores, tamo para el sujeto como para el especialista. Requerían muchas pruebas para determinar la profundidad del trance. A menudo he sospechado que a la mayoría de las personas les desagrada ser examinadas. Condicionados por muchos años de escolarización, les desagrada someterse a una situación en que aprobarán o suspenderán. Les resulta difícil relajarse cuando están a la defensiva. Estas pruebas se utilizan para medir la profundidad del estado de trance, bajo la creencia errónea de que esto tiene algo que ver con la capacidad de llegar al subconsciente. Se ha demostrado que esto es falso. Las personas entran en estado hipnótico muchas veces al día, y ni siquiera se dan cuenta. Creen que tiene que ser distinto de lo que es en realidad, un estado puramente natural.

Al menos dos veces en el transcurso del día, todo el mundo pasa por el nivel de trance más profundo posible. Esto ocurre cuando se duerme por la noche y justo antes de despertarse por la mañana. Se ha demostrado que cada vez que miramos la televisión y nos quedamos absortos en el programa, entramos en un estado alterado de conciencia. Ocurre también muchas veces cuando conducimos por un tramo de carretera particularmente monótono, o cuando escuchamos un sermón o discurso aburrido. Todos entramos muy fácilmente en estados alterados, y mucha gente se quedaría impresionada al saber que ha entrado en un estado hipnótico sin darse cuenta.

Yo intuía que, para los fines de la regresión, debía existir una forma más rápida y fácil de inducir al trance utilizando este estado natural. Estudié las técnicas modernas y encontré que, en efecto, había métodos más rápidos y sencillos. En la actualidad, algunos médicos emplean estos métodos para controlar la enfermedad y el dolor. Sobre todo, utilizan las áreas de visualización del cerebro, lo que permite al sujeto participar en un juego a través de la imaginación activa. Improvisé un método satisfactorio y empecé a experimentar en 1979. Me fue fácil encontrar personas dispuestas a ello, porque esta idea filosófica parece suscitar interés, aunque éste nazca únicamente de la curiosidad.

Las criticas sostienen que el hipnotizador le dice al sujeto que se traslade a una vida pasada, y que las evocaciones son el resultado del deseo de la persona de complacer al hipnotizador. Mi técnica requiere tomar todas las precauciones para *no* sugestionar. En circunstancias normales, no les digo nunca que vayan a ninguna parte. Todo ocurre espontáneamente.

Decidí abordar mi método como experimento científico para ver si era posible repetirlo. Quería emplearlo con la mayor diversidad posible de personas. Intuía que si obtenía los mismos resultados, eso daría mayor validez a la teoría de la reencarnación. Procuré ser objetiva, pero cuando el noventa y cinco por ciento de las personas a las que hipnoticé seguían el mismo patrón y presentaban una vida anterior que corroboraba las historias de los demás, era difícil mantenerse absolutamente neutral. Hay quien dice que puede haber otras explicaciones aparte de la reencarnación. No hay duda de que es posible. Pero mis investigaciones me hacen pensar que los sujetos evocan recuerdos reales de su pasado. A medida que efectuaba la regresión con más y más gente, vi que el método era repetible con todo tipo de personas, incluso con los no iniciados y los escépticos. A menudo, los sujetos no creían en la existencia de vidas anteriores o ni siquiera entendían lo que estaba haciendo. Sin embargo, el resultado era siempre el mismo.

Al igual que otras personas que trabajan en este campo de la investigación sobre la reencarnación, yo también deseaba contribuir con mis hallazgos a la masa creciente de material que otros recopilaban. Algunos investigadores sólo se interesan por la estadística: cuántas personas recuerdan vidas en determinados períodos. Yo prefiero trabajar individualmente con la persona y no en regresiones grupales. Así es posible obtener la historia completa. Además, el inductor o guía tiene un mayor control sobre el trauma que pudiera sobrevenir de los recuerdos.

Con esta técnica, casi todo el mundo puede recordar sus vidas anteriores, incluso en el estado hipnótico más leve. Existen muchos niveles diferentes de trance hipnótico. Se han medido en el laboratorio con instrumentos científicos. En las regresiones, cuanto más profundo sea el estado, más detalles pueden obtenerse. Yo he encontrado que el grado de trance puede medirse a través de las reacciones físicas de los sujetos y por la manera en que contestan a las preguntas. En los estados más leves, al sujeto ni siquiera se le ocurrirá pensar que sucede algo fuera de lo común. Insistirá en que está totalmente despierto y que no entiende de dónde viene la información. La mente consciente sigue estando muy activa, y por eso el sujeto piensa que se trata sólo de su imaginación. En los estados leves, contemplará los hechos de una vida pasada como si estuviera viendo una película. A medida que penetra en un estado hipnótico más profundo, el sujeto alterna la contemplación de esta vida con la participación en ella. Cuando lo contempla todo a través de los ojos de la otra persona y experimenta reacciones emocionales, significa que ha entrado en un estado más hondo. La mente consciente se vuelve menos activa y él se implica en lo que está viendo y experimentando.

Las personas más indicadas son las que son capaces de alcanzar el estado sonámbulo. En este estado, adoptan enteramente otra personalidad y reviven otra vida por completo, hasta el punto de no poseer memoria alguna de ningún otro espacio de tiempo. Se convierten, en todos los sentidos, en la persona que vivía hace cientos o miles de años. Están en una posición que les permite relatar su versión de la historia. Pero sólo pueden contar lo que saben. Si fueron campesinos, no tendrán conocimiento de lo que ocurre en el palacio del rey y viceversa. A menudo ignoran sucesos que pueden hallarse en cualquier libro de historia, pero que en aquel momento no incidieron personalmente en sus vidas.

No recordarán casi nada cuando se despierten, salvo si se los instruye para que lo hagan. Los sujetos piensan que sólo se han dormido, y las escenas que pudieran permanecer en la conciencia son como los fragmentos de un sueño que se disipan. En el estado sonámbulo son capaces de revelar mucha información, porque son, realmente y en todos los sentidos, aquella personalidad que vive en una época del pasado. Quizá alguien que no haya visto nunca este fenómeno se sobresalte la primera vez. Es una experiencia fascinante, y a veces inquietante, contemplar cómo cambia totalmente un sujeto y adopta los gestos e inflexiones de la voz de alguien completamente distinto.

Es difícil dar con un sonámbulo. Dick Sutphen, prestigioso experto en reencarnación, dice que uno de cada diez sujetos lo es. Y que si hay treinta personas en una habitación, es muy probable que tres sean capaces de entrar en el estado sonámbulo. Mis probabilidades no han sido tan elevadas. Yo he visto que se sitúa más bien en un sujeto de cada veinte. La mayoría de la gente tiene una gran curiosidad por lo que está sucediendo, y por eso conserva las defensas y se mantiene alerta, incluso estando en trance. Esto les impide caer en un estado más profundo. Yo he descubierto que hay que construir un elemento de confianza antes de que puedan derribarse estas defensas. El sujeto tiene que saber que no corre ningún peligro. Creo que los mecanismos protectores de la mente siguen funcionando, porque he visto a personas despertarse en seguida de un estado profundo en cuanto ven o experimentan algo que les resulta desagradable o atemorizante. Es algo que se asemeja mucho a cuando despertamos de una pesadilla. Mi técnica hipnótica no es un control sobre la mente de otra persona, sino la habilidad de construir una confianza y una colaboración dentro de esa mente. Una mayor confianza permite una liberación de información más completa.

No, todavía no me he encontrado nunca con una Cleopatra o un Napoleón. Para mí, es una señal de mayor validez que la mayoría de gente evoque vidas que fueron corrientes y rutinarias. En mi opinión, si alguien se preocupara de inventar una historia fantasiosa para complacer al hipnotizador (como sugieren los «expertos»), esta persona preferiría crear una aventura emocionante. Yo lo interpretaría como una fantasía. El sujeto se vería como un héroe realizando actos maravillosos y extraordinarios. No es éste el caso. Las vidas diferentes o emocionantes son excepcionales y poco frecuentes. Pero abundan las que son monótonas, aburridas y triviales. Como en la vida real. Hay muchas más personas corrientes ocupadas en sus vidas de rutina que los pocos que consiguen ocupar los titulares de los periódicos.

Las regresiones que yo he efectuado están llenas de estos casos. Soldados que nunca fueron a la guerra, indios americanos que llevaron vidas pacíficas en lugar de luchar contra el hombre blanco. Granjeros y colonos que sólo conocieron el trabajo despiadado, la tristeza y la desgracia. Algunos no hicieron otra cosa que cuidar de sus animales, cultivar sus campos y, finalmente, morir agotados antes de su hora. El acontecimiento más emocionante de sus vidas fue una boda, el nacimiento de un hijo, un viaje al pueblo o un entierro. La mayoría de gente que vive en el presente entraría en una categoría similar. Lo que impresiona de la mayor parte de las regresiones no son los actos y aventuras de la persona, sino las emociones tan reales y humanas que experimentaron. Cuando una persona despierta de un trance con el rostro aún bañado en lágrimas tras recordar un suceso que ocurrió hace más de doscientos años, nadie puede decirle que es una fantasía.

Se parece al hecho de revivir un acontecimiento traumático de la infancia, que resurge después de muchos años con los sentimientos reprimidos a flor de piel. Nadie puede deciros que ese suceso de la infancia no tuvo lugar, porque a menudo lo recordamos conscientemente o puede ser verificado por otros. La regresión es como sacar a la luz los recuerdo de la infancia. Es posible ponerlos en su lugar, ver cómo han influido en la vida actual e intentar aprender del recuerdo desenterrado.

Una explicación de este fenómeno es la *criptoamnesia,* o «memoria oculta». Esta teoría sostiene que los sujetos leyeron, vieron o escucharon algo en algún h.1gar, en un momento concreto, y lo guardaron en un rincón de la mente. Luego, bajo hipnosis, lo presentan muy oportunamente y tejen una historia en torno a ello. Para mí, no es una explicación suficiente. Si conservas una memoria oculta, también conservas los recuerdos de todo lo que te ha sucedido en esta vida. Esto es un hecho. Pero el sujeto sonámbulo olvida todo lo que no atañe al período revivido. Hay numerosos ejemplos de ello en este libro. Muchas veces los sujetos no saben de qué objetos les hablo porque no existen en su marco temporal. O empleo una palabra o una frase que no comprenden. A menudo resulta difícil intentar describir de manera sencilla cosas con las que estamos familiarizados. Probadlo alguna vez. Si el sujeto emplea su memoria oculta, entonces ¿por qué olvida las cosas modernas? También forman parte de la memoria de la personalidad actual.

Otra teoría es que el sujeto «jugará sobre seguro» y sólo se referirá a un período o a un país del que tenga algún conocimiento. Varias veces he tenido ocasión de refutar esta teoría. Es bastante frecuente que un sujeto hable de una vida inserta en una cultura totalmente desconocida. A menudo no sabe ni siquiera dónde está, nada le *es* familiar. Su excelente evocación del país y de la costumbres o creencias pllede verificar e posteriormente a través de una investigación. Esto ha sucedido en muchas ocasiones con el sujeto que se presenta en este libro. Yo no me atrevería a tildarlo de «jugar sobre seguro», cuando una persona habla de una vida que ocurrió hace dos mil años en un país del otro lado del mundo. Sólo cabe maravillarse anee la extraordinaria precisión de esta mujer. La investigación demuestra que su memoria es impresionante. Y ésta es sólo *una* de las vidas que expuso durante nuestro trabajo.

Soy una escritora con una curiosidad insaciable, y por eso participé en este proyecto de investigación, con un objetivo: me proponía realizar regresiones con todos los voluntarios posibles para recopilar su información en libros que describieran diversos períodos de la historia. He trabajado con muchas personas que han vuele a las mismas épocas y que verifican las historias de los demás al ofrecer la misma información sobre las condiciones existentes en aquel tiempo. Quizá este proyecto se haga realidad algún día.

Pero cuando conocí a Katherine Harris (seudónimo), me di cuenta de que mi trabajo con ella modificaría mis anteriores planes que este trabajo podía abarcar por sí solo libros entero. La información que surgía de *su* mente subconsciente era única y reveladora, y la consideré de suma importancia.

2 - El sujeto

¿Quién era Katherine Harris y cómo llegaron a cruzarse nuestras vidas? En el momento de nuestro encuentro, yo no tenía ni idea de lo que nos tenía preparado el destino. No habría podido adivinar que estábamos a punto de embarcarnos en un viaje que duraría un año y que nos remontaría en el tiempo hasta la época de Cristo. Yo creo que estos encuentros nunca son fruto de la casualidad.

Yo había asistido a una fiesta organizada por un grupo de personas interesadas en la metafísica y en los fenómenos psíquicos. Había trabajado en casos de regresiones hipnóticas con muchos de los presentes, pero había también muchos desconocidos. Katherine, que tenía tanta curiosidad como interés por lo insólito, estaba allí con una amiga. Durante la velada, la conversación giró en torno a mi trabajo y, como siempre, muchas personas se presentaron como voluntarias y pidieron una cita para ser sujetos. El interés por este campo es mayor de lo que piensa mucha gente. A menudo existe una razón genuina detrás del deseo de efectuar una regresión, tal como buscar relaciones kármicas o deshacerse de una fobia, pero por lo general es simple curiosidad. Katherine quería ser voluntaria, así que acordamos una cita.

Katherine, o Katie como le llamaban sus amigos, tenía sólo veintidós años cuando la conocí aquel día señalado. Era una joven de baja estatura y algo rolliza para su edad, con el pelo rubio y corto y unos ojos que brillaban y parecían ver por debajo de la superficie. Su personalidad parecía irradiar por cada poro de su cuerpo. Parecía muy feliz y vivaracha, muy interesada en las personas. Más tarde descubrí, a través de nuestra relación, que a menudo esto era una fachada para ocultar una timidez e inseguridad intrínsecas. Ella era Cáncer, y las personas nacidas bajo este signo astrológico no suelen tener mucho espíritu de grupo. Pero su sinceridad era genuina. Se preocupaba de verdad por las personas y se desvivía por ellas. Poseía una sabiduría innata poco corriente en personas de su edad. En los momentos en que manifestaba cierta inmadurez, resultaba impropio. Yo tenía que hacer un esfuerzo por acordarme de que sólo tenía veintidós años, la misma edad de mi hijo. Pero no parecían tener nada en común. Ella parecía un alma muy vieja en un cuerpo engañosamente joven. A veces me preguntaba si otras personas tenían la misma impresión. Katherine nació en Los Ángeles en 1960, de unos padres cuya profesión les exigía viajar mucho y mudarse frecuentemente. Eran miembros de la Iglesia de la Asamblea de Dios, así que la formación religiosa de Katie no habría alentado reflexiones sobre la reencarnación y la hipnosis. Ella dijo que siempre se había sentido fuera de lugar en los ritos de su iglesia. Le asustaba en general todo el bullicio y aquellas danzas con giros a los que se abandonaba la gente. De pequeña, en la iglesia, tenía a menudo el impulso de santiguarse a la manera de los católicos. Ella lo sentía como algo perfectamente natural. Pero cuando su madre la riñó con severidad, decidió que sería mejor no hacerlo en público. Sus padres la consideraban el bicho raro de la familia. No entendían su reticencia a ser como ellos. Principalmente a raíz de su preocupación por los sentimientos de sus padres, pidió permanecer en el anonimato en este libro. Pensaba que no lo entenderían nunca, a pesar de que para ella la idea de tener muchas vidas resultaba un concepto fácil de comprender. No quería arriesgarse a la posibilidad de que su vida privada se viera perturbada. Yo he respetado sus deseos y he guardado el secreto de su identidad.

Las numerosas mudanzas de su familia de un estado a otro de Estados Unidos la trajeron finalmente a Texas cuando Katie tenía dieciséis años. Se había mudado dos veces durante su segundo año de instituto y ahora, de nuevo, al inicio del tercer año. Estaba cansada de las constantes adaptaciones a escuelas nuevas, diferentes métodos de enseñanza y amigos pasajeros. Pese a las protestas de sus padres, abandonó el instituto al comenzar el tercer curso. Ésta era la totalidad de su educación formal, dos años de instituto. Este hecho sería una ventaja para nuestro trabajo. Podíamos estar seguras de que las cosas de las que hablaba bajo hipnosis no provenían de su escolarización. No sé de ninguna escuela que enseñe tales cosas. Ni siquiera trabajan tanto la geografía como en otras épocas. Es una joven sumamente inteligente, pero sus conocimientos no provenían de los libros.

Una vez fuera del instituto y disfrutando de una supuesta libertad, Katie vio que no le sería fácil encontrar trabajo por su falta de educación o formación. Después de un año de empleos insignificantes y decepcionantes, decidió a los diecisiete años presentarse a un examen de equivalencia para el certificado de estudios secundarios e ingresó en las Fuerzas Aéreas para obtener una formación técnica. Estuvo ahí dos años, especializándose en informática. Otro aspecto importante para nuestro trabajo era que ella no había salido nunca de Estados Unidos durante el tiempo que estuvo en las Fuerzas Aéreas y, sin embargo, estando en trance profundo, describió muchos lugares en el extranjero con detalles minuciosos.

Cuando abandonó las Fuerzas Aéreas, ella y su familia volvieron a mudarse a la ciudad del medio oeste donde la conocí. Actualmente emplea sus conocimientos de informática trabajando en una oficina. Parece estar bien adaptada y tiene una vida social normal. El tiempo que dedica a la lectura lo destina a las novelas románticas y de fantasía que hoy son tan populares. La idea de investigar en una biblioteca la información tan esencial para estas regresiones no le habría atraído en absoluto.

Desde la primera sesión supe que no se trataba de un sujeto corriente. Entraba rápidamente en un trance profundo, manifestaba sensaciones sensoriales como el gusto y el olfato,

15

experimentaba emociones, y no recordaba nada al despertar. Ella siempre había pensado que no tendría ninguna dificultad para entrar en trance, pero también le sorprendía la facilidad con que esto ocurría. Supe que había encontrado al sujeto sonámbulo perfecto. Siendo el tipo de sujeto más fácil para mi trabajo, quise dedicar más sesiones a trabajar con ella, si es que estaba dispuesta. Ella también tenía curiosidad, y se mostró dispuesta a hacerlo, siempre y cuando no se enteraran sus padres. Confié en que no habría problemas en ese sentido, aunque legalmente ella era una persona adulta y podía tomar decisiones por su propia cuenta. Fue entonces cuando me confesó que toda su vida se había sentido atormentada por recuerdos que parecían fuera de lugar. Creía que las respuestas podrían hallarse en la reencarnación y quería averiguarlas.

Cuando se comprobó que yo podría obtener mucha información valiosa de esta joven, empezamos a reunirnos de manera regular una vez a la semana. Yo vivía en una zona rural aislada, y por tanto acordamos vernos en casa de mi amiga Harriet. Estaba situada en la ciudad y era de fácil acceso para ambas partes. Harriet es también una especialista en hipnosis. Nunca había trabajado con un sujeto sonámbulo y estaba interesada en mi trabajo con Katie. Estaba deseosa de saber qué ocurriría. Cuando empezó a fluir la información, me alegré de tener a Harriet como testigo. Luego otras personas estuvieron presentes durante las sesiones. Para *nosotras* era difícil creer lo que estaba sucediendo. Estábamos agradecidas de tener todos los testigos posibles, con el fin de descartar la posibilidad de que nos acusaran de farsantes.

Después de las dos primeras sesiones, la condicioné para que entrara en un trance profundo con la sola mención de una palabra clave. Es un método mucho más rápido y evita un extenso trabajo preliminar. No teníamos ni idea del rumbo que tomaría este experimento y así comenzó nuestra aventura. Un viaje que había de llevarnos a personas y lugares que no habríamos podido imaginar ni en nuestros sueños más extravagantes. Se convirtió en un auténtico viaje a través del tiempo y el espacio.

Al principio no se le decía nunca a Katie que fuera a algún lugar o época determinada. Dejé que la información fluyera espontáneamente. Pasó un mes y decidí ser más sistemática e intentar dirigir las regresiones con algún tipo de orden cronológico. Empecé a retroceder en saltos de cien años, intentando averiguar cuántas vidas había vivido, pero es probable que se me pasaran por alto algunas. Muchas veces surgían datos incomprensibles que sólo podían verificarse con investigaciones diligentes. Descubrimos incluso el fascinante reino del espíritu, donde obtuvimos información sobre lo que sucede después de que el alma abandona el cuerpo y entra en el estado llamado «de la muerte». Buena parte de ello se abordará en otro libro, *Conversations With A Spirit.*

Cada semana intentaba retroceder al menos una vida más. Mi idea era que si alguna de ellas e a particularmente interesante, podríamos volver a ella más adelante y hacer más preguntas. Éste fue el método empleado en *Five Lives Remembered,* pero el sujeto de este libro sólo revivió cinco vidas. Fue mucho más fácil.

Llevando a Katie lentamente hacia el pasado, habíamos descubierto veintiséis vidas diferentes cuando llegamos al inicio de la era cristiana. Las muchas vidas parecían estar equitativamente distribuidas entre hombres y mujeres, ricos y pobres, inteligentes e incultos. Todas se distinguían por la gran riqueza de detalles sobre los dogmas religiosos *y* costumbres culturales de la época. Estoy convencida de que ni siquiera un experto en historia y antropología podría exponer los detalles, tan impresionantes, que nos daba ella. No, estos conocimientos provenían de otra parte. Yo prefiero creer que de verdad vivió todas estas vidas y que los conocimientos han permanecido ocultos en los vastos bancos de memoria informática que llamamos «la mente subconsciente». Sólo era necesario pulsar las teclas correctas y darle a la mente las instrucciones correctas para recuperar los conocimientos, y el sujeto los revivil·ía. No tenemos ni idea de las muchas vidas que aguardan poder ver, una vez más, la luz del día. La historia de estas otras vidas se escribirán en otro libro. Sería cometer una gran injusticia si intentáramos abarcarlas todas en un mismo libro. La información es demasiado abundante.

Cuando vi que había una posibilidad de que el ente que habíamos encontrado nos diera información sobre la vida de

17

Cristo, pensé que era importante perseverar en esa época para ver qué podría surgir de ella. Yo no tenía ni idea de hacia dónde conducía el experimento y campo o sabía si podía resultar de él algo valioso. Pero por leve que fuera la posibilidad de encontrar algo, me dejé de remontarla en d tiempo y volví repetidamente a la vida de Suddí, uno de los maestros esenios de Jesús, para obtener mayor información. Perseveramos en ello durante trece sesiones, a lo largo de tres meses.

Si esta vida hubiera sido la primera con la que me hubiese encontrado en el curso de mi trabajo con Katie, habría descartado todo el asunto por considerarlo fruto de su fantasía y habría interrumpido las sesiones. Todo el mundo piensa automáticamente que si alguien menciona haber conocido a Jesús, es que tiene delirios de grandeza. Pero esta información no se manifestó hasta que llevaba trabajando con ella nueve meses. Por aquel entonces yo ya sabía quién era ella. Conocía las impresionantes capacidades que tenía para evocar vidas anteriores con gran detalle. Durante ese tiempo, habíamos construido un vínculo de confianza muy fuerte. Yo creo que precisamente por esto la historia pudo surgir. Hizo falta mucha paciencia para seguir trabajando con un mismo sujeto y seguir retrocediendo sistemáticamente hacia el pasado. Pero si lo hubiera interrumpido demasiado pronto, esta historia no se habría escrito nunca. A pesar de conocer a Katie tan bien como la conocía, yo tenía ciertas reticencias a la hora de contarle a alguien que había descubierto a una persona que había sido uno de los maestros esenios de Jesús. Estaba segura de que sería recibida con una mueca de incredulidad y algún comentario socarrón, como «¿Ah, sí? Ya, pues ahora cuéntame otra», como si yo los creyera tan ingenuos como para tragarse cualquier cosa. Lo comprendo. Estoy segura de que yo me habría mostrado escéptica si lo hubiera sabido por otra persona. Pero tuve que creer a Katie.

No había otro modo de explicar lo que estaba sucediendo. No existía la posibilidad de que estuviera mintiendo, pues Katie hablaba desde un trance hipnótico tan profundo que esto es imposible. Y la información revelada habría requerido una investigación rigurosa y consultar con varios expertos en los diversos temas. Pero ella no sabía nunca el rumbo que íbamos a tomar ni lo que yo le preguntaría. Sus respuestas brotaban espontáneamente y de forma natural.

Los primeros días de nuestro trabajo, ella quería escuchar las grabaciones al concluir la sesión. Luego mostró menos interés, limitándose a preguntar al despertar: «Bueno, ¿adónde hemos ido hoy?». No le importaba escuchar la sesión. A menudo expresaba su asombro porque decía saber muy poco sobre la época o país explorado.

Cuando empezó a revelarse el material sobre Jesús, ella se mostró algo molesta. Tal vez fuera su antigua formación religiosa la que asomaba la cabeza. Se sentía abrumada, sobre todo cuando empezó a decir cosas que resultaban polémicas y contradictorias con la Biblia. Decía que no le parecía posible que todo aquello proviniera de ella. Era abrumador. Esta vida en particular la inquietaba más que cualquiera de las otras que habíamos atravesado. Por el motivo que fuera, en ese momento decidió que no quería realizar más sesiones. De todos modos, estaba preparando un nuevo traslado. Su empresa quería enviarla a otra sucursal, ofreciéndole una promoción y un aumento de sueldo. Además, ella creía que un año era tiempo suficiente para trabajar con los experimentos de regresión. Era hora de interrumpirlos. Yo estuve de acuerdo en que ella debía seguir adelante, hacia donde le condujera su vida.

Me habría gustado celebrar algunas sesiones más. Mi investigación estaba en curso y quería algunas respuestas a aspectos que me tenían perpleja. Pero pensé: «¿Encontraría alguna vez las respuestas a todas mis preguntas?». Y aunque las hubiera, siempre habría pregunta que se les ocurrirían a otras personas. Es probable que nunca podamos contestar a todas las preguntas posibles y cerrar el libro sobre aquella vida, considerándola así concluida. Hasta aquí, pienso que he cubierto un terreno muy amplio a través de mis preguntas tanto sobre las condiciones de vida como sobre las costumbres y los conocimientos enseñados por los esenios.

3 - El encuentro con Suddí

Retrocedíamos lentamente en el tiempo, y yo iba haciendo un seguimiento bastante riguroso de las épocas que atravesábamos. Guardaba un registro de las diferentes vidas en una libreta. Era la única forma de mantener un orden. Katie nunca se confundía respecto de quién era y dónde estaba, pero yo me perdía a menudo, así que la libreta me era indispensable. Tuve que acudir a ella muchas veces.

Resulta difícil comunicar la manifestación de este fenómeno con palabras, sobre el papel. Katie se convertía en personas muy reales, con emociones y gestos faciales y corporales característicos de cada uno. Llegué a familiarizarme tanto con los diversos individuos que pronto era capaz de reconocerlos antes de que dijeran su nombre.

En las últimas semanas habíamos visto a Katie como el médico de Alejandría que hablaba sobre medicamentos y formas de cirugía empleados en el año 400 d. de C. Luego fue un monje de túnica amarilla en los montes del Tíbet, que hablaba sobre filosofía budista en el año 300 d. de C. Más adelante, nos sorprendió encontrar a una niña que vivía hacia el año 200 d. de C., que no podía hablar ni oír. En circunstancias normales, habría dirigido a Katie para que retrocediera otros cien años más. En esta ocasión tuve que plantear la orden de modo distinto. Ella no podía comunicarse muy bien y, por tanto, no estábamos seguras de la época en que nos encontrábamos.

A menudo las diferentes personalidades hablaban con extraños acentos que dificultaban la transcripción. He percibido un patrón extraño en la manera en que los diferentes

entes hablan inglés, como si tradujeran mentalmente de una lengua a otra. Cuando esto ocurre las palabras se trasponen y no aparecen en su orden natural. Otro ejemplo de este extraño fenómeno es que a menudo emplean de manera incorrecta la gramática. Se tiene la impresión de que el ente (el ser con el que entramos en contacto) no puede hablar inglés y que intenta encontrar las palabras correctas en algún lugar del cerebro de Katie, o en sus bancos informáticos. Eso suele producir errores de gramática, en la estructura de las frases o en el orden de las palabras que ella jamás habría cometido en su estado natural de vigilia. Yo creo que se trata de otro mínimo aspecto que avala la idea de la reencarnación. Su mente en estado consciente no haría estas cosas.*

Llegué a conocer muy bien al ente llamado «Suddí» y, al cabo de poco tiempo, entendía sin dificultades su fuerte acento al hablar·. Su voz fue cambiando con la edad. De niño, era joven y vibrante, luego cada vez más maduro hasta que, ya en su vejez, hablaba con voz muy fatigada.

La cuestión del género representará un problema a la hora de narrar esta historia. Se trata de una mujer contando la historia de un varón. Sería confuso cambiar constantemente de «él» a «ella» y viceversa. Creo que la solución sería tratar al ente de «él», y sólo referirnos a «ella» cuando hablemos del cuerpo físico de Katie y sus movimientos. Asimismo, en la mayoría de los casos, el diálogo pronunciado por Suddí va precedido de la letra «S:», mientras que, posteriormente, cuando hablamos con el «alma» de Katie después de la muerte de Suddí, la letra «K:» precederá al diálogo. Yo, Dolores, soy «D:».

Mi deseo es que el lector conozca a Suddí de la misma manera que nosotras.

---

*En la traducción al castellano se ha intentado respetar al máximo la forma peculiar de expresarse del sujeto, Katie, cuando está en trance profundo, conservándose los abundantes errores gramaticales pese a que, en ocasiones, puedan dificultar una fácil lectura. Así, puede observarse el curioso fenómeno que señala la autora y apreciarse el entrañable esfuerzo que realiza el ente, Suddí, para comunicar los detalles de su vida. (N. de la T.)

22

Dolores: Retrocedamos en el tiempo, a un tiempo anterior a esta niña que no podía oír ni hablar. Contaré hasta tres y estaremos allí. Uno, dos, tres: hemos retrocedido en el tiempo.

Así, yo no tenía ni idea de la época en que estábamos, salvo que tenía que ser anterior al año 200 d. de C. La personalidad que se manifestó era un hombre. Iba caminando en dirección a Nazaret, para ver a sus primos. Habló con un acento tan fuerte que resultaba difícil entenderle. Su pronunciación de la palabra «Nazaret» era tan diferente que no la reconocí hasta después de la sesión, cuando pude escuchar detenidamente la grabación en cinta. Sonaba algo así como «Nazarez», dicho muy rápidamente. Dijo que estaba en Galilea. De nuevo, pronunció la palabra de manera distinta a como estaba acostumbrada a oírla. Dijo: «Galilei». Estas palabras no se me hicieron inteligibles hasta escucharlas en la grabación. Por lo tanto, en ese momento no estaba segura de dónde estaba Katie. Seguí adelante, con la esperanza de que la grabadora lo hubiera registrado.

En realidad, no resulta extraño encontrar a un sujeto que describa una vida anterior en Israel. Ha sucedido muchas veces. He llevado a cabo regresiones con personas que vivieron durante la ocupación de los romanos, pero ninguna de ellas había mencionado jamás, ni se había referido nunca a Jesús. Con la sola mención de una población, no se puede obtener pistas sobre las circunstancias de la vida del individuo. La primera vez que me encuentro con una personalidad nueva, siempre formulo ciertas preguntas rutinarias hasta que quedan definidas la población y la cultura. Cuando sé dónde estamos, puedo proceder a preguntas más específicas. Le pregunté su nombre.

Suddí: Soy Benzamer. (Transcripción fonética del nombre.)

Sonaba algo así como «Benjamín» y le pregunté si ése era su nombre. Pero él respondió de nuevo «Benzamer», acentuando la última sílaba. Dijo que el otro nombre (el nombre de pila) no se empleaba a menos que fueras una persona importante. Le pregunté cómo debía llamarlo y él me dio permiso para llamarlo «Suddí», que era un «nombre de juego» (tal vez un apodo). La pronunciación sonaba algo así como Soddí o Saddí, con el acento en la última sílaba. Usaré el nombre de Suddí a lo largo de este libro porque es más fácil que Benzamer.

Muchas veces, en estas culturas antiguas, la persona no sabe la edad que tiene, o se emplea una terminología distinta. Pero él dijo: «Tengo treinta años». No estaba casado.

S: No. No es parte de mi vida. Hay quien no desea otra cosa que una familia. Y hay quienes tienen tantas cosas que realizar en la vida, que tener una esposa y posiblemente hijos sería un sufrimiento para ellos. Por eso sería innecesariamente cruel pedirles a los otros que las compartan.

D: ¿Por eso no has querido casarte?

S: No he dicho que no haya querido. Sólo he declarado que probablemente no lo haré.

Suddí dijo que normalmente vivía en los montes. Allí había una comunidad que quedaba, más o menos, a dos días de viaje. Cuando le pregunté el nombre de la comunidad, que es una pregunta normal, su personalidad cambió. Por lo general, Katie respondía a las preguntas sin vacilar. Pero, de pronto, Suddí se mostró receloso y preguntó bruscamente: «*¿Por qué deseas saberlo?*». Era una reacción poco habitual y no entendí por qué. Le expliqué que era sólo por curiosidad. Dudó largo rato y finalmente dijo que se llamaba *Qumran,* que él pronunció *Kum-a-ran.* En ese momento, el nombre no significó nada para mí, y reanudé mis preguntas. Le pregunté cuál era su oficio.

S: Estudio los libros de la Torá y estudio leyes, las leyes hebreas.

Tampoco entendí el sentido de esto. Como protestante, no sabía qué era la Torá y pensé que al mencionar las leyes, se refería a la ley que se emplea en los tribunales. En los meses siguientes, aprendí muchas cosas, pues descubrí que la Torá era el texto sagrado judío, y las leyes a las que se refería eran las leyes de Moisés, que configuran la vida del pueblo hebreo. Le pregunté si era lo que algunas personas denominan un «rabino». Creí que habíamos topado con un judío culto. Yo sabía que el rabino tenía algo que ver con su religión y posiblemente con su educación. Nosotros (los que participábamos en este experimento) hemos tenido poco contacto con judíos, no sabíamos casi nada acerca de la religión judía y nunca habíamos estado en una sinagoga. Él respondió que no era maestro, sólo estudiante. Así descubrí al menos, que rabino significaba maestro.

Cuando trabajo con Katie me siento a menudo muy torpe, porque no conozco los aspectos básicos de la época en que se encuentra. Pero, por otro lado, nunca sé adónde va y no puedo estar preparada para todas las posibilidades. Tengo que recurrir a lo limitados conocimiento de que dispongo o guiarme por las preguntas que le voy formulando. Aquellos que sostienen que yo planteo preguntas inductivas para conseguir que se manifiesten estas vidas entenderán que esto no es verdad. Yo no puedo prever lo que sucederá y a menudo me siento como sí fuera simplemente una compañera de viaje.

D: ¿Qué vas a hacer cuando termines tu formación?
S: *Ir al extranjero, entre la gente, y compartir con ellos lo que hemos aprendido.*
D: ¿Lleva mucho tiempo convertirse en maestro?
S: *Para algunos, toda una vida. Para otros, su camino empieza pronto. No recuerdo un tiempo en que no estuviera estudiando.*
D: ¿Son los rabinos quienes te enseñan?
S: *Hablas de rabinos. ¿Estás hablando del rabino de las aldeas? Yo tengo mis maestros, que me enseñan. Pero no me enseñan los rabinos de la aldea.*
D: ¿Quiénes son tus maestros?

Yo me refería, con mí pregunta, a qué religión o tipo de escuela estaban afiliados. Pero él pensó que me refería a sus nombres.

S: *Bendavid es el maestro de matemáticas. Mecalava, es el maestro de los misterios. Y mi maestro de la Torá, es Zamer, mi padre.*

Suddí (a través del rostro de Katie) sonrió al mencionar a su padre, y concluí que su relación con él debía de ser muy afectuosa.

S: *Y mi maestra en rectitud es (un nombre largo que no pude transcribir). Ella enseña las cosas de la tradición oral, todas las leyes de la verdad y de las cosas que están protegidas. También está Judit Besezijer: (Transcripción fonética, difícil de entende1:) Lo que ella me ha enseñado son las profecías de las estrellas, el conocimiento de sus trayectorias. Se dice que cuando ella habla todos escuchan. Tiene muchos años. Tiene quizá setenta años, quizá sea incluso may01: No estoy seguro. Tiene un gran conocimiento en otros campos, éste es sólo uno.*

D: ¿La mayoría de los niños tienen que estudiar estas cosas en algún momento de su vida?

S: *Hay un momento en la vida de todo joven hebreo en que debe estudiar las leyes y la Torá, pero normalmente es cuando celebra su Barmitzvah. Pero si deseas ser un tutor o un maestro para seguir el camino, debes estar siempre abierto para aprender más*

D: ¿Recibes enseñanzas de algún otro lugar?

S: *Quieres decir si la* sabiduría *llega de lejos; así es. Pero mis maestros... ellos viven con nosotros. Cuando mi padre era joven, viajó a muchos lugares conocidos y estudió muchas cosas que intenta enseñarme.*

D: ¿Es costumbre que algunos vayan a tierras diferentes a aprender de otro?

S: *Así es entre nosotros, sí. Es nuestro deber transmitir la sabiduría. Pues es un gran pecado no compartir con los*

26

que tienen sed.

Suddí aún no había viajado a otro país en busca de conocimiento, pero pensaba que tal vez tendría la suerte de poder hacerlo.

D: ¿Cómo se toma esta decisión?
S: Para nosotros habrá una señal de que ha llegado la hora y que Él ha venido y que debemos irnos. Mi padre dice que los cielos lo revelarán, y que nosotros lo sabremos.

No entendí lo que quería decir, así que le pregunté *quién* venía. Él contestó de manera muy natural: *«El Mesías. La hora es conocida por unos pocos.»* No estaba segura de cómo descifrar esa frase.

D: ¿No está escrito que ya ha venido el Mesías?

Yo no estaba segura de la época en que nos encontrábamos, y sabía que los judíos nunca habían reconocido que el Mesías hubiera llegado. Siguen esperándolo hasta el día de hoy. Pensé que Suddí era un judío que vivía en una época posterior al nacimiento de Cristo. Existía la posibilidad de obtener alguna información sobre Jesús como ser humano, y pensé que seguramente un hombre culto conocería las historias de su tiempo.

S: No, no ha venido, porque los cielos no lo han revelado. Está escrito que de cuatro rincones se elevarán junt.as las estrellas y mando se encuentren, será la hora de su nacimiento.
D: Pero yo he oído decir que ya ha venido. ¿Conoces estas historias?
S: No, no ha venido. Desde que ha habido judíos ha habido rumores de falsos profetas y falsos Mesías. Pero Él no está aquí.
D: ¿Tu pueblo ha oído hablar alguna vez de un hombre

27

llamado Jesús? Algunos dijeron que fue el Mesías, que vino. Dicen que vivió en Nazaret y en Belén.

S: *No he oído siquiera su nombre, me es desconocido. No hay nadie en Nazaret con ese nombre. Si no, lo conocería.*

Esta vez, cuando mencionó Nazaret, me di cuenta de que quizá estuviera en (o cerca) de la Tierra Santa. Le pregunté si Belén quedaba cerca y me confirmó que sí.

D: También he oído hablar del país de Judea. ¿Está cerca de ahí?

S: *(Con impaciencia.) ¡Es aquí!*

Katie siempre sabía dónde se encontraba, aunque yo a menudo estaba confundida. Ahora que tenía confirmado el país, la región, procuré establecer la época.

D: ¿Quién es el gobernador de tu país en esta época?

S: *El rey Herodes.*

Yo sabía que, de acuerdo con la Biblia, hubo más de un rey Herodes. Un rey que reino en el momento del nacimiento de Jesús, y ero n el momento de su muerte. Tal vez hubiera más, pero yo no lo sabía.

D: He oído decir que ha habido muchos reyes Herodes. ¿Es cierto?

S: *(Parecía confundido.) Éste es... Herodes primero. No ha habido otros. Es el padl·e de Antipas y Filipo, pero sí es Herodes.*

De pronto, me emocioné y sentí un estremecimiento. Quizá Jesús no había nacido aún.

D: ¿Qué piensas del rey Herodes?

S: *Está muy dominado por los romanos. Esto no es bueno. (Sus- piro.) Es un libertino que tiene sed de sangre.*

Me sorprendió la emoción que expresaba con sus palabras.

D: ¿Ah, sí? Pues yo he oído muchas historias, algunas buenas y otras malas.

S: *¡Ah, no! No puedes saber nada de Herodes si haces estas preguntas. Yo nunca he oído nada bueno de Herodes.*

D: ¿Herodes vive en Jerusalén?

S: *A veces. Tiene muchas residencias en todas partes. A veces viaja a otras regiones.*

D: ¿Lo has visto alguna vez?

S: *¡No! No deseo verlo.*

Era muy evidente que Suddí no le tenía afecto a Herodes; no le gustaba hablar de él. Yo dudaba aún de la época en que nos encontrábamos. Sería difícil obtener un año concreto, puesto que nosotros calculamos los años a partir del tiempo de Cristo. Esta gente emplearía un método diferente para llevar la cuenta de los años, ya que Él no había nacido aún.

S: *Hay doce meses por cada una de las doce tribus. El año es... (parecía tener alguna dificultad para encontrar una respuesta). Los años se numeran por los años del rey. No estoy seguro. Creo que es e l... vigésimo año de su reinado.*

Por alguna razón que ni siquiera ella sabía explicar, Harriet estaba obsesionada por averiguar algo sobre el grupo llamado los esenios. En numerosas ocasiones me había dicho: «Cómo me gustaría que te dieras prisa y llegaras a esa época». Insistía en que algo le decía que ahí había información importante. Cuando me hablaba de este modo, yo siempre le respondía: «Pero si ni siquiera sé cuándo vivieron ...». Ella pensaba que era durante la vida de Cristo. Entonces yo decía: «Pues vamos en esa dirección», y continuaba mis metódicos saltos hacia atrás en períodos de cincuenta y cien años, ante la frustración de

Harriet. Cada vida individual albergaba sus propias sorpresas y conocimientos históricos, así que yo no tenía ninguna prisa por acelerar un proceso que había demostrado ser tan efectivo. Ahora que era evidente que estábamos en la época adecuada, Harriet aprovechó la ocasión y preguntó: «¿Alguna vez has oído hablar de un grupo conocido como los esenios?»

Suddí nos sorprendió al responder: *«Sí. ¿Por qué preguntáis por ellos?»*. Regocijada, Harriet contestó: «Me preguntaba simplemente si sabías algo acerca de ellos. Si ellos siguen vuestras enseñanzas». Suddí dijo: *«Ellos son mis maestros»*.

Esto nos sorprendió, pues abriría una brecha que nos permitiría aprender algo sobre un grupo tan desconocido y secreto. «¡Ah! -exclamó Harriet-. Os hemos estado buscando.»

S: *Ellos no desean ser encontrados. A menos que ellos lo deseen, no nos encontrarán.*

Él había indicado, por tanto, que era un miembro del grupo. Se me ocurrió que tal vez este secretismo nos plantearía problemas a la hora de encontrar respuestas sobre los esenios.

D: He oído decir que los esenios son como una organización secreta. ¿Sería correcto decir eso?
S: *Son muy temidos por aquellos que están en el poder, porque hemos estudiado a fondo los misterios que otros han abordado sólo de forma indirecta. Y temen que si tenemos demasiado poder y conocimientos, ellos perderán su lugar.*
H: ¿En qué se diferencian de la comunidad judía corriente?
S: *Hay un cumplimiento más estricto de las leyes. Un mayor cumplimiento con respecto al judío medio. Esto significa que abandona la sinagoga al finalizar el sábado judío, él abandona la sinagoga y ya no se acuerda de ello hasta el comienzo del próximo sábado. Para nosotros, la ley y la Torá lo son todo. No debemos olvidar que gracias a ellas*

30

vivimos. Se dedica mucho tiempo a definir las profecías reveladas. Y a saber que éste es el tiempo en que serán culminadas. Y es nuestro deber preparar a otros para este tiempo, y preparar el camino.

Nos volvió a sorprender cuando dijo que las mujeres, al igual que los hombres, eran miembros de su secta. Las mujeres eran maestras y también estudiantes. Era sorprendente, porque las mujeres de las comunidades judías de la época no gozaban de una igualdad con los hombres. Suddí lo confirmó: «*En la mayoría de las sinagogas, las mujeres no tienen siquiera permiso para entrar. Tienen el balcón de las mujeres.*» Le pregunté por qué a las mujeres se les concedía este honor entre los esenios.

S: *Se dice que uno alejado del otro no es completo. Así, debe compartirse todo el conocimiento para que no pueda perderse jamás. He conocido mujeres que tienen más cerebro que el rabino medio.*

Su declaración nos pareció graciosa y encantadora. Pero él volvió a mostrarse receloso cuando le pedí que nos diera una idea aproximada del tamaño de la comunidad. El preguntó con cautela: «*¿Por qué quieres saberlo?*». Tuve que pensar en una respuesta que él no considerara amenazadora. «Me interesa el tamaño de la comunidad sólo por las condiciones de vida. Se me ocurre que si fuera muy grande, habría dificultades de vivienda o de alimentación.» Suddí se relajó y dijo que el número no era conocido con certeza.

D: ¿Existe alguna discordia entre los maestros esenios y los maestros judíos de la región?

S: *Sí, nos llaman locos, porque creemos que la hora está al llegar. Ellos han abandonado toda esperanza de la venida del Mesías. (Frunció el ceño y parecía nervioso.) Tengo curiosidad por saber por qué quieres conocernos.*

31

Preferiría no contestar más. Hay muchos que quisieran averiguar cosas sobre nuestra comunidad y verla destruida.

Yo no era consciente de que los esenios tuvieran enemigos en aquella época.

D: Has dicho que ibas a ver a tus primos. Si tu gente tiene enemigos, ¿no temes que alguien pueda encontrarte al estar lejos?

S: *No saben quién soy. Para ellos, soy sólo un viajero. No tengo la piel azul. (Nos reímos.) Nosotros tenemos formas de identificarnos entre nosotros, pero los demás no pueden identificarnos.*

Yo había oído decir que los esenios eran una orden religiosa secreta que vivía aislada, como monjes en un monasterio. Por eso le pregunté si había un nombre para su tipo de religión.

S: *No tiene nombre, se nos conoce por los esenios. Pero esto, según dice mi padre, es una escuela de pensamiento, no una religión. (Tuvo dificultades con esta palabra.) Nosotros creemos en Dios, el Padre.*

D: ¿Hay un nombre para Dios en vuestra lengua?

S: *Yahvé. Significa... «sin nombre», pues Dios es el que no tiene nombre. El no posee un nombre del que tenga conocimiento el hombre. También se le conoce como Elohím y Elori. Son básicamente la misma cosa. Hablan de Dios. Hay muchos nombres con los que invocarlo y Él sabrá que hablas de Él. Éstos son sólo algunos. Cuando yo hablo con Él, no lo llamo Yahvé. Lo llamo Abba, que significa Padre.*

Habíamos entrado definitivamente en la época de Cristo y habíamos conocido a uno de los esenios, el grupo más misterioso y secreto de la historia. Cuando me di cuenta del potencial de lo que habíamos hallado, tomé la decisión de perseverar en esta vida y explorarla más a fondo. ¿Quién podía decir lo que encontraríamos? Tal vez se nos revelaría algo sobre la vida de Cristo. Y tal vez podríamos averiguar alguna información sobre este grupo tan poco conocido. Es cierto que Suddí manifestaba cierta reticencia a responder a determinadas preguntas, pero pensé que habría una manera de abordarlo. Existen muchas formas de darle la vuelta a un tema para obtener las respuestas deseadas. Aún así, jamás imaginé lo que sucedería en los tres meses siguientes. Fue tal la abundancia de conocimientos y datos, que era como verse envuelto en un torbellino. Fluían con tal rapidez y furia que, en ocasiones, nos faltaba el aliento. No imaginábamos lo que habría de revelarse y, sin duda, recibimos más de lo que buscábamos.

En los capítulos siguientes, he procurado distribuir la información de acuerdo con el contenido, aunque no la recibimos de esta manera. Fue como componer un rompecabezas increíblemente complicado, tomando una pieza de una sesión y una pieza de otra. Pero pienso que con esta forma de presentarlo, se facilita la lectura.

Este libro tiene una doble finalidad. En primer lugar, se trata de presentar los conocimientos acumulados sobre las costumbres y condiciones de vida de este grupo indefinido y oscuro llamado los esenios. Y, por otro lado, se trata de contemplar la vida de Cristo teniendo en cuenta este trasfondo, en su asociación con este grupo, y a través de los ojos de un maestro que le profesó un gran afecto.

4 -¿Quiénes eran los esenios?

Antes de comenzar estas sesiones, si alguien me hubiera solicitado información sobre los esenios y sobre Qumran, le habría dicho que no sabía casi nada. Ni siquiera estaba segura de cómo pronunciar su nombre. Los esenios eran para mí un grupo secreto, ocultos tras un velo misterioso. Yo creía, como muchos otros, que se trataba de un grupo religioso parecido a los monjes, que vivían aislados en un entorno de tipo monástico. Esto es lo que había oído.

Existía, además, el rumor o leyenda de que Jesús pudo haber estudiado con ellos, o al menos, haberlos visitado. Pero esta idea sonaba igual que todas las demás leyendas sobre su vida. Leyendas de que visitó otras regiones del mundo durante los «años perdidos». Al hablar con grupos que se interesan por la metafísica, he encontrado la misma reacción. Los nombres les son vagamente familiares, pero pocos son capaces de ofrecer alguna información sobre este grupo. Yo no sabía ni siquiera dónde se hallaba Qumran. Harriet reconoció que no sabía más que yo sobre este grupo.

Recuerdo el entusiasmo de principios de los años cincuenta cuando estalló la noticia del hallazgo de los manuscritos del mar Muerto. Al parecer, el descubrimiento guardaba alguna relación con los esenios y con Qumran. A veces me daba que pensar lo que habría pasado con los manuscritos desenterrados. Tras la primera fiebre entusiasta, desaparecieron tan rotundamente como si los hubieran vuelto a meter en las cuevas de las que habían salido. Pensé que era una lástima, porque se decía que eran una antigua versión de nuestra Biblia.

Brad Steiger, renombrado autor y experto en estudios sobre

la reencarnación, sugiere que los especialistas en regresión que llevan a cabo un proceso de verificación de la información obtenida, deben postergar sus investigaciones hasta que acaben su trabajo con el sujeto o con la época determinada. Se refiere a la teoría de que a través de la hipnosis, el sujeto manifiesta una elevada sensibilidad. Siempre existe la posibilidad, aunque leve, de que pueda captar la información de la mente de algún participante, mediante telepatía o percepción extrasensorial. En mi opinión, se trata de un consejo razonable que, además, avalaría con mayor firmeza el material. Así, exceptuando la búsqueda de mapas para situar geográficamente la comunidad de Qumran, decidí tener paciencia. Después de tres meses de trabajar en ello, me dije que ya teníamos información suficiente y que era el momento idóneo para comenzar, por fin, mis investigaciones históricas.

Descubrí que incluso hoy, treinta años después de las excavaciones en las ruinas de Qumran, los esenios siguen siendo un grupo secreto y misterioso. Me decepcionó encontrar que unos libros eran, en general, repeticiones de otros. Todos, salvo uno, fueron escritos a principios de los años cincuenta. Todos describían el hallazgo de los manuscritos y la posterior excavación de Qumran. Todos discutían las traducciones de algunos de los manuscritos que se habían encontrado intactos. En todos se llegaba a la misma conclusión acerca de quién o qué era la comunidad. Los autores se trataban mutuamente de expertos sobre el tema. Tuve la impresión de haber leído un solo libro. Después de todos los informes entusiastas sobre «el descubrimiento más grande en la historia de la humanidad», me costaba entender por qué no se habían escrito más libros sobre traducciones posteriores de los manuscritos. Era como si se hubiera abierto una puerta y luego cerrado de golpe.

La única excepción era *The Essene Heritage,* de Martin A. Larson, una obra publicada en 1967. Aquí, por fin; había un enfoque nuevo. Él se atrevía a plantear la posibilidad de un encubrimiento. Que quizá lo que había empezado a revelarse era demasiado para que lo aceptara la Iglesia convencional.

Existía la posibilidad de que hubiera discrepancias entre estas versiones mucho más antiguas y nuestra Biblia moderna. Había también indicios de que el cristianismo no se originó a partir de Jesús sino que tuvo sus comienzos en las costumbres y creencias de los esenios. Larson sugiere que esto no sería tolerado por la Iglesia. El clero moderno pensaría que la idea de la existencia del cristianismo antes de que hubiera un Cristo sería demasiado fuerte para que lo aceptara el hombre común.

John Marco Allegro tiene convicciones similares. Él fue uno de los miembros del equipo internacional de ocho expertos que comenzaron a trabajar con los manuscritos del mar Muerto. De estos hombres, cuatro eran católicos romanos y él era el único miembro sin filiación religiosa. ¡Es una paradoja que en la actualidad, al profesor Allegro ni siquiera se le permita ver estos manuscritos! Antes de finales de la década de los sesenta, al menos cuatrocientos documentos estaban recompuestos y preparados para su publicación, pero sólo cuatro o cinco han visto la luz pública. Él también plantea preguntas perspicaces sobre las razones por las que se ocultaba esta información.

Sumidos en el silencio, los manuscritos quedaron apartados en los estantes y varios han vuelto a desaparecer. Se sabe de un teólogo que declaró: «Desearía que desaparecieran sin más y resurgieran dentro de un par de generaciones». Quería decir que de este modo no tendría que explicárselo a sus feligreses. Creo muy probable que haya sucedido justamente eso. Posiblemente llegaron a las mismas conclusiones que yo durante nuestros experimentos, y que no pudieron hacerles frente.

Los documentos se conservan en el Santuario del Libro en Israel. Este edificio fue construido específicamente para el estudio y traducción de los manuscritos, y como lugar idóneo para facilitar la recomposición de los incontables fragmentos.

Sé que la información que aparece en este libro no puede haber provenido de la mente de ninguno de los participantes en este experimento, porque la información es demasiado oscura. Pero ahora estoy convencida de que no puede haber provenido siquiera de la mente de nadie que esté vivo hoy en

36

día. Creo que la visión que presentamos de este maravilloso grupo de personas es la más completa que ha existido jamás.

Si alguna vez hubo algún intento de borrar del mapa a todo un grupo de personas, esto es lo que sucedió con los esenios. En la Biblia no se los menciona en absoluto. De ello se ha deducido que todas las referencias han sido omitidas deliberadamente, a raíz de la similitud entre su doctrina y el cristianismo.

De no haber sido por al g u nos escritores e historiadores diligentes que vivieron al principio de la era cristiana, no tendríamos ningún conocimiento sobre los esenios. Estos escritores antiguos fueron: Filón, filósofo judío de Alejandría; Plinio, escritor romano, y Josefo, guerrero e historiador judío. Fui a las fuentes y leí las traducciones de sus trabajos. Me referiré a ellos en varias ocasiones a lo largo de este libro.

Se dice que Filón vivió entre el año 20 a. de C. y el año 60 d. de C., de modo que habría vivido durante la época que abarca nuestra historia. Pero por lo visto sus textos fueron escritos basándose en los relatos de otros. Él no conoció personalmente a los esenios ni su comunidad. Esto explicaría cualquier discrepancia entre su crónica y la de Josefo. Plinio vivió aproximadamente desde el año 23 d. de C. hasta el 79, y escribió muy poco relacionado con los esenios. Josefo está considerado como la fuente más fiable y es el más citado. Nació en Jerusalén alrededor del 37 d. de C., vivió en el seno de esta comunidad, y tuvo un conocimiento de primera mano durante la última época de los esenios. Sin embargo, se afirma que tendía a adornar sus textos para armonizarlos con los sistemas de la filosofía griega populares en su tiempo. Vivió y escribió en una época posterior a la vida de Suddí. Pero estas historias verifican el increíble grado de precisión que descubrimos en nuestro experimento. Las descripciones sobre el modo de vida y las creencias resultan coincidentes en alto grado.

Éstos son los únicos documentos conocidos que fueron escritos sobre los misteriosos esenios. Estos autores sólo mencionan que esta extraña comunidad estaba situada en la región del mar Muerto. Los arqueólogos no sabían exactamente dónde y nunca habían intentado encontrar Qumran. El espantoso clima de la región es una pesadilla para los científicos, y no tenían ningún deseo de buscarlo sin una razón específica.

Después de la destrucción de Qumran a manos de los ejércitos romanos en campaña en el año 68 d. de C., quedaron allí sus ruinas, en los acantilados de las salinas junto al mar Muerto, durante casi dos mil años. Desmoronándose en medio de un silencio devastador, pasaban prácticamente inadvertidas. Los hombres que habían dedicado sus vidas a acumular y conservar el conocimiento desaparecían bajo el sol implacable y las arenas movedizas del desierto. Fue como si nunca hubieran existido. A pesar de que las ruinas permanecían como recordatorio silencioso de las grandes mentes que allí se desarrollaron, nadie las reconocía como lo que en realidad eran. Durante siglos, la gente creyó que no eran más que restos de alguna de las muchas guarniciones romanas que se instalaron después de la invasión. Sin duda, nada que tuviera alguna importancia podría haber florecido en un rincón tan dejado de la mano de Dios.

Las ruinas fueron ignoradas hasta el descubrimiento de los primeros manuscritos del mar Muerto en 1947. Las cuevas en los acantilados de las salinas habían protegido sus secretos durante dos mil años. Pero entonces, un pastorcillo beduino que buscaba su cabra perdida fue guiado por la mano del destino hacia la cueva donde descubrió los manuscritos ocultos en vasijas. La historia de este emocionante hallazgo se ha contado repetidas veces. Es cierto que se perdió o destruyó por descuido una buena parte del material, antes de que la magnitud del descubrimiento se conociera en el mundo exterior y los científicos llegaran al desierto. Con la ayuda de los habitantes árabes del lugar, se descubrieron multitud de manuscritos y docenas de miles de fragmentos en cuevas colindantes. Lo que al principio se tildó de hallazgo «afortunado» y aislado, pronto sería aclamado como «el mayor descubrimiento en la historia de la humanidad».

Cada vez eran más las cuevas que revelaban su tesoro de

conocimientos ocultos, y los arqueólogos empezaron a reflexionar sobre los motivos por los que se había ocultado en el desierto una acumulación de tal magnitud. Sólo entonces contemplaron las ruinas adyacentes con ojos indagadores. Tal vez fueran algo más que una simple guarnición militar, tal vez hubiera alguna conexión ... Las primeras excavaciones en el invierno de 1951 no aportaron nada que apoyara esta teoría. Pero en 1952 quedó demostrado de modo concluyente que los manuscritos provenían de los habitantes originarios de las ruinas.

Fue entonces cuando los escritos de Filón, Plinio y Josefa comenzaron a aclarar algo sobre estos habitantes. Finalmente, todo encajó y Qumran fue declarado hogar de los esenios, que llevaron una vida de gran secretismo y de carácter comunista. La palabra «comunista» tiene un sentido muy diferente en nuestro mundo actual, y se han planteado algunas preguntas sobre el uso que hago de la palabra para describir a este grupo antiguo. Los esenios eran considerados «comunistas» en el sentido *purista* de la palabra. Vivían juntos en una comunidad, compartiéndolo todo y sin necesidad alguna de dinero.

Todo lo que se sabe hoy sobre esta comunidad proviene de textos antiguos y de lo que encontraron los arqueólogos en tres años de excavaciones. Existen muchas lagunas y preguntas. Tal vez nuestro experimento sirva para proporcionar algunas respuestas.

5 - Descripción de Qumran

Los arqueólogos creían que el grupo que vivía en Qumran era una orden religiosa de hombres, parecida a los monjes, aislados de un mundo con el que no podían identificarse. Creían que los esenios vivían según un código estricto de disciplina y con normas rígidas. Basándome en la información recibida a través de Katie mientras estaba en trance profundo, es mi intención demostrar que muchas de las ideas de los científicos sobre estas maravillosas personas son erróneas

He reunido toda la información recogida sobre la comunidad de Qumran y la presentaré en un mismo capítulo, aunque en realidad está desperdigada a lo largo de muchas sesiones. Katie repetía a menudo las mismas descripciones pero nunca se contradecía. Yo creo que la imagen que se desprende de la mirada de Suddí es mucho más humana que la revelada por las palas de los científicos.

Pensé que a fin de entender a esta persona que había encontrado, tenía que saber más acerca del lugar donde vivía y sobre su forma de vida. Sobre todo porque esto reflejaría también las condiciones en las que vivió Jesús durante la época más vulnerable de su vida. Cuando hablaba con Suddí de niño, él decía que el lugar era una comunidad. Nunca se refirió a Qumran de otra manera. No comprendía la palabra «pueblo» o «aldea», y no conocía otro lugar que no fuera Qumran. Esto es también como lo han llamado los arqueólogos, y ellos dicen que no era una ciudad.

En su descripción, Suddí dijo: *«No es muy grande pero es un lugar donde hay mucha gente. Están las bibliotecas, las casas y el templo. Estamos en las colinas y miramos al mar. Los edificios son de adobe. Están hechos de ladrillos y tienen tejados planos y todo está construido junto».* Dijo que la mayoría de las paredes estaban adosadas.

Me confundió que Suddí dijera que la comunidad estaba cercada por una muralla de seis lados. Sonaba raro, pero lo curioso es que cuando se mira el plano de las excavaciones de los arqueólogos, se ve claramente que no es cuadrada. Podría discutirse si se se trataba de una forma de seis lados, porque no es una figura *geométrica* de seis lados. También se observa en el plano que, en general, las habitaciones estaban todas conectadas. La mayoría están construidas con paredes contiguas.

A veces cuando hablaba con Suddí de niño, lo encontraba jugando en el patio. Cuando era mayor, también le gustaba sentarse y meditar en uno de estos patios. Dijo que había varios patios dentro de la comunidad. Yo estoy acostumbrada a que un patio esté en el centro de algo, pero éstos estaban desperdigados por todas partes. Suddí dijo que el estudio y la biblioteca estaban en el centro, donde se reunían todos para las clases. En ese lugar se guardaban también los papiros o manuscritos. En uno de los patios había fuentes. En otros había jardines, aunque no se trataba de jardines como los imaginaba yo, sino hermosos jardines de flores. *«Son los colores del arco iris. Son como muchas joyas que brillan.»*

Yo no entendía cómo conseguían que las flores crecieran en un lugar tan cálido. No creía que pudiera crecer gran cosa en el desierto. Él objetó: *«¡Por supuesto que sí! Las flores crecen en el desierto, siempre y cuando haya lluvia. Siempre y cuando haya agua, el calor no importa. Cuando llegan las lluvias en primavera, el desierto florece entero. Pues las semillas que han caído brotan de pronto, y están en flor. El desierto puede ser hermoso».*

En el patio situado cerca de los comedores había árboles frutales. *«Están los árboles que crecen, los higos, dátiles, granadas, naranjas y limones. Es casi como si tocaran el cielo. Y están los senderos por los que puedes caminar entre ellos, o puedes sentarte entre las flores.»*

41

N

O ← → E

↓ Hacia el mar Muerto

S

Escala en yardas

PLANO DE QUMRAN

1 TORRE
2 TALLERES DE ALFARERÍA
3 HORNO DE ALFARERÍA
4 GRANDES CISTERNAS
5 BAÑO
6 SALA DE REUNIONES Y SALA DE
   BANQUETES
7 DESPENSA PARA LA SALA PRINCIPAL
8 ¿ESTABLOS?
9 COCINA
10 PATIOS
11 LAVANDERÍA
12 ESCRITORIO
13 ¿BAÑO?
14 ALMACENES
15 PATIO CENTRAL

16 DEPÓSITO
   OCULTO DE
   MONEDAS DE PLATA
17 CANAL PRINCIPAL
18 BALSA DE RECOGIDA DE AGUA
19 ENTRADA DEL ACUEDUCTO
20 ENTRADA
21 BIBLIOTECA
22 LETRINA
23 MOLINO
24 HORNO
25 GRIETA CAUSADA POR TERREMOTO EN
   EL AÑO 31 A. DE C.
26 TALLERES DE TINTADO
27 MURALLA DE RETENCIÓN, BARRANCO
   OESTE

Si consultamos nuevamente el plano, veremos que hay, en efecto, varios patios. En codas las ilustraciones, no obstante, los arqueólogos han representado los patios como lugares áridos. Pensaban que poca osa podía crecer en la región de Qumran debido a la escasez de agua. Sabían que se cultivaban cereales porque habían excavado en torno a una fuente conocida como 'Ain Feshka, que estaba simada a unos tres kilómetros hacia el sur. Pensaron que se trataba del terreno de cultivo agrícola de los esenios, y concluyeron que este grupo aislado subsistía a base de estos cultivos y de colmenas de abejas, etc., sustentándose únicamente con alimentos escasos y monótonos. Pero los autores antiguos están en desacuerdo con esto. Plinio menciona que los esenios vivían entre palmeras. Solino decía: «El fruto de la palma es su alimento», refiriéndose supuestamente a los dátiles. Esto se consideró un error hasta que los arqueólogos de enterraron los restos de datileras y semillas de dátil. Al parecer, Suddí tenía razón cuando hablaba de los árboles que crecían en Qumran.

Suddí dijo que la mayoría de los esenios no vivían dentro de la muralla de la comunidad. Subiendo el monte hacia el norte, había viviendas para las familias fuera del complejo principal. Al parecer, estas casas estaban construidas de la misma manera que la comunidad: edificios adosados con paredes comunes. Los arqueólogos creen que la gente vivía en cuevas y tiendas, lo que me resulta extraño. ¿Por qué construirían una comunidad tan eficiente y bella para luego irse a vivir en condiciones primitivas?

Por lo que he podido averiguar, no creo que se hayan llevado a cabo muchas excavaciones en zonas alejadas de la muralla. Los informes mencionan únicamente la excavación en *el* complejo principal y la exhumación de algunas de las tumbas en el cementerio colindante. Y, a propósito de esto, los científicos creían que en Qumran sólo había vivido una hermandad de monjes hasta que encontraron lo esqueletos de mujeres y niños en el cementerio. Tuvieron que revisar rápidamente sus ideas, pues era evidente que allí habían vivido familias.

La familia de Suddí vivía en el monte, más arriba que la

mayoría de la gente. Desde su casa, la vista del mar Muerto era inmensa. Las únicas personas que vivían en el interior de la comunidad eran los sacerdotes de Yahvé, que cuidaban del templo y de los manuscritos, y mantenían encendidos los fuegos.

Suddí vivía con su madre, su padre y su hermana Sarah. Le pedí una descripción de la vivienda. Cuando el clima era cálido, dormían sobre el tejado plano. Cuando refrescaba, él compartía una habitación con su hermana. Había una habitación que servía de sala familiar, donde se cocinaba. Sus padres tenían un dormitorio propio, y había otra habitación, llena de papiros, donde estudiaba su padre. La vivienda tenía paredes comunes con las demás familias.

A partir de las ruinas, los arqueólogos dieron por sentado que todos comían juntos en el gran comedor del complejo comunitario. Pero Suddí dijo que, en general, las familias comían en su propia casa. Cuando se celebraba alguna ocasión especial, cuando venía alguien a hablar, entonces iban al comedor principal. Los esenios creían que los conflictos serían menores si cada cual tenía su espacio propio.

La biblioteca y el comedor eran dos salas grandes y rectangulares. En los tejados, había aberturas cubiertas que permitían la entrada de la luz. También había aberturas en las paredes que estaban cubiertas para impedir que entrara la arena. Suddí no estaba seguro de qué edificio era el más grande porgue no había «contado los pasos».

La manera habitual de entrar en la comunidad desde el exterior era por una verja junto al gran acantilado. Era lo bastante grande como para permitir la entrada de una caravana si hiciera falta. Cuando pregunté si había otras formas de entrar, Suddí reconoció con cautela que sí las había, pero se negó a ofrecer mayor información. Éste era, al parecer, uno de los muchos temas que no podía comentar con Suddí. Los esenios guardaban un silencio férreo en muchos aspectos, y atravesar esta barrera defensiva me traería no pocas dificultades.

Suddí dijo que había varios edificios que tenían más *de* una planta. La biblioteca tenía una segunda planea. La sala de reuniones (el comed r) tenía la altura de dos plantas pero sólo había un techo alto. Dijo que la torre junto a la verja de entrada tenía tres plantas. Los arqueólogos mencionaron que había indicios de que algunas de las habitaciones tenían dos plantas. Dijeron que la torre tenía dos plantas, pero también mencionan un sótano que servlría de almacén lo que sería el equivalente de tres plantas. La torre telúa como finalidad principal la vigilancia. Desde este lugar estratégico, los esenios advertían la llegada de todo el que se acercaba a la comunidad. Suddí comentó que también servía como protección, pero cuando le pedí que ampliara la información se negó a responder. Se trataba de otro tema prohibido.

De mayor, Suddí ya no vivía con sus padres en casa, sino que se había mudado a una zona reservada para jóvenes adultos solteros. Aquí vivían hombres y mujeres en lo que él llamaba «apartamentos», aunque no estaba seguro de esta palabra. El lugar donde comían era cuestión de preferencia individual. Mientras vivió en estas dependencias, solía comer con los demás, por compañerismo y para conversar. Había muchas mesas en el comedor o en la «sala de comidas», pero las comidas se preparaban en dependencias contiguas al comedor o fuera en hornos de adobe.

Los científicos han dicho que los esenios comían todos juntos en el comedor, observando solemnemente ceremonias o ritos que se efectuaban mientras comían. Suddí estaba en desacuerdo: dijo que sólo se bendecían los alimentos, y que no se llevaban a cabo enseñanzas ni otras actividades en el transcurso de la comida. También se ha dicho que cumplían estrictos rituales religiosos a lo largo del día. Una vez más, Suddí se mostró en desacuerdo al decir que nada era obligatorio. Era una cuestión personal. En general, las ceremonias religiosas se celebraban todas durante el sábado judío.

Si la gente deseaba comer en sus propias dependencias, acudían a uno de los «almaceneros» y tomaban lo que necesitaban. No pasaban hambre, pero tampoco se permitía la «glotonería».

Yo tenía curiosidad por saber el tipo de alimentos que comían. El mijo era el principal alimento. Era un tipo de cereal que se cultivaba en el exterior, probablemente en 'Ain Feshka. Después de cosechado, se aventaba el grano y se guardaba en grandes sacos. Suddí describió un plato hecho con mijo. Para prepararlo, *«se tomaba un puñado y una olla de agua hirviendo y se echaba dentro con un poco de sal».* A veces agregaban hierbas. Parecía una sopa, pero él dijo que se podía amasar y comer con las manos, así que tal vez fuera una especie de pan.

Comían distintos tipos de carne: cordero y cabra, a veces un buey o un novillo castrad, y varios tipos de aves. Me acordé de las leyes sobre alimentos que figuran en el Antiguo Testamento y pregunté acerca de las restricciones. Suddí dijo: *«No debes tomar cerdo ni nada que no tenga la pezuña hendida. El cerdo come cualquier cosa. Comería excrementos si se lo dieran, no le importaría. Por eso se considera impuro. Se puede comer sólo los rumiantes con la pezuña hendida. El camello es un rumiante, pero nosotros no comemos camello».*

A él personalmente no le gustaba comer carne aunque no había una regla estricta que lo prohibiera para lo que eran de la comunidad. Era una cuestión personal. *«No es bueno matar algo para tu propio ... sólo... por placer. Es una criatura de Dios lo que destruyes. Comer carne es atarse aquí, atar el alma a la tierra.»*

Suddí no entendía la palabra «bebida», pero tomaban vino, agua y a veces la leche de diversos animales. A modo de trampa, le pregunté sobre el café, pero dijo: *«No lo conozco. No me es familiar: He tomado tés que se hacen con mentas y distintos tipos de hojas».* «Verduras» era otra palabra que no conseguí que entendiera, incluso después de muchas explicaciones. Comían otras cosas aparte de grano y frutas, pero las compraban de las caravanas que estaban de paso.

Suddí describió los muebles en las viviendas: *«Están las camas, estructuras que tienen cuerdas cruzadas, para hacer una estructura. Y entonces el lecho y todo se pone encima de esto. Y es así como duermes, encima de esto. Hay sillas y mesas. Si deseas sentarte o relajarte, coges un cojín y te sientas en el suelo. Esto también es una cuestión personal».* La estructura de la cama medía más o menos un palmo. Suddí no entendió lo que quería decir al preguntarle sobre mantas o cubrecamas. Cuando lo expliqué, respondió: *«No hay razón para tener esas mantas. ería demasiado. Si vivieras en las montañas, quizá las necesitarías».*

Tampoco sabía qué era una almohada, pero puesto que había empleado la palabra cojín sabía que esa palabra la reconocería. No podía entender por qué nos poníamos un cojín debajo de la cabeza al dormir. *«La cabeza no se eleva. La forma ideal para dormir es tener los pies más subidos que la cabeza, para ayudal· a la circulación. Elevar la cabeza... entonces tendrías un problema con los pies hinchados. ¿No es así? Elevar la cabeza causa dolores de cabeza y muchos otros problemas. Elevar los pies ayudaría a la circulación del cuerpo e impediría que se detuviera.»* Ellos solían poner un cojín bajo los pies o bien inclinaban la cama. Los únicos otros muebles de la casa eran estantes para dejar objetos, como la ropa y cosas por el estilo.

Le pregunté sobre los adornos, y él frunció el ceño, de nuevo confundido. Yo pensaba en cuadros o estatuas. La palabra «estatuas» lo alteró. *«¡Nosotros no tenemos estatuas! No hay estatuas hechas. A veces tenemos un cuadro. Pero no se permite tener estatuas en la comunidad. Es copiar lo que Dios ha hecho. No está permitido en los mandamientos hacer un ídolo.»* «¿Aunque no estuviera hecho para representar a un dios? ¿Por ejemplo, la estatua de un animal?» *«Muchos falsos dioses son adorados en forma de animal.»*

Intenté explicar que a algunas personas les gusta tener estatuas y cuadros en sus casas sólo porque son bellos. No pretenden usarlas para la adoración. Pero Suddí no podía entender este concepto. *«Yo miraría la naturaleza y encontraría la belleza en ella. ¿Por qué mirar una imitación vulgar cuando la cosa real está delante de ti? Puedo entender la belleza y la necesidad de crear, pero ¿no podrían crearse muchas cosas superiores? Los cuadros son muy bellos.»*

Cuando le pedí una explicación sobre los cuadros, la clase de arte con que estaba familiarizado, me cogió por sorpresa. Eran cuadros pintados sobre papiro o madera y los colgaban en la casa, pero no eran imágenes de objetos o de seres vivos como los que tendríamos nosotros. Parecían más bien pinturas abstractas de algún tipo.

S: *Colores, y los tonos de las luces y las formas y... bueno, yo no pinto. No lo estoy explicando muy bien. Hay cosas que le hablan al alma. Vienen de adentro, más que lo que verían los ojos. Son lo que ve el alma. Tendrían un sentido sólo para el que los pinta.*

D: ¿Y qué me dices de los romanos? Ellos tienen muchas estatuas, ¿verdad?

S: *Sí, pero ellos son herejes. Ellos las adoran. Las tienen con cualidades que no están ahí. Son sólo piedra.*

D: ¿Realmente adoran la estatua en sí, o adoran la idea que representa?

S: *Hay todos los matices. Algunos adoran la estatua como algo real, otros dicen que es sólo lo que representa. Las dos opciones parecen ser ideas muy peligrosas.*

Suddí se quedó muy consternado cuando le pregunté si había estado alguna vez en el interior de un templo romano. *«He hablado con los romanos sobre sus creencias. Pero en sus templos, matan animales y profanan el nombre de la adoración. Se ha convertido en algo horroroso e impuro. Hay uno en Bethesda, es el único del que sé algo. He oído hablar del de Jerusalén y de otros diferentes. Se dice ql,le Cafarnaúm tiene uno. Por supuesto, Tiberíades tiene el templo. Éste fue construido por su emperador.»* (La pronunciación de Tiberíades era rápida y las sílabas sonaron muy juntas y arrastradas.)

Le pregunté acerca de Nazaret, pero dijo que la aldea era demasiado pequeña, que no se molestarían en poner uno ahí. Pensé que tal vez le gustaría ver un templo por curiosidad, pero la idea le resultó repulsiva. *«Nuestros templos empiezan desde adentro. Si hay una plenitud desde adentro, se extiende hacia afuera. No necesitas ninguna casa ni sala para albergarlo.»* Yo siempre he pensado que el templo y la sinagoga eran el mismo lugar con diferentes nombres. Me acordaba de la historia de Jesús en la Biblia cuando lo encontraron en el templo enseñando a los doctores.

S: Un templo es sólo para rendir culto a Elohím, pero la sinagoga es también un lugar de enseñanza. En el templo está el sanctum sanctorum; en la sinagoga, quizá, sólo tengan el santuario para la Torá. El templo es para Dios; la sinagoga es para el culto a la manera de la fe judía.

D: Así, cualquier persona que ejerciera otra religión, ¿podría entrar en el templo, pero no en la sinagoga?

S: Sí. En la sinagoga hay un lugar para los gentiles o también el balcón de las mujeres. Y en el templo entran todos los que adoran a Dios.

Aunque la Biblia menciona que Jesús interrogaba a los doctores, Suddí no conocía esa palabra. Lo que él consideraba un sanador recibía el nombre de médico, y estas personas sólo enseñaban su especialidad. No enseñaban en el templo. Al parecer, la Biblia se refiere a alguien que es como un profesor que es muy sabio, tal vez un maestro.

S: Aquellos que enseñan en el templo son los maestros de la Ley. Hay sacerdotes, cada uno tiene su propia especialidad. Así uno tendría la Ley, y otro tendría los misterios y otros hablarían de los diferentes conocimientos de la tradición oral. Un rabino es diferente, enseña ley judía y religión judía, como si dijéramos.

Le pedí que me hiciera una descripción del templo de Qumran y Suddí me reveló más de lo que esperaba.

S: Está la zona donde se reúne la gente. Se arrodillan o se sientan en el suelo. Y entonces está el altar. Detrás del altar está la cortina, el santuario interior cubierto por el velo. Y dentro de éste se guarda la Torá y los manuscritos,

49

la Cábala. Durante los estudios o celebraciones de los días santos, según lo que ocurra, los sacan y leen en ellos y los comparten. Estaría la congregación de las almas, luego la discusión de asuntos sobre Dios y la vida y muchas cosas... En la sinagoga no están permitidas las mujeres sino en el balcón de las mujeres. Aquí todos están permitidos.

D: ¿Hay algún objeto religioso en el templo, por ejemplo, sobre el altar?

S: Está el cáliz y normalmente un quem4dor de incienso; si eso es todo.

D: ¿Qué finalidad tiene el cáliz? ¿Cuál es su significado?

S: Es el acto de pasarla entre todos y compartir de esta manera. Es un vínculo que nos une y que nos une en un todo.

Había una familiaridad inesperada en esto. Harriet preguntó emocionada: «¿Todos beben del mismo cáliz? ¿Qué beben, agua?» «*Suele haber vino.*» Se trataba de un desarrollo nuevo y significativo. Lo que Suddí describía se parecía a la sagrada comunión o a la Última Cena. Pero esto está relacionado supuestamente con Cristo y Él aún no había nacido. Suddí dijo que en ese acto no se pasaba ningún alimento (yo pensaba en el pan o en la hostia de la comunión), pero sólo se pasaba el cáliz entre los presentes.

S: Es el cáliz de la sangre vital. Es el acto de compartir la vida entre todos. El vino representa la sangre de todos y el compartir juntos.

D: ¿Es éste el significado? ¿Quiere decir que todos son de una misma sangre? ¿Son sólo los miembros de la comunidad de los esenios los que pueden participar del cáliz?

S: Uno debe aceptar los preceptos para poder participar de la unidad. En parte debido al hecho de que quizá no entenderían el sentido que se intenta dar con esto. No es que no creamos que son una unidad con nosotros, porque sí lo creemos. Es sólo que el acto de compartir se da en su

50

propio tiempo. Si no están preparados para ello, no se exige.

Por consiguiente, un forastero de paso no podría participar en ello. Este ritual se llevaba a cabo cuando estaban todos juntos y con la posibilidad de asistir. Suddí dijo que según sus conocimientos, esta ceremonia no era practicada por la comunidad judía en general.

Intuí que se trataba de un descubrimiento importante. Al parecer, cuando Jesús celebró la Última Cena con sus discípulos en el cenáculo, no estaba instituyendo un nuevo ritual. Se trataba de un ritual al que había asistido muchas veces con los esenios. Se dice que el simbolismo del pan es una costumbre judía. Creo que lo que hizo fue combinar esto con la costumbre de pasar el cáliz y le dio un nuevo significado. Para los esenios, esta ceremonia simbolizaba que eran todos de una misma sangre y que compartían la vida entre todos. ¿Acaso no sería natural que Jesús quisiera llevarlo a cabo en la víspera de su juicio y su consiguiente muerte? Era la última muestra de fraternidad entre Él y sus seguidores.

En el quemador de incienso había sándalo, porque *«se dice que puede ayudar a abrir algunos de los centros (¿chakras?) en nuestro interior. De nuevo, no estoy familiarizado con las enseñanzas de todos los misterios y ceremonias»*. Si bien pasar el cáliz era estrictamente un rito de los esenios, también otras religiones empleaban el incienso, incluso los romanos.

Se me ocurrió que si tenían un ritual conocido en la Iglesia cristiana, tal vez tendrían otros. Me arriesgué y pregunté sobre el bautismo. Suddí parecía confundido, perplejo, porque no estaba familiarizado con esa palabra.

D: Es un baño, una purificación ceremonial con agua.
S: *Hay una ceremonia de purificación. Después de que una persona ha tenido su Barmitzvah, sale y se tiene que decidir que ha llegado a la edad núbil. Y elegir seguir el camino de Yahvé o quizá apartarse. Si eligen seguirlo, son*

51

purificados en las aguas. Y se dice que se lavan de su pasado y a partir de este punto empiezan de nuevo. Hay muchas formas diferentes de hacerlo. Algunos vierten el agua por encima y algunos los hacen tenderse en el agua.
D: ¿Bajan al mar Muerto para hacerlo?
S: *No, nadie entraría en el mar de la muerte. Se suele hacer aquí, en una de las fuentes.*
D: ¿Se lleva alguna ropa especial en ese momento?
S: *O bien una túnica hecha de lino, o nada. Es parte de la purificación, desnudar el alma.*
D: ¿Es el sacerdote quien realiza la ceremonia?
S: *Sí, o un anciano. Normalmente esto se hace sólo una vez en la vida de una persona.*

Esto explicaría de dónde sacó Juan Bautista la idea del ritual del bautismo. Cuando él bautizaba a la gente en el río Jordán, no se trataba de nada nuevo. Se limitaba a seguir una costumbre existente entre los esenios.

Los traductores de los manuscritos del mar Muerto son conscientes de esta coincidencia. Encontré numerosas referencias a estas dos ceremonias en los manuscritos. Muchos de estos expertos han llegado a la conclusión de que esto vincula a Juan Bautista directamente con los esenios. Indica que él estuvo bajo su influencia en algún momento de su vida.

Los esenios vestían con bastante sencillez. Tanto los hombres como las mujeres llevaban una simple túnica hecha *«de pelo de oveja que se hila y teje* (lana), *o de linaza sometida a un tratamiento»* (lino). Las túnicas estaban recogidas en la cintura y llegaban al suelo. Las consideraban frescas. Bajo las túnicas, los hombres llevaban un taparrabos. Hombres y mujeres llevaban sandalias. Las túnicas eran siempre blancas, aunque a veces eran *«más como el color de la crema de las vacas. No exactamente blancas».* Rara vez refrescaba tanto que necesitaran llevar algo más, pero si así era, tenían capas de diversos colores. Los varones adultos llevaban barba. *«Es una señal de pertenencia a la comunidad de los hombres.»* Fuera de Qumran, había quien prefería ir afeitado. *«Hay comunidades donde nunca se cortan el pelo. Los romanos lo llevan corto. Para nosotros, se permite llevarlo del largo que se quiera, siempre y cuando esté bien recortado y limpio. La mayoría lo prefiere por los hombros.»*

Si alguien salía de la comunidad al mundo exterior, se le exigía que vistiera como las demás personas para que no parecieran diferentes. Los foráneos no vestían túnicas blancas; llevaban prendas de colores con diversas tocas para la cabeza. Así, en esto los esenios eran singulares y se los hubiera reconocido fácilmente pues habrían destacado entre los demás. Los textos antiguos confirmaban estos aspectos sobre el vestir.

Conviene recordar que los esenios corrían peligro cuando cruzaban la muralla de la comunidad. Pero mientras nadie supiera quiénes eran estaban a salvo. Como dijo Suddí: *«No tenemos la piel azul»*. Según parece, no era fácil reconocerlos cuando vestían como los demás. Pero estando en Qumran, todos vestían el mismo «uniforme», por así decirlo. Podría parecer que eran todos completamente idénticos, pero tenían una manera de identificar el «rango». Llevaban una cinta de tela anudada a la frente. Estas cintas eran de distintos colores, de acuerdo con la posición del individuo dentro de la comunidad. Era como un distintivo para poder identificar rápidamente su condición.

S: El color gris, es para los estudiantes jóvenes. Si es de color verde, son investigadores. Están por encima del nivel del estudiante. Han terminado aquello que deben aprender todos, pero quieren investigar más. Aún hace poco que se los ha admitido. Su alma aún tiene sed de conocimiento. Aún son estudiantes, pero no son maestros. Y están los azules, que son los maestros. Y está el blanco, que es el decano. El rojo no es realmente un miembro de los nuestros. Él está fuera de esto. Aprende, pero para fines diferentes. Es para estudiantes de fuera, como si sólo fuera un invitado. El rojo nos indica, aunque son de ideas comunes, que quizá no sea exactamente perteneciente a los nuestros. Los nuestros son en realidad sólo el verde, el azul y el blanco, y luego está el gris, que es para los estudiantes jóvenes.

D: Así, si alguien lleva una cinta roja en la cabeza, ¿no vive ahí siempre?

S: *Bueno, no es que no vivan aquí siempre. Es quizá que son de otra parte; que vienen a aprender, a investigar, a estudiar.*

D: Entonces, cuando terminen de estudiar, volverán a marcharse. ¿Se ha elegido estos colores por alguna razón?

S: *El azul indica una gran paz interior. Está casi al mismo nivel que el blanco. El blanco es el más alto grado de realización. Tiene una paz absoluta y ha alcanzado todo lo que debe alcanzarse. El azul está sólo un paso por debajo de esto, así se entiende.*

Estas cintas de colores para la cabeza las llevaban también las mujeres, puesto que se las consideraba iguales a los hombres y recibían, como ellos, las enseñanzas. Suddí no entendía mi asombro cuando le dije: «En algunas comunidades a las niñas no se les enseña nada». *«Pero ¿cómo podría...? Si a una niña no se le en*seña, ¿cómo podría permanecer con su esposo o...? No lo entiendo. >,* Nos complació enormemente su forma de pensar, que debía de estar en contraposición con las costumbres populares judías de la época. Esto explicaría algunas de las actitudes de Jesús para con las mujeres. Nadie las habría tratado de modo diferente en Qumran durante su estancia allí. Si una mujer no estudiaba, podía llevar un pañuelo o velo, según su preferencia. Pero, en general, no llevaban nada en la cabeza.

En la época en que hablaba con Suddí, él llevaba una cinta verde. *«Significa que soy estudiante. Estoy un paso por debajo del maestro. No soy un estudiante por nacer, soy un investigador. Los más jóvenes llevarían gris.»*
Durante la sesión, cuando Suddí describía las

condiciones de vida en Qumran, Katie se hallaba en trance profundo, pero de pronto, inesperadamente se dio un manotazo en la mejilla derecha, cosa que nos sorprendió. Normalmente, salvo movimientos y gestos de las manos para describir algo, no suelen hacer movimientos tan rápidos. Luego empezó a rascarse donde se había pegado. Suddí comentó simplemente: *«Mmm, los bichos se están poniendo feos».* Yo lo encontré muy divertido porque fue muy inesperado. Dijo que eran sobre todo mosquitos, *«pequeñas cosas voladoras»,* pero que había muchos bichos diferentes allí en Qumran. Las langostas y las hormigas eran un problema. Cuando le pregunté sobre insectos peligrosos de picadura venenosa, dijo que no sabía de ninguno, aunque él personalmente *«no estaba dedicado al estudio de la vida inferior».*

Criaban animales para la alimentación: ovejas, cabras y bueyes. Pero tuve la impresión de que éstos no se guardaban en Qumran. Es probable que estuvieran fuera de la muralla de la comunidad o cerca de 'Ain Feshka, donde se desarrollaba la agricultura. Tuvimos una conversación interesante pero infructuosa cuando le pregunté si tenían animales domésticos. No conocía el término. Suele sucederme cuando hablo con personas de otra cultura. No entienden o no tienen una palabra equivalente. Siempre me toma por sorpresa, porque bastante a menudo (como en este caso) a nosotros la palabra nos es muy conocida. En estas situaciones tengo que darme prisa en encontrar una explicación adecuada, y esto es difícil. Probadlo alguna vez. Así que, en ese momento, tuve que pensar rápido y encontrar una definición para la palabra «animal doméstico».

D: Bueno, sería un animal que nadie comería. Alguien coge un animal y lo hace suyo. Lo tienen sólo para su propio placer, como animal doméstico.

S: *Eso parece egoísta. ¿Cómo sabemos que el animal tiene diferentes placeres de éste?*

D: Bueno ... sería como un amigo.

S: ¿Cómo puede un animal ser un amigo? No tiene conversación inteligente.

Parecía completamente confundido. Dije: «A alguna gente le gusta tener animales cerca. Viven con ellos en sus casas». *«No parece muy higiénico.»* Nos reímos. No me había imaginado que fuera tan difícil explicárselo. Lo intenté de muchas maneras, pero no parecíamos sacar nada en claro. Le pregunté si sabía lo que era un gato o un perro. Conocía la palabra gato, pero no perro. Frunciendo el ceño, dijo: *«He visto... chacales»* (pronunciado: *yacales*). Supongo que era la mejor imagen mental que se le ocurría para la palabra «perro». Le expliqué que eran parecidos pero no iguales. *«No creo que nadie pueda poseer un gato. Es extraño. ¿Por qué se habría de desear tener algo como animal doméstico que come animales muertos? Yo no querría que viviera conmigo. Tienen parásitos. Eso no es bueno. Los parásitos llevan enfermedades. Nosotros usamos azufre para mantenerlos alejados.»*

Era evidente que yo no podría definir lo que para nosotros son los animales domésticos, así que proseguí. Quería saber si en la comunidad tenían problemas con las serpientes. Suddí dijo que había muchas víboras que variaban de tamaño. Las había desde bastante pequeñas hasta bastante grandes, de una longitud de varios brazos. En ocasiones, se colaban en el interior de la comunidad y entonces las mataban porque la picadura de casi todas era mortífera. Me sorprendió su reconocimiento de que su gente *sí* mataba a veces. Me había parecido que estaba en contra de hacer daño a ninguna criatura de Dios, y en contra de cualquier tipo de violencia. Dijo que matarían si había un peligro.

Yo seguía intentando averiguar si empleaban algún tipo de protección si se los amenazaba. Suddí había señalado anteriormente que había algo, pero que era un tema de conversación prohibido. En esta ocasión, cuando pregunté si había alguna otra cosa que considerarían un peligro, él volvió a ponerse a la defensiva y se negó a responder. Cuando esto sucedía, lo mejor era cambiar de tema.

En el curso de mis indagaciones, pude comprobar en muchos casos que Qumran estaba lejos de ser un lugar primitivo. Una vez encontré a Suddí mientras se bañaba. Dijo que era algo que se hacía a diario, normalmente por la mañana. La «sala de baño» era una dependencia grande, y la bañera ocupaba casi toda la sala. Había escalones que conducían al interior de la bañera y existía una zona donde había bancos para desvestirse. Se quitaban toda la ropa para entrar en el agua. La gente (tanto hombres como mujeres) se bañaban a la vez, usando piedra pómez en lugar de algún tipo de jabón. El agua llegaba al baño desde un lugar subterráneo. Era una corriente regular, siempre renovada y cambiada. Suddí no sabía hacia dónde fluía el agua, porque dijo que él no había diseñado ni construido el sistema, pero creía que las zonas por donde corría el agua estaban cubiertas. Sospecho que si alguien le preguntara al individuo medio que vive en una zona urbana sobre el sistema de aguas, ellos también tendrían cierta dificultad para explicarlo, a menos que tuvieran alguna razón para estar familiarizados con su funcionamiento.

Había lugares en la comunidad donde el agua salía a la superficie. El agua potable se obtenía de dos fuentes. Pensé que tal vez se refería a un pozo, pero Suddí solía mostrarse bastante enfático en sus definiciones. Él sabía lo que era un pozo, y dijo que no era eso. *«Es donde el agua viene de abajo y sale impulsada. Viene de las montañas y sale por la tierra. Hay un lugar que es para almacenar el agua, y contiene bastante agua. Es cuadrado y quizá tenga una profundidad de hasta la cintura de un hombre. Y de largo, una vez y media más que los brazos extendidos. Durante los meses de más calor, muchas veces se mantiene cerrado para que no se pierda el agua y no entre polvo que la estropee.»*

El agua se sacaba con cubos. Sólo tenían que meter los cubos y sacar el agua. Esto me sorprendió porque la región que rodea Qumran es muy árida. No pensé que pudiera haber un suministro regular de agua. *«¿Y por qué no? Al estar tan cerca del mar de la Muerte, aquí hay agua. Viene de muchos lugares. Siempre y cuando no esté en el mar, está bien beberla y eso.»*

57

Yo quería averiguar si tenían sistemas de saneamiento para la orina y las heces. Según la Biblia (Dt 23,12-14), la gente en tiempos de la civilización mosaica tenía prohibido hacerlo dentro de la ciudad, pues se consideraba antihigiénico. Tenían que cruzar la muralla, cavar un agujero y taparlo cuando acabaran. Suddí era un experto en la ley judía, así que quise saber qué diría sobre esto. No estaba muy segura de cómo plantearlo. No tenía ni idea de lo que sería ofensivo para otras culturas. «¿Sabes?, cuando la gente tiene ganas de orinar, por razones higiénicas, ¿tendrían que cruzar la muralla para hacerlo?» *«No, hay un lugar que se usa para esta función del cuerpo. Es una sala que tiene varias secciones... (busca la palabra correcta) ...cubículos, donde se orina o defeca. Creo que es un sistema en el que hay un agujero cavado y se renueva. No estoy muy seguro del método por el que se lo llevan.»* Se encontraba dentro de las murallas de la comunidad y todos iban al mismo lugar. Había agua en esos cubículos pero él no sabía si se trataba de agua corriente como en los baños.

S: *Hay cosas que se ponen con el agua que está ahí, para que se renueve constantemente.*

D: ¿No está escrito en la ley judía que hay que salir fuera de la ciudad?

S: *No lo sé. ¿Y qué ocurre si un hombre se despierta en medio de la noche? (Se rio.) ¿Saldría de la ciudad?*

Parece, pues, que no todas las leyes judías se practicaban entre la gente. Es dudoso que otras ciudades en Israel tuvieran el maravilloso sistema de saneamiento y suministro de agua que había en Qumran. Pero según parece, los esenios tenían acceso a mucha información, posiblemente a este tipo de conocimientos de ingeniería.

Cuando los arqueólogos excavaron las ruinas de Qumran, se asombraron ante el sistema de aguas tan maravillosamente complejo que encontraron (véase el plano). Había dos bañeras con escalones que conducían al interior, varias cisternas (denominadas así por los científicos) y balsas para almacenar el agua. Había además muchos pequeños canales que conectaban todo el sistema, y que probablemente estuvieron cubiertos durante el tiempo en que vivieron ahí los esenios. Es interesante señalar que *lo* científicos han deducido que las bañeras estaban abiertas, mientras que Suddí dice que estaban en salas y que las zonas de almacenamiento y las fuentes estaban al aire libre.

También dedujeron que los esenios recogían el agua que bajaba de los montes durante las muy infrecuentes lluvias, y la almacenaban en este sistema. Pero Pere de Vaux dijo que durante los tres años en que él y su equipo estuvieron en el yacimiento de la excavación, el agua sólo bajó de los montes en dos ocasiones. Es difícil creer que podrían haber almacenado el agua suficiente para durar largos períodos si tenían que depender de las impredecibles precipitaciones. Suddí dijo que tenían agua corriente. Yo creo que habían encontrado un manantial y que condujeron el agua para que fluyera dentro de la comunidad. Creo que durante el período intermedio de dos mil años algo le habrá ocurrido al manantial, ya fuera por terremotos o movimientos naturales del suelo. Hay manantiales en la zona, siendo el más conocido el de 'Ain Feshka, unos kilómetros al sur. ¿Por qué habrían de poner los esenios su zona agrícola junto a un manantial y luego construir la comunidad en una zona árida?

Además, cuando los romanos destruyeron la comunidad, se dice que echaron a perder el sistema de aguas. Quizá, por ignorancia, cerraron la fuente de agua.

Los arqueólogos encontraron los restos de lo que ellos denominaron sistema de saneamiento, una especie de pozo negro. También descubrieron las ruinas de una construcción con cubículos, que atribuyeron a un establo. ¿En verdad lo era?

En cuanto a la actividad cotidiana de Suddí: *«Acostumbro despertarme con el sol, voy a bañarme, y luego rompo mi ayuno. Estudio un tiempo y entonces empiezo las clases o me dedico a las enseñanzas del día. Y hago otra pausa para comer la comida del mediodía. Luego normalmente estudio. Ignoro muchas cosas. Luego tomo la comida de la noche y paso el atardecer en contemplación».* «¿Estás obligado a levantarte con el sol?» Se trata de uno de los aspectos que han dado por supuesto los científicos. *«Es sólo una cuestión de costumbre. Depende de lo que hagas. Hay quienes estudian las estrellas. Ellos, claro está, están levantados toda la noche y duermen de día. Si estás estudiando las estrellas, no te levantas ni pasas todo el día despierto, porque te dormirías cuando salieran las estrellas. Hay quienes trabajan hasta muy tarde en la noche, pero la mayoría nos levantamos con el sol.»* «¿Hay alguna hora fija para irse a la cama por la noche?» *«No, por lo general, no; no si hay cosas que tienes que hacer que se alargarían hasta muy tarde en la noche. Puede ser simplemente estudiar. Puede ser hablar con uno que no ha estado allí desde tiempo. Muchas cosas.»*

Si permanecían levantados después de la puesta del sol, era evidente que tenían algún medio de producir luz. Sabía que en aquella región del mundo empleaban lámparas de aceite de oliva. Había recibido esta información de otros sujetos. Pero a esas alturas, yo ya debería haber aprendido a no dar .nada por sentado al usar este método para indagar en el pasado. Mientras trabajaba con Katie, nunca sabía adónde conduciría una pregunta inocente. Cuando le pregunté por los métodos de iluminación, la respuesta de Suddí fue inesperada y demostró una vez más que Qumran no era un lugar corriente. Sus muros albergaban muchos misterios ocultos. *«Tenemos las lámparas de aceite o bien las luces que arden.»*

Cuando se trabaja con regresiones, hay que estar alerta y preparado para captar y ahondar en cualquier cosa que parezca al menos w1 poco inusual. Puesto que se trata de algo corriente en su forma de vida, ellos no ampliarán la información sobre el tema a menos que uno haga el seguimiento con preguntas. Nunca se sabe adónde conducirán. Éste es un ejemplo de ello. ¿Por qué Suddí mencionó *dos* tipos de lámparas?

S: Normalmente uso la que tiene aceite y se enciende. Pero también están las luces que tienen luz sin llama.

D: ¿Cuál es la fuente de energía?

S: (Tuvo dificultades para explicarlo.) No lo construí yo, no lo sé. Sale de un tarro donde eso se pone. El tarro tiene unas propiedades. Se pone sobre un tarro que tiene un... (busca la palabra) globo que se le saca, que se enciende. El tarro es más o menos... así... (mostró las dimensiones con las manos, y parecía de unos doce centímetros).

D: Al decir globo, ¿te refieres a un globo de vidrio?

S: (Titubeando.) ¿Qué es... vidrio?

D: (¿Cómo se explica *esto?*) Quizá no lo tengáis en vuestra comunidad. El vidrio es un material por el que se puede ver a través. Como la cerámica, pero es claro. (Era difícil explicarlo.)

S: Parece interesante. Es algo por el estilo, sí. No sé cómo se hace.

Harriet sugirió la idea de algo parecido al cristal y él respondió con un «*¡Sí!*» enfático. Eso sería parecido al vidrio. Al menos era un material transparente, y así él tenía algo para compararlo. Le pregunté si el globo redondo era como una esfera y él se entusiasmó al ver que por fin había conseguido que yo lo entendiera. Pero cuando pregunté si la esfera era hueca, volvió a confundirse.

S: No sé de esas cosas. No las diseño yo.

D: Pero se pone encima del tarro, y el tarro es de alfarería. ¿Es correcto eso?

S: No lo sé. Parece de piedra.

D: ¿Hay algo dentro del tarro?

S: No lo he desmontado para averiguarlo.

Suddí empezaba a irritarse con mis repetidas preguntas, pero yo quería entender cómo funcionaba ese extraño mecanismo, si, era posible, porque algo así sería difícil que existiera. Pregunté si siempre permanecía encendido y no podía apagarse. «*No. Se* apaga y se enciende poniéndolo... *O* bien tienes el tipo que pones dentro de o t^{r}o tarro y esto hace que se encienda, o tienes el otro, al que le das una vuelta y entonces haces que se encienda. Pero nunca está siempre encendido a menos que lo desees.» Le pregunté si le gustaba más que la lámpara con aceite. Dijo que la que era extraña era mucho más brillante y que no había peligro de incendio.

D: ¿Las hacéis en la comunidad?

S: No, son muy antiguas.

D: Deben de tener una gran fuente de energía para haber durado tanto tiempo. ¿Hay muchas en la comunidad?

S. Hay suficientes. No he llevado la cuenta. Están por todas par- tes. Se permite tenerlas donde se necesitan.

En mi investigación encontré la descripción de los objetos que Pere de Vaux, el arqueólogo, excavó en las ruinas de Qumran. Entre los muchos trozos de cerámica encontró algunos tarros de piedra y fragmentos de vidrio. ¿Acaso podrían haber sido los restos de las lámparas, y que nadie los reconociera como lo que eran?

Pensando en el tarro que funcionaba de esta manera, me vino algo a la memoria. Me acordé de haber leído algo parecido en uno de los libros de Erich von Daniken. Sus obras contenían muchos misterios sin explicar. Lo encontré en *In Search of Ancient Gods* (p. 174, ilustración 252). Era una imagen de un tarro pequeño, aproximadamente del tamaño que había indicado Suddí, y mostraba a alguien introduciendo un objeto negro oblongo de metal en un tarro. La inscripción decía que era una pila que funcionaba según el principio galvánico. Era muy vieja, pero incluso hoy se le pueden extraer 1,5 voltios. Está actualmente en el Museo de Irak, en Bagdad.

Había más información sobre este artefacto en el libro de Charles Berlitz, *Atlantis, the Eighth Continent* (p. 139). La leyenda de la ilustración dice: «El doctor Wilhelm Konig, arqueólogo austríaco empleado por el Museo de Irak, desenterró en 1936 un tarro de 2000 años, de quince centímetros de alto, que contenía en su interior un cilindro de cobre en pez, y dentro de éste una varilla de hierro fijada con un tapón de asfalto. Este objeto se parecía a otros del Museo de Berlín, algunos más grandes con la repetición de los componentes cilíndricos. No hay ninguna idea acerca de su función salvo que eran "objetos religiosos o de culto". Algunos investigadores, incluido el doctor Konig, pensaron que podría tratarse de pilas que, como es de suponer, ya no estaban en condiciones de funcionar después de varios miles de años. ¡Sin embargo, cuando fueron reconstruidos con exactitud y una vez provistos de un electrolito nuevo, funcionaron! Este uso antiguo de la electricidad tal vez demuestre únicamente que la energía eléctrica se usaba para galvanizar metales con oro o plata, como se sigue haciendo en los bazares de Oriente Medio. Pero también es probable que se usaran para la iluminación de templos y palacios, aunque su uso desapareció antes de la edad media de la Antigüedad, la de los griegos y romanos, que usaban aceite para la iluminación. (Referencia: Museos de Berlín e Irak)».

El hombre se ha vuelto muy engreído, piensa que él es el primero en inventar nuestras comodidades modernas. Según parece, el hombre de la Antigüedad no era tan primitivo como creemos. Es cierto que tenían muchas de estas cosas y que, desde el apagón de las Edades bárbaras, no hemos hecho más que «redescubrirlas». E una idea emocionante.

Yo me preguntaba qué otras sorpresas nos aguardarían dentro de los muros secretos y protegidos de Qumran.

6 - El gobierno de la comunidad de Qumran

Según los arqueólogos, la comunidad estaba gobernada por normas y reglamentos establecidos por un grupo de sacerdotes. Basándose en las traducciones de los manuscritos del mar Muerto, piensan ellos que los esenios tenían reglamentos muy estrictos y aparentemente crueles. Esto se contradecía con lo que había encontrado yo. En mi opinión, no encajaba con los esenios amables y justos que había llegado a conocer, y la información de Suddí demostraba que tenía razón en creerlo así. Es cierto que muchas veces la dificultad estriba en el método y el estilo de la traducción.

Según Suddí, había un consejo de decanos que establecía las normas para gobernar la comunidad, ejercía la justicia y decidía las penas, etc. Se decía que en el pasado hubo una especie de jefe a cargo del consejo, pero ya no, pues se había decidido que esto otorgaba demasiado poder a una sola persona. Los decanos eran elegidos por personas de su ámbito de estudio o disciplina. Sus méritos dependían del tiempo que llevaran estudiando un campo específico, así como de los conocimientos que habían adquirido. El número de decanos en el consejo variaba en cada época, pero en general eran unos nueve o diez, dependiendo de su ámbito de estudio.

Yo quería saber si todos los miembros de la comunidad tenían derecho a voto, como sucede en nuestros países democráticos. Suddí dijo que el voto se discutía entre las familias, pero sólo los maestros y estudiantes de una disciplina determinada tenían algo que decir al respecto. Según parece, la elección de los decanos era efectuada por el sector intelectual de la comunidad, los que estudiaban las diversas disciplinas. El trabajador corriente no tendría voz, pero una mujer sí tendría voz si fuera estudiante. Cuando se elegía a alguien para el consejo, era un cargo de por vida, y tenía que haber una mayoría que estuviera de acuerdo para todas las decisiones que se tomaran. Pregunté si se podía dar el caso de que quisieran apartar a alguien del consejo. Él dijo que se había hecho, pero no recientemente.

Suddí se había referido a las penas, y me sorprendió que unas personas tan compasivas tuvieran que recurrir al castigo. Quise saber cómo eran.

S: *Hay algunos castigos menores. Si la infracción es grave, se expulsa a la persona de la comunidad, pero rara vez se emplea esto. Sólo se emplea en casos de violencia, cuando alguien recibe un daño corporal, o cualquier tipo de violencia así. La violencia va en contra de lo que nosotros creemos. Éste es el único gran castigo que hay, ser obligado a abandonar la comunidad. Y sería por alguna ofensa muy grande. La última vez fue cuando uno de los estudiantes mató a otro.*

Así que la violencia *sí* era posible, incluso en un entorno tan ideal. Le pregunté si sabía lo que había ocurrido en ese caso.

S: *No, no se nos contó la historia. No nos corresponde a nosotros juzgar. Es su cruz, no la mía.*
D: No habría imaginado que vuestra gente se pudiera enfadar tanto.
S: *Era sólo un estudiante, no era uno de los nuestros.*

Quería decir que el transgresor no había nacido en Qumran. Sería uno de los que llevaban la cinta roja.

D: ¿Qué clase de castigo sería típico para una ofensa menor?

S: Pues el castigo de uno de nuestros maestros, sí. Pero es entre los dos, la persona que ha cometido la ofensa y el maestro al que sirve. Según lo establecido, el maestro abordaría la cuestión individualmente y actuaría conforme a lo que le pareciera más conveniente. A veces se imponen ayunos, penitencia estudiando determinadas cosas o la retirada de los privilegios.

Los traductores arqueólogos creen que los esenios eran una orden religiosa y que los sacerdotes eran los dirigentes, por encima de todos los miembros, la voz última de la autoridad. Suddí dijo que los sacerdotes sólo tendrían autoridad sobre los estudiantes a los que enseñaban. No estarían por encima del consejo.

D: ¿Hay gente de vez en cuando que abandone la comunidad por sentirse insatisfecha?

S: Hay algunos que se marchan con el fin de enseñar. Pero ¿por qué habría de querer irse alguien?

D: Yo estaría de acuerdo contigo, pero me preguntaba si pudiera darse el caso de que alguien esté insatisfecho.

S: Quizá sería posible. No he oído decir que no lo fuera. Pero ¿por qué lo harían?

D: Si estuvieran descontentos y pensaran que en otra parte estarían más contentos. ¿Está permitido, si desean marcharse?

S: Supongo. (Indignado.) ¡No somos esclavos! ¡No llevamos cadenas!

D: Entonces se quedan porque quieren. ¿Alguna vez se rechaza a alguien que quiere ser estudiante?

S: Sí. Sus propósitos son examinados por los maestros, y ellos saben con qué propósito desea hacerlo la persona. Y si tuvieran alguna malicia en su intención, serían rechazados.

D: ¿Ha sucedido alguna vez que alguien les ocasionara algún conflicto, que creara algún problema porque no se les permitía entrar?

S: Que se sepa, no en épocas recientes. Lo que no quiere decir que no haya sucedido.

66

D: ¿Sabe usted qué se haría si esto sucediera?

S: No lo sé. No soy un maestro, no es mi decisión.

D: (Yo seguía intentando averiguar algo sobre sus defensas.) ¿Tenéis maneras de proteger la comunidad? Quiero decir, ¿armas o algo por el estilo?

S: Sí. (Se volvió receloso y titubeó.) Diferentes métodos.

Suddí dijo que no usaban armas en el sentido convencional, pero no quiso ofrecer mayor información. Entonces Harriet decidió probar algo y preguntó: «¿Usáis el sonido?». Él vaciló largo rato, y luego respondió suavemente y con voz cautelosa: «Sí». Yo intuía que pisábamos terreno peligroso. Tal vez Suddí sentía que había traicionado una confianza al revelar lo poco que había dicho. Parecía nervioso y yo sabía que no debíamos insistir en la pregunta, a pesar de que me habría gustado averiguar más. Intenté tranquilizarlo, diciéndole lo maravilloso que me parecía que no tuvieran necesidad de armas, y que en la mayoría de las comunidades era la única manera que tenían de protegerse. Suddí pensó que yo era demasiado curiosa. Le dije que nuestro deseo de aprender era muy fuerte, pero que era difícil encontrar maestros. Como es lógico, él dijo que ahí había muchos maestros. Nuestro problema era nuestra incapacidad para hacerles preguntas.

D: ¿Vuestra comunidad tiene normas que sean diferentes a las de la comunidad judía normal?

S: ¿Cómo puedo responder, cuando no estoy tan familiarizado con el exterior y sus leyes?

Yo sabía por el Antiguo Testamento que los judíos creían en los sacrificios de animales. Pero cuando le pregunté al respecto, Suddí se manifestó enfáticamente en contra.

S: ¡Yo no sacrifico sangre! ¿Por qué complacería a Yahvé matar algo que Él ha creado? No parece muy lógico.

D: Yo pensaba que vosotros creíais en muchas de las mismas enseñanzas judías, en la Torá y en la Ley.

S: *Forman parte de la creencia, pero no son el todo.*

D: Pero los judíos siguen esta práctica del sacrificio, ¿no es así?

S: *Sí. Según mi conocimiento, estas prácticas fueron prestadas de otras «religiones», por llamarlas de alguna manera. No eran algo que estuviera en las enseñanzas originales. Pero nosotros no sacrificamos. Nosotros ponemos y quemamos incienso en los altares, y cosas así en forma de sacrificio. Pero esto sería todo.*

Suddí se mostraba tan rotundamente en contra de esto que decidí cambiar de tema y preguntar acerca de festividades o días festivos que observara su gente. Él no entendió la palabra «festivo». *«No me es familiar»,* dijo.

D: Un día festivo es un día especial, que es diferente.

S: *Hablas de días santos. Claro, está la Pascua. También los Días de la Expiación y el Rosh Shofar. Es la festividad del año nuevo, de las nuevas estaciones.*

Al no ser judía, no había oído hablar de ninguna de éstas salvo la Pascua, que se menciona en la Biblia. Pregunté acerca de los Días de la Expiación.

S: *Es el momento de cada año en que dejamos a un lado las cosas que hemos hecho y pedimos perdón por ellas. Y compensamos a aquellos a los que hemos dañado de alguna manera.*

D: Parece una buena idea. Como si se hiciera tabla rasa, y se volviera a empezar de nuevo. ¿Hay otras festividades?

S: *Sólo la festividad de la cosecha y cosas así. Hay muchas festividades y muchas cosas que se celebran. No somos una gente triste. ¡Tenemos alegría de vivir!*

Esto estaría en contradicción con lo que piensan los traductores. Ellos han dado por supuesto que los esenios eran un pueblo solemne. Yo conocía por la Biblia la costumbre de lavarles los pies a los demás, y le pregunté si él tenía conocimiento de ello.

S: Sí. El momento en que se suele hacer esto es cuando alguien viene y se queda a comer: el anfitrión le lava los pies. Pero es un símbolo de humildad. Se hace también en el Día de la Expiación, para manifestarle a Yahvé que uno se muestra humilde ante sus ojos.

El Año Nuevo judío se llama ahora *Rosh Hashanah.* El nombre que había dado Suddí, *Rosh Shofar,* era diferente. Averigüé que *Rosh* significa «principio». Me sorprendió mucho cuando mi investigación reveló que una característica especial en la obse1·vación de Rosh Hashanah es que se hace sonar el *shofar,* o el cuerno del carnero, en la sinagoga, como llamada al juicio o arrepentimiento. ¿Era posible que se llamara Rosh Shofar en aquellos primeros tiempos debido a esta costumbre?

Averigüé que el Día de la Expiación se conoce actualmente como Yom Kippur, el día más sagrado del año para la religión judía. Es la culminación de los diez días de penitencia que empiezan con Rosh Hashanah o el Día de Año Nuevo. Se le describe como un día de juicio, una oportunidad para buscar el perdón por los pecados cometidos contra Dios. En el caso de pecados cometidos contra los congéneres, éste era también un tiempo para pedir u perdón. El final de este día se marcaba, asimismo, con el toque del *shofar,* cuerno del carnero. Por lo visto, al decir los Días de la Expiación, Suddí se refería a todo el período de los diez días.

Yo quería averiguar más acerca de las costumbres de la tierra de Israel. Le pregunté acerca de la higiene.

S: é que aquellos que están limpios tienen sin duda menos probabilidades de coger enfermedades. Esto se ha sabido desde hace mucho tiempo entre Los cultos. Es por ello que cuando ataca la peste, siempre ataca primero a los niveles más bajos de un pueblo. Y entonces si es una peste grave, continuará hasta alcanzar a los más altos. Pero esto tiene mucho que ver con la limpieza. Hay diferentes tinas que se usan para diferentes tipos de lavado. El hombre no usa la misma en la que se lava su esposa, porque se consideraría impuro. Lo mismo con la ropa, hay diferentes cosas que se usan para el lavado.

Suddí ya me había hablado del sistema de baños en Qumran, pero yo me preguntaba cómo se mantenía limpia la gente en Israel.

S: *Si hay agua en cantidad, te bañas. Como aquellos que están cerca del mar, que no tienen que preocuparse por el agua. Pero los que están en el desierto, muchas veces usan arena. Si estás en medio del desierto, no usas tu última gota de agua para bañarte con ella.*

D: ¿Alguna vez se usa aceite para la piel?

S: *No. El aceite no se usa porque en este desierto, que es seco, caliente y polvoriento, si has usado aceite, se pega todo el polvo en la piel.*

Al pedirle más información sobre las leyes de higiene, no sabía que estaba planteando una pregunta tan complicada.

S: *(Suspira.) Lo explicaré más a fondo. Pero dime, ¿hablas de la higiene de los animales o de la higiene del cuerpo o del alma? Debes usar el baño y mantener el cuerpo purificado de todos los males que quieran entrar en él. El ayuno ayuda a mantener equilibrado el cuerpo.*

D: ¿Ayunar no es peligroso para la salud?

S: *Si no se hace de manera extrema o por motivos equivocados, puede ser muy beneficioso.*

D: ¿Y la purificación del alma?

S: *Hay muchas leyes que se refieren a ella. Muchas son leyes del karma. (Suspira.) Yo no soy el maestro de religión. Usted confunde la Ley con el culto que otros rinden a lo supremo. No es ésta la intención de la Ley. Hay muchas cosas confusas a este respecto que no deberían existir.*

Suddí no quiso hablar sobre el karma en ese momento, pero en otras ocasiones sí lo hizo. Se verá en otro capítulo. Reanudé mis preguntas sobre sus costumbres en Qumran.

D: ¿A la gente de tu comunidad se le permite casarse y tener familia?

S: *Sí. Pero, en general, el esposo y la esposa son elegidos uno para el otro por los decanos. Se dice que se dibuja una carta cuando nace una persona y que en ella están emparejados. No lo sé.*

Se parecía a la elaboración de un horóscopo. Yo pensaba que los esenios eran más democráticos como para que se seleccionara a las parejas de sus miembros. Desde entonces he sabido que esta costumbre es muy antigua en Asia y que todavía se practica en algunos lugares. Dan mucha importancia a los horóscopos, incluso hoy.

D: ¿Las personas tienen algo que decir al respecto, o deben casarse con quien eligen los decanos?

S: *Pueden rehusar casarse, pero entonces nunca tendrán una pareja. También se les permite la opción de permanecer solteros.*

Las mujeres tenían mucha más libertad en Qumran que en cualquier otro lugar de Israel. Se les permitía decidir si querían permanecer solteras, y podían convertirse en maestras de la comunidad. Esto me sorprendió debido a las leyes mosaicas del Antiguo Testamento, y a las costumbres judías que restringían duramente las actividades de las mujeres.

S: *Por supuesto que pueden ser maestras, ¿y por qué no?*

D: Bueno, en algunas comunidades a las mujeres no se les permite más que casarse y tener hijos.

S: *Si es éste el caso, entonces muchas veces puede perderse una gran mente. Es muy triste, porque ¿acaso no se forma el niño en sus primeros años con su madre? Y por tanto, si no es una mujer de inteligencia, ¿cómo puede ser un niño*

71

de inteligencia?

D: Yo lo entiendo, pero hay mucha gente que no piensa así.

S: *Entonces es una pena para ellos. Dios creó dos formas, varón y mujer, para que se complementen, no para que estén uno por encima o por debajo del otro.*

D: ¿Existe algún tipo de reglamento que no permita casarse a ciertas personas, como los sacerdotes o autoridades religiosas? (Yo pensaba en los sacerdotes y otros que quizá tuvieran que observar el celibato. Suddí frunció el ceño como si no comprendiera.)

S: *¿Por qué? Me parece muy tonto. Cualquiera puede casarse si lo desea. Se dice que dos son nacidos en un tiempo para ser destinados a pasar el resto de sus vidas juntos. Si el otro no ha nacido, podrían elegir no encontrar otro. Pero ésta sería quizá la única razón.*

D: ¿Y el trabajo dentro de la comunidad? ¿Existen divisiones? ¿Hay trabajos que sólo hacen las mujeres y otros que sólo hacen los hombres?

S: *Las mujeres tienen los niños.*

D: (Nos reímos.) ¡Tienes razón! Pero ¿y cocinar?

S: *Normalmente están los sirvientes para cocinar.*

Esto me sorprendió. Daba por supuesto que todos serían considerados iguales en una sociedad de carácter tan socialista, y que no existiría la condición de sirviente.

D: ¿Acaso el sirviente no estaría por debajo de vosotros?

S: *Hacen votos de humildad, sí. Es alguien que ha elegido por alguna razón servir a los demás durante un espacio de tiempo. A veces es un estudiante que hace penitencia. Hay diferentes motivos para hacerlo, sí. Una persona ve algo en sí mismo que quizá no le guste. Y para curarlo, sirve a otro porque era demasiado orgulloso y tenía una gran soberbia. Se pone en una posición inferior para así mostrarse humilde, para ayudar a superar el pecado de soberbia.*

D: ¿Sería en algún caso alguien del exterior, que fuera

72

llevado hasta ahí sólo para ser un esclavo?

S: *¡Nosotros no tenemos esclavos! Sólo tenemos hombres libres. A veces hay personas que nosotros hemos liberado. Mi padre dice que él había visto en el mercado y comprado un hombre que fue liberado. Y ese hombre decidió permanecer con nosotros.*

En estos casos, a los esclavos liberados se les permitía hacer el trabajo que quisieran, y también se les permitía aprender si era su deseo. A menudo, los estudiantes se turnaban para servir y cocinar y para ocuparse de diversas tareas menores como penitencia.

Pregunté si la comunidad usaba dinero y él no entendió lo que decía. Fracasé en mi intento de explicar la posibilidad de que la gente tuviera cosas en propiedad. Este concepto sería ajeno a una sociedad de tipo comunista. Suddí tampoco entendió la idea de comprar algo.

S: *Tenemos algunas cosas que son nuestras. Yo tengo mi flauta.* Pero si todo es de todo el mundo, se comparte.

D: ¿Alguna vez surgen discusiones o disputas cuando la gente necesita compartir algo?

S: *Que yo sepa, no. No digo que no haya pasado nunca. Pero todos tienen lo mismo. Excepto que... puedes poseer ciertas cosas trabajando en diferentes cosas. Todos son juzgados según su mérito. Si alguien hace algo lo mejor que puede, entonces se le juzga sobre la misma base que alguien que... mmm... que sólo es bueno para cuidar jardines, pero que lo hace al máximo de sus capacidades; se le considera igual a un hombre que es un intelectual brillante, pero que también hace su trabajo lo mejor que sabe. Son lo mismo, son iguales, porque los dos hacen su trabajo lo mejor que saben. En esto, se te juzga por el mérito. Si no trabajas tan bien, quizá no tengas tanto.*

Parecía un buen sistema, pero ¿qué darían a alguien que se lo ganara, si la comunidad no usaba dinero?

S: Bueno, depende... para alguien que está siendo jardinero, quizá un nuevo terreno para tener espacio. Si fueras un intelectual, quizá ganarías más papiro. Depende de ti. Nadie pasa estrecheces. Si hay necesidad, ahí están las cosas. Lo que vale son las cosas que se ganan. Las cosas que se necesitan son dadas.

Era lógico. El dinero no tendría valor alguno porque no habría nada que comprar.

Suddí se había referido al pecado de soberbia, aunque yo considero que un pecado es hacerle daño a otra persona.

S: Tratar a otro como éste no quisiera que le trataran, hablarles con menosprecio, sería un pecado. Pues no está en tu derecho el juzgar. No se te ha puesto aquí para que juzgues a otro, sino sólo para juzgarte a ti mismo.

D: Alguna gente piensa que la violación de cualquiera de los mandamientos sería un pecado.

S: Serían ofensas muy grandes.

D: ¿Tenéis alguna manera de expiar esas ofensas esos pecados?

S: Uno debe pedírselo al otro, a la persona contra quien se ha hecho esto, debe pedir su perdón por haberle hecho una ofensa. Y cuando Le ha sido concedido, uno tiene que pedirse perdón a sí mismo. Y esto es lo más difícil de aceptar. Además, si el pecado fuera quizá robar algo, tendrías que restituirlo.

D: ¿Cómo se haría eso si no tienes dinero?

S: No, no tenemos de eso, pero tenemos cosas que son nuestras personalmente, que cederíamos a cambio de algo así.

Sería un acto mucho más significativo si tuvieras que darle a la persona perjudicada algo que tuviera un valor real para ti. Según parece, este tipo de ofensas eran poco frecuentes, pero e trataba de un sistema maravilloso.

S: ¿Por qué tendría alguien el deseo de incurrir en deudas tan grandes por hacerle algo a alguien que no le ha hecho ningún daño?

D: Bueno, creo que si salieras de la comunidad, verías que hay mucha gente en el exterior que hace estas cosas.

S: *(Interrumpiendo.) ¡Entonces creo que no quiero salir!*

Parecía una lástima que tuviera que llegar el día en que Suddí se sintiera desilusionado de cómo vivían otros fuera de la comunidad. Me pregunté si Jesús se habría sentido de la misma manera cuando le llegó su hora.

D: A mucha gente le gustaría tener una comunidad como la vuestra.

S: *¡Pero si es posible para todo el mundo! Está basada en el amor. Si amas a los demás, entonces no hay problemas.*

D: No todo el mundo entiende eso.

S: *Pero esto crea más problemas si no se dan cuenta de ello ahora. Seguirán y, quizá para siempre, olvidando de dónde vinieron. Esto no es bueno.*

D: Es parte del problema, lo *han* olvidado. Es bueno que a vuestra gente se le baya enseñado a recordar, a llevar consigo estas enseñanzas. (Que en realidad es justamente lo que Jesús intentaba enseñar a la gente.) ¿A nosotros se nos permitiría entrar y vivir ahí?

S: *No lo sé. Acogemos a personas de otros lugares, no veo por qué no. Hay que presentarse ante los decanos y es decisión suya.*

En los diferentes encuentros que tuve con Suddí, éste tenía edades distintas. La información precedente se obtuvo cuando él era joven. Las siguientes preguntas se hicieron cuando era un hombre mayor. Yo conocía algunas de las leyes del Antiguo Testamento, pero quería escuchar su versión. Le pregunté qué sucedía con las viudas en Qumran.

S: *Son atendidas. Si son de fuera de la comunidad, si desean regresar a sus familias, se les entrega suficiente tierra o lo que sea, para que puedan ser aceptadas en la vida de sus familias, si así lo desean. (Por lo visto, no podían regresar a sus casas con las manos vacías.) Si son de los nuestros o si simplemente desean permanecer, también se les permite hacerlo. Y nos ocupamos de que estén atendidas.*

D: Me dijiste que cuando uno se casa, hay que hacerlo a partir de la carta de nacimiento. ¿A una viuda se le permitiría casarse de nuevo?

S: *Sí, es posible. Si ella fuera lo bastante joven y así se dispusiera, sí. Pero también sólo si las cartas coinciden.*

D: Yo creía que habías dicho que vuestra gente sólo se casa una vez. ¿Éste sería el único caso en que a alguien se le permitiría casarse de nuevo?

S: *Si la pareja hubiera muerto, sí.*

D: ¿La ley hebrea no dice que si un hombre ... si uno de sus hermanos muere, entonces el hermano ...?

S: *(Interrumpiendo.) Entonces la tomaría como esposa. Y los niños, si hubiera alguno de aquella unión, pertenecerían al hijo mayor: Es la ley hebrea, sí. No es de la Torá. En muchos casos, no es en absoluto útil, por el hecho de que... sólo porque un hombre y 1ma mujer deseen casarse y fueran quizá muy felices, ella no se sentiría necesariamente unida al hermano o al próximo varón con vida, según el caso, si ella enviudara.*

D: Eso es cierto. Probablemente pensaron que sería una manera de que estuviera atendida.

S: *Pero hay formas superiores de cuidar de ellas que son mucho mejores.*

D: ¿Está permitido en vuestra comunidad que una esposa o un esposo deje a su pareja? ¿Entiendes a qué me refiero?

Pensé que no entendería la palabra «divorcio». Su respuesta me sorprendió.

S: *Hay veces en que llevan vidas separadas. Y yo he sabido de casos en que, por motivos que se han revelado a los decanos, se han hecho como si no hubieran estado nunca casados. Las razones sólo son conocidas por los decanos.*

No es algo frecuente.

Me pareció muy respetuoso. Si sólo los decanos conocían las razones del divorcio (o de la anulación), no se daría pie a las habladurías y al rechazo público que en ocasiones acompañan a esta situación. Además, si los decanos eran los únicos que conocían los términos en que sería aceptable, la pareja no podría inventar razones para salirse de una situación indeseable. Esto resultaba mucho más privado, estrictamente entre la pareja implicada y los decanos. Me sentía confusa, no obstante, porque esto parecía contradecir las leyes de la Biblia sobre las conductas toleradas.

S: *En la ley hebrea esto está prohibido, sí. El hombre sí puede dejar a su esposa, pero si vuelve a casarse, según la ley hebrea, es un adúltero.*

D: Yo pensaba que si vuestra gente se casa, se casa de por vida.

S: *No. Hay casos de errores, donde la persona o el alma decide cambiar de idea. Que había que aprender otra lección...*

D: Entonces son muy permisivos en este aspecto, puede ...

S: *(Interrumpiendo enfáticamente.) Ellos no son permisivos, peto se puede hace1: No es fácil obtenerlo.*

D: Pero si sólo pueden casarse de nuevo si hay concordancia entre las cartas, eso significa que debe de haber más de un compañero posible. ¿Es correcto eso?

S: *No siempre. Pero si existiera una buena razón para que el matrimonio dejara de ser, existe una muy buena razón para creer q1te habría otra pareja.*

D: Yo pensaba que no cometían errores cuando dibujaban las cartas.

S: *Nadie mortal es infalible. Nosotros no somos dioses.*

Esto demostraba que los esenios eran más humanos que sus vecinos, porque podían perdonar los errores, no obligar a la gente a permanecer junta toda la vida ni estigmatizarlos como adúlteros.

S: Se dice que en los primeros días del mundo, el hombre y la mujer no se casaban en el sentido que conocemos hoy. Y que una mujer tenía muchos compañeros, y también el hombre. Con el fin de conseguir todas las diferentes posibilidades de compañeros para los hijos de los hijos, se probaron muchas mezclas. Y una mujer tenía muchos hijos de diferentes hombres.

De pronto pensé en las muchas leyendas sobre seres qué eran medio hombre, medio animal. Él había dicho «diferentes mezclas». Yo quería saber si se refería a que también se reproducían con los animales en aquel remoto mundo naciente. Esta idea indignó a Suddí: *«¡Eso estarla mal!»*. Por lo visto, me equivocaba. Pero al menos había encontrado algo que sería mal viste por ellos.

D: ¿Sería mal vista la idea de tener muchos compañeros para producir muchos hijos?

S: No, sólo después de que la idea de la vergüenza y la culpa fueron traídas al mundo fue mal visto.

D: ¿No dice en los mandamientos que «no cometeréis adulterio»?

S: El adulterio sería yacer con otro y no abiertamente con consentimiento. Si fuera algo que se hubiera discutido entre ambos, y se decidiera a partir de ahí entonces sería aceptable. La idea general del adulterio es muy extraña. Porque ¿acaso no tuvo Abraham dos esposas? Por Lo tanto, si no fuera aceptado por Sarah que él tuviera otra esposa, ¿acaso no sería él también un adúltero?

D: Pero ¿en qué casos estaría mal visto?

S: Ocultarlo, intentar engañar a la otra persona. El adulterio ocurre cuando todo el mundo lo sabe excepto aquel que está más perjudicado. Si se discute y se acuerda abiertamente, no puede ser adulterio. Es sólo otra forma de compartir. Su representación ha sido errónea durante muchos, muchos años.

Parecía una desviación radical del concepto de adulterio que se presenta en la Biblia. Al parecer, si todas las partes estaban de acuerdo y había una transparencia en ello, no se consideraba adulterio. Sólo se denominaba de este modo si alguien sufriera daño o si hubiera la intención de hacer daño.

D: Creo que es una cuestión sobre la que mucha gente no se pone de acuerdo.

S: *Es una cuestión sobre la que mucha gente* nunca *se pondrá de acuerdo.*

D: (Me reí.) ¡Estoy de acuerdo!

No quiero que nadie piense que defiendo el adulterio, y no pienso necesariamente que el punto de vista de Suddí sea correcto. Pero es una manera diferente de ver algo tan complejo. Entiendo que pudieran aceptarlo aunque contradijera completamente las leyes y enseñanzas hebreas. Si es cierto que los esenios enseñaron a Jesús, pienso que el hecho de haber estado expuesto a estas ideas explicaría su defensa de aquella mujer que estaba a punto de ser lapidada. Habría entendido que el sexo entre adultos responsables no se consideraba adulterio en la comunidad de Qumran. En la vida de Jesús se observan numerosas creencias y enseñanzas de los esenios.

Me interesaban sus costumbres relacionadas con la muerte. Le pregunté acerca de la más infame de todas, la crucifixión.

S: *Los romanos la usan. Es cuando clavan a un criminal a la cruz. Primero les atan los brazos y los pies. Y luego clavos que son así de largos (mostró una medida de unos catorce o dieciocho centímetros) los introducirían por aquí. (Señaló la zona debajo de la muñeca, entre el cúbito y el radio del antebrazo.) Y por los pies.*

D: ¿Por qué harían algo tan espantoso?

S: *Si ves muriendo a alguien que ha cometido un crimen y lo han colgado allá afuera durante varios días y conoces su tormento, te lo pensarías más de una vez antes de cometer ese crimen tú mismo. No es nuestro derecho juzgarlos... pero ¡quitar una vida!*

Suddí se estremeció de arriba abajo, como si la sola idea le resultara espantosa. Decidí cambiar de tema, y preguntar acerca de las costumbres relacionadas con el entierro. Pregunté cómo se deshacían de un cuerpo en la comunidad.

S: *Muchas veces se unge el cuerpo con aceites e incienso, y luego se entierra envuelto en paños. Pero algunos preferimos destruir el cuerpo completamente y quemarlo. Yo prefiero la idea de volverme ceniza.*

D: ¿Crees que es malo quemar el cuerpo? ¿Hacerlo de la manera que tú prefieres?

S: *No, ¿por qué tendría que ser malo? Que yo sepa, esta costumbre es muy antigua.*

Yo tenía curiosidad por las costumbres relacionadas con el entierro porque se dice en la Biblia que Jesús fue enterrado en un sepulcro. Le pregunté acerca de la tradición de poner cuerpos en cuevas, y si conocía la palabra «sepulcro».

S: *Esto lo hacen otros, sí. Un sepulcro significa una tumba. Es un lugar grande que quizá ha sido vaciado y preparado. Es algo que trajeron los egipcios. Ellos creían que debíamos tener muchas cosas que te acompañaran en el viaje.*

D: Pero el cuerpo se deteriora. Si lo ponen en un sepulcro, una tumba, una cueva, no estaría cubierto de tierra ni nada.

S: *Se pone algún tipo de puerta, de piedra u otra cosa. Por lo tanto, está cerrado.*

D: ¿Pero *vosotros* no los ponéis en cuevas?

Yo me refería a *su* gente, pero Suddí interpretó mi pregunta a su manera.

S: *Es muy extraño que alguno de nosotros sepulte Los cuerpos de otros. El cuerpo no tiene ninguna utilidad después de que ya no alberga un alma. Por lo tanto, ¿por qué no empezar totalmente de la nada y devolverlo al polvo del que vino?*

D: ¿Qué finalidad tienen los aceites?

S: *En general, se debe sobre todo al olor. En judea y Galilea y en esta región, mucha gente unge el cuerpo con aceites. Si fue una enfermedad lo que causó la muerte de la persona, se dice que alejará la enfermedad de los demás. Entonces, si se los ha de sepultar o lo que sea, si se construye una pira, se hace el día en que mueren, antes de la puesta de sol.*

D: ¿Cómo se llaman algunos de los aceites o hierbas que se usan?

S: *Hay mirra e incienso y muchos otros que no sabría nombrar. Pero éstos son los que se usan más corrientemente.*

Esto era una sorpresa. Yo sólo había oído hablar de la mirra y el incienso asociados con los regalos de los Tres Magos de Oriente. Yo pensaba que usaban el incienso pero no sabía que tuviera nada ver con los entierros.

D: Yo siempre he pensado que el incienso se quemaba sólo por su agradable aroma.

S: *Se frota en el cuerpo. Otras veces se quema antes que el cuerpo. EL olor, el aroma es muy agradable y por lo tanto protege la nariz de la gente que prepara el cuerpo.*

Mi investigación reveló que el incienso y la mirra se usaban principalmente por los motivos que él señalaba, para vencer el olor del cuerpo en descomposición. El incienso también se usaba como bálsamo o ungüento para curar ampollas y llagas, así que quizá habría tenido algún efecto sobre la piel, para conservarla

81

después de la muerte. Era también un excelente repelente empleado para ahuyentar a los insectos.

D: Cuando enterráis un cuerpo en la tierra, ¿lo ponéis dentro de algo?

S: *A veces, pero muy raramente, porque la madera es muy valiosa y normalmente sólo se envuelve el cuerpo en paños y se pone en la tumba o en la sepultura que se ha preparado.*

El cementerio de Qumran se encontraba fuera de la muralla, adyacente a la comunidad. Había más de mil tumbas. Cuando De Vaux intentaba establecer la identidad de la gente que vivía en Qumran, consideró muchas posibilidades. Al principio se pensó que las tumbas eran sepulturas árabes corrientes. Pero los guías locales decían que era imposible, porque los cuerpos estaban enterrados con la cabeza hacia el sur y los pies hacia el norte, lo que sería contrario a su costumbre. Sabían que eran tumbas de no creyentes o de personas que no eran árabes.

Era un cementerio poco corriente, diferente de todos los que se ha encontrado en aquella parte del mundo. Se encontraron algunos ataúdes pero no había artefactos ni objetos enterrados con los muertos, como era tradicional en muchos lugares. Pere de Vaux se sorprendió de que no hubiera joyas ni objetos ornamentales en las tumbas. Dijo que eso significaba que la gente era muy pobre, o bien que tenían una disciplina rígida que no les permitía llevar adornos. También se sorprendieron cuando las tumbas revelaron esqueletos de mujeres y niños. Llevaban mucho tiempo pensando que ahí sólo habían vivido hombres, en una comunidad de tipo monacal. Así, una vez más, parecía que las excavaciones avalaban nuestros hallazgos con gran detalle y exactitud.

D: ¿Qué hacen los romanos con sus muertos? ¿Tienen diferentes costumbres?
S: *Tienen tantas costumbres como dioses. Tienen más dioses de los que puede contar un hombre. Yo creo que una nación tiene muchos dioses porque está insegura de sí misma, y*

por tanto crea sus dioses a su imagen. Si se profana la nación, también se profanan los dioses. Entre los romanos, en cuanto aparece un nuevo dios en escena, casi inmediatamente se vuelve tan envilecido como el resto. En toda nación, hay hombres buenos, pero Roma tiende a destruir a los que dicen la verdad. Por lo tanto, esto no está bien.

D: ¿Hay un romano que gobierne sobre vuestra región?

S: *Hay un hombre que afirma ser nuestro emperador, sí. Se considera emperador del mundo.*

D: ¿Hay alguien que tenga el poder sobre vuestra región?

S: *En la actualidad, es Herodes Antipas, que es nuestro rey. Hay un romano que es... ¿qué quiero decir?... mmm, gobernador de la región. Sí, Poncio Pilato. Cuando él dice: «salta», Herodes salta.*

D: Entonces, ¿es el más importante?

S: *Él es el hombre con soldados, por tanto es más importante, sí.*

D: ¿Has oído cosas sobre él? ¿Es un hombre bueno?

S: *Se dice que es justo.*

D: ¿Y el rey Herodes?

S: *(Suspira.) ¡Ese hombre es un necio! No puede decidir si desea ser griego o judío. Y por tanto, no es bueno ni como uno ni como otro.*

D: ¿Ha molestado alguna vez a vuestra comunidad?

S: *Sabe que más le vale no hacerlo. Intentarlo sería su muerte.*

Esto indicaba una vez más que debían tener alguna manera secreta de defender la comunidad, aunque no creyeran en las armas. Al formular estas preguntas, yo pensaba en las historias bíblicas sobre Herodes.

D: ¿Tiene una reina o una mujer que gobierna con él?

S: *Herodías. (Dijo la palabra como si la escupiera.) ¡Ella es su ramera!*

Me sorprendió su fuerte respuesta. Pregunté si había

83

escuchado historias sobre ella.

S: *(Suspira.) Ha estado casada tres veces, a su primer marido lo mató para casarse con Filipo. Y luego abandonó a Filipo para casarse con Antipas.*

Suddí no quería hablar de ella, el tema le resultaba desagradable. Yo no entendía cómo era posible que hubiera tenido tantos maridos. Según su ley, ¿no tenía que dejar a uno antes de tomar a otro?

S: *Hay muchas lagunas en la ley, que ella ha aprovechado. Se dice que cuando fue a vivir con Filipo al principio, su primer esposo no estaba muerto, por tanto ella podía dejarlo. Y ahora que está muerto su primer esposo, pudo sobornar, matar, lo que fuera, para adquirir a Antipas como esposo.*

Parecía complicado. Por lo visto, era un matrimonio ilegal, en otras palabras.

S: *El segundo no lo era. ¿Quién sabe con éste? Ella será la perdición de Antipas. Es el destino de ella. No sé qué camino elegirá ella. Sólo sé que ella será su perdición.*

D: No entiendo por qué cuando una persona entra en la vida de otra elegiría entrar y hacer daño, o por qué haría cosas para ponérselo difícil a otros.

S: *En realidad, no es una opción. Es... algunas personas lo harían por presiones externas, quizá de personas con las que viven o de la comunidad en la que viven, o de personas que no son buenas. Las presionan para que hagan cosas que, por dentro, la persona sabe que están mal. Nadie elige ser malo.*

D: En realidad, la elección es del individuo, dependiendo del tipo de influencia que encuentran ...

S: *Y también tienen la opción de resistir.*

84

7 - La misteriosa biblioteca

Durante una sesión con Suddí cuando era un joven estudiante, encontré el primer indicio de que Qumran no era una escuela corriente. Allí se enseñaban materias mucho más profundas de lo que nadie pueda imaginar. También descubrí que la biblioteca albergaba muchos misterios prodigiosos. Él se encontraba en la sección de enseñanza de la biblioteca, y le pedí que me la describiera.

S: *Los edificios están juntos. No es que estén separados, son un todo. La biblioteca está en el edificio central. Es muy grande. Tiene muchas ventanas y mucha luz. La luz se filtra desde arriba, entra por diferentes aberturas. Hay estanterías en las que guardamos los rollos de pergamino. Están envueltos en pieles y otras cosas. Algunos no son ni siquiera rollos de pergamino. Algunos son sólo cosas sobre las que se ha escrito, muchas pieles, juntas. Aquí estudiamos muchas cosas. Los que más hay aquí son libros que contienen toda la sabiduría, tal como la conocemos. Un hombre podría pasarse años aquí y nunca acabaría todos los rollos de pergamino y los libros y las demás cosas.*

D: Antes me dijiste que la biblioteca tenía dos plantas. ¿Qué hay en la otra planta?

S: *Los rollos de pergamino. El centro del edificio está abierto de manera que puedes mirar abajo desde la segunda planta y ver la primera.*

Sonaba como si un balcón superior rodeara la sala. Esto permitía que la luz llegara a la primera planta. Me pregunté si habría peligro de caerse.

S: Hay barandillas para protegerte, si alguien fuera tan descuidado como para intentar dar un paso afuera. La biblioteca, la zona central tiene mucha luz, pero detrás, donde están almacenados los rollos de pergamino y las otras cosas, está más oscuro para que no se estropeen. Hay ventanas en el techo. Están cubiertas con pieles que han sido tratadas para que pueda pasar la luz. Para que el polvo no pase, pero que entre la luz.

En la sala donde estudiaban, había mesas construidas para facilitar el estudio de un rollo de pergamino. Por los gestos de Katie y las descripciones de Suddí, parecía como si hubiera soportes a los lados de la mesa, y el rollo de pergamino se colocara paralelo a la mesa para desenrollado. Yo siempre había pensado que un rollo de pergamino se desenrollaba de lado a lado, no de arriba abajo. Él me indicó con el dedo que leía de derecha a izquierda. Imaginé que esto significaba que empezaban a leer al pie del rollo. Él dijo que no, y que dependía del manuscrito. Algunos empezaban por abajo y otros por arriba. Dijo que los rollos estaban escritos en todas las lenguas conocidas: *«Una es el griego, pero está también la vulgata, el arameo, el árabe. Y la lengua de los babilonios, Siria, la de los egipcios y los jeroglíficos».*

D: ¿De dónde vienen? ¿Los han escrito todos aquí?

S: La mayoría al menos se copiaron aquí. Pero muchos se trajeron de otros lugares y fueron recopilados. Tiene que ser una búsqueda continua de nuevos conocimientos y es interminable. Cada día se traen cosas nuevas. La sala donde se copia está al lado de la biblioteca. Tiene aún más luz que la biblioteca. Allí y aquí hay mesas grandes que son verticales, de manera que el rollo de pergamino está delante de ti. Son muy parecidas a las mesas de lectura. Hay algo detrás para resistir la presión incluso cuando escribes en ellas. Se coloca una tabla detrás, se pone en este ángulo, para que cuando escribas de un lado a otro, se mantenga equilibrada y no se tambalee. Estas tablas están hechas de madera. Una parte de los taburetes están hechos

de piedra, pero en general están hechos de madera. (Se
parecían mucho a las mesas de arquitecto.)

D: ¿Qué aprendes en tus clases?

S: *(Suspira hondo.) ¡Todo! Bueno, no es demasiado fuerte.*
Nos enseñan matemáticas y nos hablan de las estrellas. La
ley y la Torá y cosas por el estilo.

Quise saber algo sobre los métodos que empleaban los
antiguos en matemáticas. Como de costumbre, recibí más de
lo que esperaba.

S: *Se me ha dicho por mis maestros que un asno sabría más*
matemáticas que yo. (Este comentario despertó risas entre
los oyentes.) Para mí la Ley está viva. Hay sentimiento y
emociones y profundidad en ella. Las matemáticas son
frías; datos y cifras, ¿qué sentido tienen para mí? Se le da
mucha importancia a las matemáticas. Y hay conocimientos
ocultos, se dice, en las matemáticas, que más adelante serán
descubiertos y usados otra vez. Así que debemos
aprender el teorema y la f arma de hacer las cosas, para
que podamos aprender a hacer diferentes cosas en
matemáticas. Y espero saber usarlas a lo largo de mi vida.
Hay muchos tipos diferentes de matemáticas. Tienen que
ver con los absolutos y los teoremas... Dicen que esto es
así, debe ser cierto. La geometría es una parte de las
matemáticas, que tiene que ver con las formas y las
profundidades de las cosas.

D: Veamos, quizá no conozcas los términos de algunas de
las cosas que nosotros usamos. Por ejemplo, tenemos
sumas, restas y multiplicación.

S: *Explícalo. No me son familiares.*

D: Las maneras de usar los números. La suma es tomar dos
números y ponerlos juntos.

S: *¿Para hacer un total? Sí, esto se hace. Y también*
aumentarlos un número de veces entre ellos, eso también
se hace. También restarlos. Y diferentes maneras de
deducir alturas y sólidos y otras cosas. Para esto hay

muchas fórmulas.

D: ¿Tenéis herramientas o instrumentos para ayudaros a hacer vuestros cálculos, si conoces esta palabra?

S: *¿Como para las... el término que has usado es... mmm, sumas? La más fácil de hacer son los nudos, el cinturón de nudos. Es una correa que ha sido anudada, y tiene cuerdas que son de distintos largos. El nudo que significa tanto en números. Y hay gente que lo hace muy bien, se puede quedar ahí sentada y calcular con eso todo el día. Son las herramientas que utilizas. Puedes tener unas que son muy largas, que están siempre colgadas. O puedes tener otra que se cuelga del cinturón, que se usa para sentarse y hacer los cálculos. Como si fueras un vendedor en el mercado o algo así. Podrías usar una de éstas para hacerlo. Se usa para sumar y contar diferentes cosas. Las personas que están educadas o que deben tratar con números tendrían que saber usarla. (Se rió.)* Dicen *que es la más fácil de usar.*

Cuando empecé a buscar en los libros alguna verificación de lo que decía Suddí, no encontré ninguna referencia a que se empleara algo parecido en esta región del mundo. Pero se asemeja mucho al quipo que usaron los antiguos incas en Perú. El quipo era un ordenador de cuerda y, en su sociedad, se usaba para hacer cálculos. Consistía en una serie de cuerdas de diversas longitudes, desde un centímetro a cinco metros aproximadamente, y se suspendía de un asidero. El tipo de nudo y su posición en la cuerda representaban números en un sistema decimal, desde el uno al nueve con un espacio en blanco en la cuerda, que representaba el cero. Es verdad que los incas vivían en las antípodas de Qumran, pero ¿es posible que otros usaran también este método numérico y que no tengamos el conocimiento de ello? Según parece, la comunidad de Qumran albergaba una inmensa cantidad de conocimientos recogidos de todas partes. Yo empezaba a pensar que todo era posible.

S: *A veces se usan palos de diferentes colores para diferentes cantidades. Y hay muchas formas diferentes de utilizar cosas para hacer esto. Son sólo así de largos. (Con los dedos indicó una medida de unos diez centímetros.) Como que un color significa una cosa y otro color otra... y los sumas y dan un resultado. A mí no me sale muy bien. No estoy familiarizado con sus significados, pero hay azules y rojos y amarillos y naranja y un negro y blanco ... Diferentes colores. También sé de otra herramienta que se utiliza que tiene un marco. Son bolas en alambres. He visto una de éstas, pero no sé utilizarlas. Cuentan las bolas.*

Me pareció que se refería al ábaco chino. Es muy antiguo y es posible que lo conocieran. Si podían conocer el ábaco, no veo por qué sería inverosímil que conocieran el quipo, salvo que en realidad China estaba más cerca y tal vez habrían tenido un contacto más fácil a través de las caravanas de los mercaderes.

S: También se usan las matemáticas cuando estudias las estrellas. Usas las matemáticas para trazar la dirección en que vendría una, desde aquí, desde este punto, hasta aquí. (Gesticulando.) Y con los mapas puedes hacerlo. Tenemos cartas que nos ayudan a recordar dónde están las estrellas. También hay aparatos para mirar las estrellas. Sí, tenemos algunos que son muy potentes. (Le pedí una explicación.) Desde este aparato miras por el extremo más pequeño de este tubo. Y miras al cielo con esto, y es como si lo trajeran delante de tu cara. Es muy, muy antiguo. Se dice que nuestra gente creó esto, pero el arte se ha perdido. No está hecho aquí. Fue hace muchas generaciones.

¡Un telescopio! Pero se cree que no fueron inventados hasta cientos de años después. No sé por qué habría de ser tan sorprendente. El arte de hacer vidrio se remonta a los tiempos del antiguo Egipto. Sin duda alguien en todo ese tiempo habrá tenido la curiosidad de mirar a través de un fragmento de vidrio y notar la distorsión en el tamaño. Erich von Daniken comenta dos ejemplos en sus libros del descubrimiento de la lente de cristal. Se encontró una en una tumba en Helwan, Egipto, y que se encuentra ahora en el Museo Británico. La otra es de Asiria y data del siglo VII a. de C. Se movían con métodos mecánicos, y el conocimiento para hacer esto requería una fórmula matemática sumamente sofisticada. ¿Para qué se usaban las lentes? ¿Tal vez para los aparatos que permitían mirar las estrellas?

En Qumran había tres aparatos distintos para mirar las estrellas, de diversos tamaños. No estaban en la biblioteca, sino en un observatorio en la cima del monte, más arriba de la comunidad. Dos estaban montados allí permanentemente, y el tercero, más pequeño, era portátil. Algunos maestros vivían en el observatorio y estudiaban y seguían las estrellas constantemente. A los alumnos se les permitía mirar por estos aparatos para ver las estrellas cuando se dedicaban a esta disciplina.

Yo aún estaba intentando asimilar este nuevo avance cuando Suddí me lanzó otro. Esta sesión estuvo llena de revelaciones inesperadas.

S: Tienen modelos del cielo que se mueven constantemente, como nuestro sistema. Tienen el modelo del sistema astral en el que vivimos.

Pensé: «Espera un momento, volvamos atrás». ¿Estaba segura de haberlo escuchado bien? ¿Un modelo?

El concepto del modelo me era tan extraño que estaba decidida a entenderlo. Así pues, le hice muchas preguntas intentando hacerme una idea clara de cómo era. Los contenidos de esta biblioteca me tenían desconcertada, aunque pronto aprendería que no debía asombrarme ante nada de lo que pudiera haber en Qumran.

Para él resultaba frustrante intentar describir y explicar algo que le era tan familiar. Se irritó con mis insistentes preguntas. Quizá no comprendía por qué no podía verlo yo también.

El modelo, o astrolabio, estaba en la biblioteca, como otros muchos misterios. Estaba ubicado en el centro de la sala. Era grande, «quizá la extensión de dos hombres con los brazos abiertos. Éste es el ancho, y quizá dos veces la altura de un hombre». El aparato estaba hecho enteramente de bronce. En el centro había una esfera grande que representaba el sol. Había una vara que lo atravesaba y estaba clavada en el suelo. Desde abajo o desde el nivel del suelo había muchas otras varillas proyectadas hacia afuera. Éstas representaban los diversos planetas de nuestro sistema solar. Cada uno estaba colocado en la posición de su órbita alrededor del sol. No se representaban las lunas, sólo una esfera de igual tamaño para cada planeta. El modelo estaba en movimiento constante: el sol giraba, las varillas movían sus planetas alrededor del sol en la posición y distancia exacta de su órbita, y las esferas más pequeñas giraban en los extremos de las varillas. La trayectoria de las esferas era un óvalo, un círculo elíptico alrededor del sol. Suddí explicó todo esto con muchos movimientos y gestos. Describió la órbita de la siguiente manera: *«Es una elipsis. Es bastante alta aquí y se estrecha hacia los extremos. Es como un círculo que se ha estirado... en profundidad».* Me resultó apasionante que todo el sistema solar se pudiera recrear de esta manera tan exacta. No me podía imaginar qué fuente de energía utilizarían para mantener la rotación.

S: *Cuando la tierra da vueltas, hace que esto siga girando. La tierra, gira y gira y... es como si cogieras algo y girara en un gran círculo. Primero empieza en el suelo y en cuanto vas más rápido, se dispara hacia el cielo. ¿Ves? Es así. Esto se mantiene en movimiento por lo mismo que mantiene arriba la cosa que está dibujando. El movimiento hace que siga moviéndose.*

Me lo imaginaba como si tuvieras algo en el extremo de una cuerda y empezaras a girar en círculo. El objeto se desprendería del suelo y se elevaría a medida que aumentaras la velocidad de las vueltas. Sonaba como si el astrolabio fuera una máquina en movimiento perpetuo impulsado por una fuerza centrífuga. Es posible que otros puedan explicarlo mejor.

El modelo estaba rodeado de una barandilla para impedir que la gente se acercara demasiado. Según parece, era un mecanismo muy delicado, y su movimiento podía alterarse muy fácilmente.

S: A los estudiantes se Les advierte que no se acerquen nunca. Se dice que incluso soplando sobre ello haría que se detuviera y entonces tardada mucho tiempo en activarse otra vez. Así que no se nos permite acercarnos.

Independientemente de que su equilibrio fuera realmente tan delicado, por lo visto la amenaza funcionaba y todos se mantenían a una distancia respetable. El suelo era de piedra, así que el movimiento de la gente en la sala no lo alteraba. Suddí no me pudo dar información sobre cómo estaba construido ni fijado al suelo, ya que era muy antiguo y llevaba allí mucho tiempo.

Recibí otra sorpresa al preguntarle cuántos planetas había representados por esferas. Él respondió que eran *diez,* sin darle mayor importancia al dato. Esto me dejó perpleja porque incluso ahora, en la actualidad, sólo conocemos nueve. El noveno planeta, Plutón, fue descubierto en 1930. Los astrónomos han polemizado mucho sobre este tema. Tal vez haya un décimo planeta, porque parece que algo influye en las órbitas de los demás. Intenté mostrarme tranquila, como si no acabara de revelarse nada de importancia, y le pedí que me nombrara los planetas.

S: Te daré los nombres romanos con los que quizá estés familiarizada. Se les conoce por muchos nombres, pero es posible que éstos sean los más conocidos. (Hablaba lentamente como si pensara.) Hacia el interior están Mercurio y Venus o Mazusias (transcripción fonética) y Yerra y Marte y Júpiter y Saturno... A ver, después de Saturno viene Urano y Neptuno y Plutón... Y más allá de Plutón hay uno que se llama... a ver, creo que le dieron el nombre de Juno. ¿De quién fue la idea de nombrarlos así? No lo sé. Creo que ya están todos. Sé que son diez. Juno, el que está más allá del más lejano, dicen que tiene una órbita muy errática. No es una elipsis, sino que vira hacia adentro y hacia afuera, y hace una especie de bucle alrededor de Plutón. Tarda mucho tiempo en completar su órbita.

Gesticulaba con las manos para indicar algo que entraba y salía entre los demás.

D: ¿Los planetas tienen aspectos diferentes?

S: *En el modelo son todos iguales, pero en la realidad unos son más grandes y otros más pequeños. Son todos individuales en sí mismos. Nada es igual en el universo. (Rebosaba de entusiasmo infantil, tan grande era su deseo de compartir sus conocimientos.) Incluso dos hormigas que miras y piensas: «son idénticas». Pero hay algo en una que la otra no tiene. No hay nada en el universo que sea idéntico.*

D: Partiendo del sol, ¿me puedes decir aproximadamente, el tamaño relativo de cada planeta?

S: *(Quizá se estuviera refiriendo a un mapa o carta.) Cuando el sol está aquí, tienes uno pequeño, y tienes otros dos que son también bastante pequeños, y tienes uno que se hace más grande. Y cada uno se hace más grande durante un rato. Y entonces es como que llega a un punto medio, y entonces empiezan a disminuir otra vez de tamaño. EL más grande es Júpiter y el más pequeño es Juno. Y todos tienen lunas, algunos tienen muchas. Pero no se han añadido al modelo. Sólo nos han dicho que están ahí. Cuanto más grande sea un planeta, más lunas tiene. Saturno tiene anillos que se hicieron de... Dicen que posiblemente hubo otro planeta que estaba ahí y que él lo recogió y se llaman... anillos. Al mirarlo, se los puede ver. Tiene muchos cientos y cientos de anillos alrededor. Tampoco están en el modelo. Se nos cuentan estas cosas y las hemos visto con los aparatos para mirar las estrellas. Nuestro planeta es Terra. Tiene sólo la luna, que no tiene aire alrededor.*

Le pregunté a Suddí si alguna vez había oído hablar de un planeta que estalló hace muchos, muchos años. Yo pensaba en la teoría de la creación del cinturón de asteroides. Se afirma que había algo entre

93

Júpiter y Marte.

S: *Es probable que chocara con Júpiter. No sé nada de eso. Se dice que nuestro universo es aún nuevo y que sigue cambiando, así que es muy posible.*

D: ¿Cómo se sabe todo esto sobre los planetas? Seguramente no podéis verlos todos, incluso con vuestros aparatos para mirar estrellas.

S: *Yo no los he visto. Se dice que gran parte de los conocimientos sobre nuestro sistema, tal como Lo conocemos, ha ido pasando de generación en generaci6n desde hace mucho tiempo.*

D: ¿Sabes quién hizo este modelo?

S: *Se dice que lo hicieron los Kalú.*

D: ¿Quiénes son los Kalú?

S: *¿Cómo decirlo ...? Son las personas que abandonaron su país para compartir los conocimientos que habían adquirido con otros. Y se dice que nosotros venimos de estas personas. Se dice que nosotros somos miembros de su raza, que se está muriendo. Se nos enseña a difundir los conocimientos entre los no informados con la esperanza de originar nuevamente la era de la ilustración. No sé mucho acerca de ellos. Algunos de los maestros conocen en gran profundidad las cosas que ellos enseñan y quiénes fueron. Son conocimientos que sólo se permiten a los ojos de algunos. Y no está permitido hablar entre extraños.*

Pensé que tal vez habrían tenido alguna relación con el continente perdido de la Atlántida, y le pregunté si conocía el nombre del lugar del que habían venido.

S: *No lo sé. Se dice que se ha perdido. Se dice que vinieron de la dirección en que se pone el sol, desde el oeste. Que se asentaron en Egipto y luego viajaron hacia aquí. No sé adónde fueron. Eso fue hace muchos, muchos padres.*

D: Has dicho que debíais impulsar nuevamente la era de la ilustración. ¿Ha habido un tiempo en que las cosas fueron más

94

ilustradas que ahora?

S: No sé gran cosa sobre eso. Se dice que fue cuando se hacían grandes cosas, cuando todos los hombres estaban unidos. Y sólo tenemos algunas de esas cosas, como el modelo. Nuestras cosas fueron protegidas y guardadas para demostrar que existían. Que no eran sólo leyendas. Se dice que los Kalú son nómadas. Es parte de su destino. Se dice que algunos han viajado con la esperanza de encontrar a otros de su gente, y que siguen viajando. Y se dice que algunos se han olvidado incluso de dónde partieron. Otros son como nosotros aquí, descendientes de ellos y de algunos otros de aquí, y que intentan proteger una parte de los conocimientos que había.

Esto explicaría el celo con que cuidaban el modelo. Si le sucediera algo, no sabrían construir otro.

D: ¿Por eso os mantenéis aislados? ¿Por eso vivís apartados de otros pueblos, de otras personas?

S: Se dice que si bajáramos adonde están los otros, se perdería una gran parte de la sabiduría porque la gente acabaría por apartarse. Por las tentaciones... y ya no les importaría mantener vivos los conocimientos antiguos.

D: ¿Trajeron otras cosas a vuestra gente?

S: El conocimiento de que en algún momento del futuro próximo habrá un Mesías. Se dice que muchos de los lugares donde fueron hablaban de la historia de su venida. Y que ellos lo sabrían y dirían el momento en que sería. Hay más conocimientos, pero son cosas que se guardan para los que estudian esas cosas. Han decidido que yo estudie leyes, será lo que yo hago mejor. Y por tanto no tengo necesidad de saber otras cosas, porque no haría más que atestarme la mente con otras cosas. He sabido que hablan del Mesías, pero no desean que un niño lo sepa. Yo he celebrado mi Barmitzvah. Eso me hará un hombre. Entonces seré parte de la comunidad adulta. Ahora no tengo necesidad de conocer estas cosas para cumplir mi destino. Por tanto, ¿para qué interferir con tu destino de esta manera?

D: Si estás estudiando la Ley, ¿por qué es necesario que conozcas las estrellas?

S: *Es necesario por determinadas razones de la vida cotidiana, quizá para saber un poco sobre nuestro destino, pero no demasiado. También hay otras razones para estudiar las estrellas del cielo y las de nuestro sistema. Porque están fijadas de muchas maneras. Se dice que cuando los planetas se sitúan de determinada manera... cuando naces están en una configuración fija, y que esto tiene un gran significado para lo que harás en tu vida. Yo no sé leerlo. Ya te lo dije, los maestros son los que enseñan esto. Se dice que las estrellas dirán a la gente la verdad de las cosas, pero nosotros sólo estudiamos dónde están y cosas acerca de ellas, como esto. Nosotros estudiamos astron.*

Suddí no usó la palabra completa «astronomía». En el diccionario, *astron* empleado como prefijo es la palabra griega para estrella. Me dijo que la estrella más brillante en su región se llamaba *Garata* (fonéticamente) y estaba ubicada en la parte norte del cielo. Dijo que alguna gente pensaba que los grupos de estrellas parecían personas o animales allá arriba. Para él, le parecía simplemente *«como si alguien hubiera tomado un cubo de arena y lo hubiera tirado sin más».*

Yo tenía curiosidad por saber qué más podría haber en esa fantástica biblioteca. Suddí dijo que había esqueletos de varios animales que estaban conservados para su estudio. A estas alturas, yo ya habría tenido que estar preparada para las sorpresas, pero la siguiente respuesta volvió a asombrarme.

S: *Hay muchas cosas aquí. Hay un cristal grande que ... ¿cómo lo digo...? Su forma tiene cuatro lados que llegan a un punto, y el quinto lado está abajo (una pirámide). Es un ... aumentador de energía, si empleo el término correcto.*

Cuando se pone dentro la energía, el resultado es mucho mayor de lo que se puso dentro. Se usa para diferentes cosas. No estoy muy seguro de para qué. También está protegido. Hay una pared que se ha construido alrededor. La pared llega más o menos hasta aquí (aproximadamente hasta la cintura). Lo puedes ver pero no puedes acercarte. El cristal está sobre un pedestal detrás de la pared. Está resguardado en un área donde hay cortinas que se pueden cerrar en torno a él. (Con gestos de las manos, indicó que era un cristal grande, de aproximadamente medio metro cuadrado. Pero el color era confuso.) Cambia. Nunca es el mismo. Lo miras una vez y verás que es azul. Lo miras otra vez y quizá sea lila o verde o... nunca es igual.

Suddí no sabía de dónde venía el cristal, estaba allí *«desde que tengo memoria»*. La pared era una protección. El cristal era tan potente que quemaría al que lo tocase. Sólo una persona tenía capacidad para acercársele.

S: *Mechalava (fonéticamente, Mei-cal-ava), el maestro de los misterios. Él es capaz de canalizarla, y sus alumnos que son instruidos en estas materias lo son. Ellos concentran su energía en él y él la transfiere a este cristal y se usa de muchas maneras diferentes que nosotros no entendemos ni se nos permite.*

D: ¿Quieres decir que la energía se recoge de los alumnos al maestro y luego al cristal, y no al revés?

S: *Y luego sale del cristal para el uso que quieran. Ellos tienen la capacidad de canalizarla o dirigirla o concentrarla donde quieran. Se dice que la voluntad de Mechalava es la más fuerte. Él es muy viejo y está esperando que nazca alguien que sea igual, para que pueda traspasar sus responsabilidades. Se empezará cuando sea aún un bebé. Una parte del conocimiento se ha transmitido ya, pero no todo. Se dice que en una época todos tenían este conocimiento, y que por eso, se sufrió un gran daño. Se entregó sólo a determinadas personas que*

97

fueron consideradas lo bastante responsables para entregarles este conocimiento. Para que se transmitiera hasta otro tiempo en que todos pudieran tener este conocimiento otra vez y beneficiarse de él. Por tanto, él (Mechalava) se dedica a asegurar la continuidad de este conocimiento.

Los arqueólogos encontraron dos bases de columnas colocadas de forma extraña en uno de los edificios. Estaban instaladas en el sucio, muy ju ocas, como si fueran lo sopo1tes de algo. No supieron encontrar una explicación. ¿Podía yo especular que esto era el pedestal mencionado por Suddí donde se guardaba el cristal?

Hice un intento de averiguar algo sobre algunos de los misterios que le habrían enseñado a Suddí.

S: No se me permite hablar de eso porque eso es parte de la responsabilidad. Antes de la confirmación del estudiante, no se le permite hablar.

Intenté soslayar sus objeciones preguntando en qué ámbitos se encontraban los misterios, por ejemplo, en *las* leyes o en la historia. Pensé que obtendríamos información fácilmente mientras hablábamos con Suddí siendo él aún joven, pero incluso entonces, estaba presente su voto de silencio.

S: No, están con... otras cosas. En parte, es el uso de la mente. Es la fuente de un gran poder.

Se negó rotundamente a revelar nada más sobre los misterios, así que decidí cambiar de tema. Quizá conseguiría descubrir algo más adelante, a través de mis métodos indirectos.

D: Me has dicho que el cristal acumula la energía. ¿Me puedes decir si hay metales que conozcas que también acumulen energía?

S: Varios. El oro... hasta cierto punto, el cobre. Depende de la vibración que necesites. Fl-mcionarían para diferentes cosas. El nivel más alto sería la plata o el oro, y el nivel más bajo sería el cobre y el Latón. Las piedras tienen la mayor capacidad de acumulación.

D: Me parece que tenéis muchos conocimientos ahí que otros no tienen.

S: Debemos procurar que estén siempre vivos y respirando, para que no se olviden.

8 - Los doce mandamientos

En esta sesión, hablaba con Suddí cuando éste contaba doce años de edad. Pensé que no hacía mucho tiempo que estudiaba, pero él me corrigió, diciendo que tenía la impresión de haberlo hecho toda la vida.

S: No sé de otros, pero en donde vivimos, empezamos más o menos a los seis o siete. De los que estamos aquí, algunos somos de ascendencia hebrea. Algunos somos sirios. Y hay quienes son egipcios. Hay muchos aquí. Somos todos personas diferentes, pero somos todos de una misma filosofía y credo. Nosotros somos quienes creemos en Dios Padre y nos vamos reuniendo aquí para traer la luz al mundo donde sólo hay oscuridad.

Nótese la similitud entre esta explicación y las declaraciones en que Jesús afirmaba ser la luz del mundo.

D: He oído decir que los esenios son un grupo religioso.
S: Somos un grupo religioso en cuanto que creemos en Dios. Pero decir que nuestro camino es una religión es algo diferente. Porque eso parece ser tan ... inhibidor. No es lo mismo. Hay muchísimo más, porque estamos protegiendo y conservando el conocimiento y ayudando a traer el conocimiento y la luz al mundo.

Mientras hablaba con él, Suddí copiaba partes de la Torá. Yo creía que sólo copiaban un manuscrito si el rollo se encontraba en mal estado y se estaba deteriorando. Pero él dijo que la «piel» original estaba muy bien. Su padre decía que le ayudaría a recordar si lo escribía.

S: *Dice que quizá me ayude. Tengo la cabeza tan dura, que mi padre es capaz de probar cualquier cosa. No tengo buena memoria. ¿Qué puedo decir?*

Me interesaba conocer su método de escritura. Me dijo que cuando practicaban, usaban tablas de arcilla porque luego no las guardaban. Sólo lo permanente se ponía en papiro.

S: *Con las tablas de arcilla es fácil para el estudiante ver cómo se forma una palabra. Lo ve en la tabla y percibe cómo es. Y es más barato, es fácil hacer más tablas de arcilla o de cera, que se pueden deshacer y rehacer. Pero el papiro, una vez usado, ya está.*

Suddí usaba un estilo, que era un palo de punta afilada, para escribir en las tablas. En el papiro, se usaba el estilo mojado en tinta o un pincel. En general, escribía en arameo, que era su lengua nativa. En ese momento yo no sabía nada sobre las lenguas de aquella región del mundo, y confundí a Suddí al preguntarle sobre su alfabeto. Él no tenía ni idea de lo que decía, y siempre es difícil explicar en términos sencillos algo con lo que se está tan familiarizado. Nunca se me ocurrió pensar que había gente en otras tierras que quizá no usaran letras como nosotros. Estas sesiones fueron sumamente instructivas, tanto para Katie como para mí. Suddí intentó explicar que su lengua no estaba constituida de letras sino de sonidos. Yo no entendía lo que quería decir. Más adelante, cuando empecé a investigar, encontré que las lenguas en la región de Suddí eran sumamente diferentes a las nuestras. Usan símbolos que parecen una forma de taquigrafía. Hay uno para cada sonido y los sonidos constituyen las palabras. Él tenía razón, y no me sorprende que no pudiera entenderme.

Le pedí que me leyera algo de lo que estaba copiando. Mientras recitaba, dijo varias palabras que estaban sin duda en una lengua extranjera, luego habló lentamente en inglés como si estuviera traduciendo lo que leía.

S: *Es parte de los mandamientos de Moisés. Habla de... dice el Señor tu Dios... no tendrás otros dioses frente a mí. No debemos hacer imágenes de piedra... de otros dioses para adorarlas. Y debemos... Honra a tu padre y a tu madre. Y... no matarás ni hurtarás ni... cometerás adulterio. Hay muchos de éstos. Moisés fue un gran creador de leyes. Éstas son sólo algunas de las primeras. Él nos presentó muchísimas.*

Era evidente que leía los diez mandamientos, pero me quedé perpleja cuando me dijo que había doce mandamientos. No pude ahondar más en el tema durante aquella sesión.

Posteriormente, cuando hablaba con Suddí de mayor, se me presentó una excelente oportunidad para preguntarle sobre los mandamientos adicionales. Yo lo había llevado a un día importante, cuando tenía más o menos cuarenta años. Estaba practicando su meditación diaria. *«Me hace mucho bien hacer esto. Me siento con los pies en el suelo, es como tener una base a partir de la que trabajar.»* Ese día, Suddí meditaba para tranquilizarse por- que era un día muy importante.

S: *Hoy me examinarán y la decisión será tomada. Si soy o no merecedor de la cinta azul.*

Cuando un esenio obtenía el derecho a llevar la cinta azul en la cabeza, era que había alcanzado el rango de maestro. El examen era el último requisito y la cl1lminación de todos sus años de estudio.

S: *La persona repasa las lecciones y es examinado por los decanos para saber cuánta información ha acumulado. Hasta dónde comprende. Un hombre puede tener grandes conocimientos y no tener aún una comprensión profunda y, por tanto, los conocimientos son inútiles. Para ser un maestro, uno debe tener los conocimientos y tener la comprensión de ellos. De lo que estudia, sean Leyes o sea el estudio de las estrellas o cualquier otra cosa. Hay que tener una comprensión a fin de ser maestro. Por eso te examinan los decanos. Todos me harán preguntas para averiguar mi comprensión.*

D: ¿Será un examen largo?

S: *(Con bastante seriedad.) Si fallo en seguida, no. Puede durar bastante rato. Pero no fallaré. Las respuestas me vendrán.*

Pensé que sería un momento excelente para indagar acerca de los mandamientos adicionales, pues tal vez sería una de las preguntas que le formularían durante la prueba. Suddí suspiró y comenzó a recitármelos, contándolos con los dedos.

S: *El primero es: Yo soy el Señor tu Dios y no tendrás otros dioses frente a mí. No fabricarás escultura ni imagen. (Suspiro hondo.) Honra a tu padre y a tu madre. Recuerda el día del sábado para santificarlo. No hurtarás. No cometerás adulterio. No codiciarás... mmm, las propiedades de tu prójimo. Mmm... Los recuerdo lentamente. ¿Es el séptimo? No seguirás el camino de Baal.*

Suddí se derrumbó, frustrado, y se olvidó de cuántos había nombrado. Pero yo ya había identificado uno con el que no estaba familiarizada, el de Baal. Le dije que sería una buena preparación para enfrentarse a los decanos. El cogió aliento. *«Creo que estoy más nervioso de lo que...»*

Entonces, inesperadamente, me sobresaltó con una pregunta. *«¿Quién eres?»* Me cogió desprevenida y tuve que pensar rápido. A menudo me pregunto cómo me percibe el sujeto, si es que lo hace. ¿Me ven como una persona real o soy sólo una vocecita que murmura en sus cabezas? En ocasiones, sus respuestas sugieren que me ven, pero soy una extraña para ellos. Durante una sesión, un sujeto me vio vestida como la gente de su cultura, pero me advirtió que le hacía demasiadas preguntas y que eso era peligroso.

103

En general, me percibo sólo como una voz. Creo que en ese momento, Suddí me captó de manera diferente porque estaba meditando. Quizá por eso estaba más abierto a mi presencia. En el pasado, cuando ha sucedido esto y se me ha planteado esta pregunta, siempre he dicho simplemente que era una amiga, y esta respuesta ha bastado. No entiendo por qué, quizá baste porque los tranquiliza saber que no pretendo hacerles daño. Le pregunté si le molestaba hablar conmigo.

S: *Tengo curiosidad. Estás aquí, pero no estás aquí. Creo que no eres de... ahora. Eres... estás aquí en espíritu, pero no en cuerpo.*

Tuve la siniestra sensación de que quizá, a través de algún proceso que no comprendemos, yo había sido proyectada hacia atrás en el tiempo y me había aparecido ante este pobre señor confundido. Era una sensación extraña, saber que de algún modo existía en dos lugares a la vez. Pero en esencia, ¿no era eso lo que hacía Katie también? Debía tener cuidado de no incomodarlo ni irritarlo, así que intenté calmar las reticencias que pudiera tener para seguir adelante con la sesión.

D: ¿Te incomoda?
S: *Un poco. ¿Eres mi maestro?*
D: Pues, no creo que esté tan arriba. No, soy más como un guardián. Estoy muy interesada en tu vida y en lo que haces. ¿Sería aceptable eso? No pretendo hacerte daño.
S: *(Receloso.) ¿No pretendes hacerme daño? Siento una... calidez en torno a ti, pero alguna gente de grandes conocimientos puede proyectar cosas.*
D: Me interesa tu bienestar. Por eso hago muchas preguntas, porque me interesa la época y el lugar en que vives. Tengo sed de conocimiento.
S: *Sí, intuyo una gran curiosidad en ti. Veo una imagen, pero es... es como si no estuvieras aquí. (¿Era como la imagen de un sueño?) No creo que haya nada malo en hablar con aquellos que no habitan el cuerpo, pero no todos son benevolentes.*

Decidí intentar que dejara de pensar en mí, así que lo conduje nuevamente hacia los doce mandamientos. Él suspiró y los repasó mientras contaba con los dedos. Esta vez incluyó otro: *«Haz con otros como quisieras que hicieran contigo».* Ésta es la regla de oro y no suele incluirse con los diez mandamientos. Le pregunté acerca de ello.

S: *Consiste en acordarse en tratar a los otros como tú desearías ser tratado. Pues esto es lo que llevarás contigo en adelante. (¿Lo relacionaba con el karma?)*

D: Entiendo el sentido, pero nunca lo incluimos con los demás.

S: *¿Cómo que no? He oído hablar de que el de la adoración, no sólo de los ídolos, sino el de Baal, se intentó abolir en la época de Moisés por el becerro. Pero no he sabido que nadie intentara sacar este «Haced a los demás». No lo he oído nunca. Eso estaría muy mal.*

Coincidí con él en que era una buena ley y que debía estar con las demás.

Durante otra sesión, le recordé el examen y le pregunté si había aprobado. Él se mostró indignado.

S: *¿Acaso no llevo la cinta azul? ¡Claro que superé el examen de maestro! ¿Cómo puedes pasar la prueba y no convertirte en maestro?*

Así pues, en aquel tiempo era un maestro de la Ley, de la Torá, pero se consideraba, a los cuarenta y seis años, un hombre muy viejo. Yo objeté, pero él insistió: *«¡Pues claro que sí! Es una edad cuando que muchos hombres han muerto antes.* (Suspira.) Soy un hombre viejo.»

Si un hombre a los cuarenta años se consideraba viejo en aquella época, eso me hizo sospechar que Jesús no era un hombre joven cuando lo crucificaron. Con sus treinta y pocos años, tuvo que haber sido al menos de mediana edad.

9 - La meditación y los chakras

En dos ocasiones distintas hablamos de ejercicios de meditación, una cuando Suddí era niño y otra cuando era mayor. Yo no creo que sea demasiado descabellado suponer que a Jesús también le enseñaron estos procedimientos, puesto que eran de uso común en Qumran. De pequeño, Suddí dijo que cada día dedicaban un tiempo a la meditación.

S: Simplemente nos sentamos y tenemos que estar muy quietos y tenemos que pensar cómo respiramos, y concentrarnos en eso un rato. Y cuando está bajo control, has aprendido lo bastante para que no tengas que pensar en eso. Entonces tienes que enfocar en algo. Tomas un objeto y pones tu punto de enfoque en algún lugar en medio y te vuelves uno con eso y lo estudias y aprendes sobre eso. Entonces lo liberas. Cuando te vuelves uno con eso y entiendes esto, entonces «desenfocas» el punto de enfoque para que ya no estés en el centro sino alrededor. Para que invoque todo lo que está alrededor, rodeándote. No puedo explicarlo muy bien. A un estudiante se le enseña a hacer esto cuando tiene más o menos tres o cuatro años.

Así, la formación de la mente comenzaba a muy corta edad en Qumran. Una vez, durante una sesión en que Suddí era un hombre mayor, mencionó que el rey Herodes (por lo visto el primer rey Herodes) moriría pronto. Según parece, Suddí había recibido esta información por medios psíquicos, y quise saber si otros en la comunidad tenían este don. Suddí se sorprendió ante m1 pregunta.

S: *¿Quién no lo tiene? Todo el mundo lo tiene, que yo sepa. Se dice que la gente en la vida cotidiana quizá no tenga este... a ver, ¿qué...?, ¿don? Pero a nosotros se nos enseña desde muy temprana edad a abrirnos a aquello que es. Pero es una habilidad que necesita ser nutrida y desarrollada. Cualquiera tiene esta habilidad, pero cuando alcanzas quizá la edad de trece años y no lo has usado nunca, y estás cerrado a ello, empiezas a perder la capacidad de... cerrar la brecha. Porque a menudo has estado en sociedad con otros que son de mente ciega. Que no pueden oírte, que no pueden entender lo que hablas. Y por tanto debido al alto nivel de intensidad, lo has bloqueado. Y cuando pasas toda la vida bloqueado, es muy difícil abrirte.*

D: ¿Tener trece años es una edad significativa?

S: *Es sólo un tiempo en que el cuerpo pasa por cambios. Se dice que hay un gran vínculo entre los dos. No estoy seguro de ello. Yo no estudio esto. Pero es lo que he oído, que el comienzo de la edad adulta del hombre o de la mujer, es también cuando todo se abre. En formas más grandes que nunca si lo dejas. (Parecía estar relacionado con la pubertad.)*

D: ¿Entonces esta otra habilidad se desarrollaría antes de esta edad?

S: *Sí. Al menos deberías ser consciente de ello. Para que su intensidad no te asuste y no te haga bloquearlo. Hay muchos ejercicios de concentración diferentes que pueden usarse. El más fácil es tomar algo, cualquier cosa en la que estés concentrado y usarlo como punto de enfoque. Lo pondrías delante tuyo y lo miras fijamente y te vuelves uno con ello. Y de modo que mientras enfocas, llegas a concentrar tu atención sólo en ese punto. Y cuando todo queda enfocado, entonces simplemente lo liberas. (Hizo gestos como si soltara algo, o lo lanzara.) Y al liberarlo, empezarás a ser consciente de otras sensaciones que están alrededor tuyo, y tomas nota de ellas. Y cada vez la conciencia de estas otras sensaciones se hace más fuerte, de modo que es como si te hubieran hablado.*

D: ¿Hay algún peligro relacionado con este ejercicio?

S: *No he sabido nunca que lo hubiera. Yo nunca lo haría donde hubiera interrupciones o quizá un despertar brusco. No hay un tiempo fijo. Cada vez va aumentando hasta que la duración es lo que te es más cómodo.*

Había hablado con Suddí muchas veces mientras meditaba. A menudo se frotaba espontáneamente el centro de la frente con el pulgar derecho, como si se masajeara. Quise saber por qué esta zona específica, pues es aquí donde se ubica el chakra frontal o tercer ojo. Cuando lo hizo esta vez, decidí preguntarle al respecto. *«Es un hábito. Es un método de concentración. Es para enfocar la energía, tus pensamientos. Es un punto de energía.»*

Sus descripciones resultarían familiares para aquellos que han estudiado metafísica. El término «punto de energía» sería una buena definición para «chakra». Los chakras son fundamentalmente puntos energéticos ubicados en diversos lugares del cuerpo. Pueden estimularse mental o psíquicamente para ayudar a controlar la salud del cuerpo, y favorecer las habilidades y la conciencia psíquica. Según las enseñanzas modernas, están ubicados en siete partes del cuerpo:

1. Coronilla: en la parte superior de la cabeza donde supuestamente entra la energía en el cuerpo.
2. Frente o tercer ojo: situado en medio de la frente;
3. Garganta: situado en la parte delantera del cuello.
4. Corazón: situado en medio del pecho.
5. Plexo solar: situado en el centro del abdomen.
6. Bazo o sacro: situado justo por debajo del ombligo.
7. Raíz: situado cerca de los órganos sexuales, entre las piernas.

Se afirma que la energía entra por el chakra coronal y va energetizando cada uno de los chakras consecutivamente mientras recorre el cuerpo. Finalmente, el exceso se libera por los pies.

Dado que Suddí los había llamado puntos de energía en lugar de chakras, usé su terminología. Dijo que frotar ese punto durante la meditación ayudaba a estimularlo. A mí siempre me habían enseñado que había que pem1anecer sentado y muy quieto mientras se medita.

S: *Hay diferentes formas de meditación. La meditación es fundamentalmente sólo concentración. Ya sea que te concentres en un punto que está aquí (señalándose la frente) o ya sea que te concentres en un punto que está fuera de ti, de tu ser. La meditación es simplemente concentrar todos tus pensamientos y energías en un punto.*

Pregunté si había otros puntos energéticos en el cuerpo. Señaló, una tras otra, las diferentes ubicaciones convencionales de los chakras salvo que mencionó una más de las siete habituales. Indicó que había dos en la parte superior del pecho, una a cada lado. También indicó una en cada rodilla. Le pregunté por la otra que estaba en la zona del pecho.

S: *Un chakra está en el corazón y ahí hay otro punto de energía. No está abierto en todas las personas. Es uno que, en gran parte, se ha perdido. A veces está a un lado, depende de la persona. Así es el mío. También hay uno en la parte posterior de la cabeza, en la base. (Señaló la nuca, donde ésta conecta con la espina dorsal.) En gran medida, es peligroso estimularlo. Puede ocasionar muchos problemas. Pero está ahí, no obstante. Es importante dejarlo sin estimular. Es una fuerza demasiado potente. Sé de sólo i.1na persona que lo tiene abierto y estimulado, y es un gran constructor mental. Él es el maestro de los misterios. (¿Acaso se trataba del mismo hombre que podía canalizar la energía hacia el gran cristal y dirigirla?) Es demasiado abrumador para la mayoría de las personas.*

Le pregunté acerca del que hay en la parte superior de la cabeza, el chakra coronal.

S: *No es necesariamente un punto de ene1gía, sino donde*

entra la energía al cuerpo. Es como los pies; no son realmente puntos de energía, son también de donde sale.

Le pregunté si había puntos de energía que fueran más importantes que otros.

S: Todos tienen igual importancia. Depende del que quieras estimular, lo que decidas hacer con tu vida. Si deseas conocimiento, sería bueno estimular el de aquí (la frente). El de la garganta sería para diferentes problemas de salud, también relacionado con niveles y equilibrios de energía. El que está encima del corazón es para la energía pura que recorre el cuerpo. Y el otro (en la región del pecho) tiene que ver con la energía de tu otro ser y otros conocimientos. ¿Cómo puedo explicarlo ...? Tiene que ver con las energías donde controlas la capacidad de conocer cosas que son desconocidas para otros, simplemente conociéndolas. Tiene que ver con la comunicación mental. En la mayoría de personas se cerró para siempre.

Al parecer, tenía mucho que ver con la habilidad psíquica o intuitiva, pues la mayoría de las personas ha perdido la habilidad de usarlo. ¿Era éste el que estaba abierto en la época de los Kalú? (Véase capítulo 15).

S: (Señala la región del plexo solar.) Éste tiene que ver con la plenitud del ser. También es importante para el equilibrio. Tiene que ver con la conexión entre tu ser superior y tu cuerpo. Tiene mucho que ver con esta conexión, mantenerlo unido, la unidad. (Señaló los dos en la región abdominal, los chakras del bazo y de la raíz.) Estos tienen que ver con la virilidad o femineidad, dependiendo de la persona. Así, cada uno sería más fuerte. Si en una mujer tuvieras un centro masculino más fuerte, tendrías problemas emocionales. Por lo mismo, si tienes un centro femenino más fuerte en un hombre, tendrías grandes problemas para identificarte, como quién eres y cosas por el estilo.

¿Podría tratarse de una alusión a la homosexualidad, si estos chakras no funcionaban de la manera que funcionan en la mayoría de las personas? Pregunté acerca del método de estimulación de los demás chakras.

S: Existen diferentes métodos de estimulación que actúan sobre diferentes zonas. En algunos utilizas sólo el punto de enfoque interior rodeado de luz y sientes la energía

110

desde afuera atraída hacia dentro. Quizá sea la forma más fácil de hacerlo. Hay métodos más complicados, pero llevan años de estudio. Atraes la energía a través de la parte superior de la cabeza directamente hacia esa parte. Cuando empiezas a sentir un cosquilleo allí y sabes que la energía ha llegado, la diriges hacia afuera. Y entonces la canalizas un rato. Y la cierras en ambos extremos, liberándola a través de los pies.

D: ¿Es malo mantenerla activa y no liberarla?

S: *La sobreestimulación sí. Puede hacer mucho daño, si la persona no es capaz, emocional o físicamente, de manejar la energía. Se puede generar demasiada energía por una falta de cautela. Debes canalizarla hacia otras zonas.*

D: ¿Se puede pasar la energía a otra persona?

S: *¡Sí, claro! A menudo sirve para curar. Sólo tendrías que pensarla hacia esa persona, y entonces sería cuestión suya aceptarla o no. No es tu deber forzarla a nada. Es algo que se ofrece, es lo único que se puede hacer. Si no la acepta, se canaliza hacia otra persona o se libera por los pies. Tiene que ir a alguna parte.*

D: Has dicho que es peligroso seguir generándola. ¿Cómo podría esto afectar al cuerpo?

S: *Si no la liberas, podrías provocar que... Hacer que se te pare el corazón, o que muchas otras cosas dejen de funcionar. No es un juego, no es un juguete.*

D: ¿Entonces es peligroso cuando se enseña a hacerlo a los niños?

S: *No, porque un niño está más abierto a las sensaciones. Si empieza a sentir que es demasiada, el niño está dispuesto a pasarla. Son más receptivos a esto. De niño es más fácil aprender el control.*

D: Creo que ahora entiendo mejor estos puntos de energía. Mi maestro no me lo explicó tan bien como tú. En nuestra comunidad, a veces la gente toma ciertas cosas, como bebidas fuertes, o ingieren ciertas sustancias de plantas que los hace actuar de manera diferente. ¿Ocurre este tipo de cosas donde tú vives?

S: *Estás hablando de, quizá de cuando una persona bebe demasiado vino. Los de nuestra comunidad no beben en exceso. No se dice que no beban, porque es aceptable beber vino. Pero cualquier cosa en exceso es mala. Hacer esto nos priva de voluntad. Sustituyes tu propia voluntad por· la de otra* cosa o de otra *persona, y entonces es fácil que te controlen. Te cambia la circulación de la sangre, y también se altera la respiración. Así se permite entrar más o menos oxígeno, dependiendo de lo que se tome, y*

111

provoca resultados diferentes. Esto ocasiona mucho de eso que llamas «cambio de personalidad». Harán cosas en estos estados que no harían nunca estando en condiciones normales, en control.

D: ¿Es más fácil escuchar a Dios si te reúnes en grupo o entras en un edificio, como un templo o una sinagoga?

S: *Algunas personas necesitan una fuerza exterior añadida para decir: «Si, he escuchado a Dios». i tienes fe y crees, es igual de fácil acceder a ello solo, a veces más fácil, que compaltiendo con un grupo. Aunque hay quien necesita compartir de esta manera, para poder tener confianza en sí mismo para abrirse, para escuchar.*

D: ¿Crees que la gente *necesita* un templo o sinagoga?

S: *En absoluto. Los hay que si, porque su fe no es tan fuerte.*

D: ¿Los edificios tienden a acumular las vibraciones de las personas?

S: *Acumulan vibraciones positivas de la misma manera que un edificio puede acumular las negativas. Si es un lugar donde han sucedido muchas, muchas cosas malas, tendría negatividad. Si es un lugar donde había mucha felicidad y mucha alegría, también tendría esto. Los edificios pueden tener una fuerza de la que puede beneficiarse una persona. A veces tiene que ver con el lugar en que está instalado el edificio. Si es un punto donde hay una gran energía terrestre, puede ayudar a que uno se abra. Aunque también puede ser peligroso para aquellos que son demasiado sensibles, demasiado abiertos. Entonces hay que bloquearse contra eso.*

D: ¿Cómo se encuentra un lugar así?

S: *Debes ir con alguien que esté abierto a encontrarlos, y ellos podrán conducirte.*

D: Si quisieras construir una casa, ¿cómo sabrías el lugar idóneo para edificarla?

S: *Decidirías la zona donde la quieres y caminarías y encontrarías un punto. Si hubiera uno en la zona, te verías guiado a él. Si estás abierto, lo sabrás. Por dentro lo sentirás. Sentirás la energía que fluirá a través de ti. También podría ser una sensación de paz y contento.*

D: ¿Has oído hablar alguna vez de las pirámides?

S: *Sí, están en Egipto. Es una estructura que se ha construido, donde hay un lado que es así. (Katie movió las manos, juntando los dedos como la punta de un triángulo.) Y cada lado se alza así, y tiene cuatro lados y se alza hasta una punta. Tiene que ser de una determinada altura por un determinado ancho. No tanto que tienen que ser iguales de*

112

medida, uno del mismo tamaño que el otro, sino que la distancia espacial -si entiendes lo que intento decir- debe ser igual en los cuatro lados. Y la base tiene... la ecuación tiene que ser siempre igual.

D: ¿Qué finalidad tienen?

S: *Concentrar el poder es parte de su depósito de conocimientos. La ecuación también habla de las distancias de la tierra y de los planetas y de los soles. Hay muchas nociones que no entiendo. (Enfatizó mucho que no eran sepulturas para los reyes.) ¡Alguien mintió! Quizá sea una gran mentira para ocultar el conocimiento de aquellos que no deberían tenerlo. Son depósitos de conocimientos. El conocimiento es las pirámides mismas. Hay otros depósitos que tienen los rollos de pergamino que están en otra parte. Pero este conocimiento está en las mismas pirámides. En la manera en que están construidas y en su matemática.*

Puesto que Suddí estaba bien familiarizado con Moisés y sus enseñanzas, le pregunté si las pirámides existían durante la época de Moisés.

S: *Se dice que allí están sus comienzos. Esto no lo sé. Para mí, creo que han estado aquí mucho más tiempo que cualquier pequeño reino de Egipto. El conocimiento es mucho mayor que el de cualquier faraón del que hayas oído hablar.*

D: ¿Sabes cómo fueron construidas?

S: *Tengo muchas ideas diferentes. He oído que usaron el trabajo de esclavos, Lo que parece imposible. No se podría alimentar a la gente que haría falta para construir en esta zona. He oído que fueron construidas ahí mismo. Que se colocaron las formas y se Llenaron de tierra y que entonces se endurecieron y que se quitaron las formas. Es posible, pero eso lleva mucho tiempo. También he oído que usaron la música para levantarlas. Sé que es posible usar música para Levantar cosas. Pero la escala de esto es mucho mayor de lo que se ha intentado, que yo sepa. Así que no sé. Creo que quizá un poco de las tres.*

Por lo visto, era un misterio incluso en su época. Yo nunca había oído la idea de usar la música de esta manera. ¿Podía haber alguna relación con el uso del sonido como forma de proteger Qumran? Suddí había ofrecido una visión distinta de las pirámides, pero ninguna respuesta concreta. Pensé que seguramente correspondería a personas singulares descifrar el conocimiento que albergaban las pirámides.

S: Se necesitan muchos años para poder entenderlas un poco. Hay quienes tienen este conocimiento e intentan transmitirlo.
D: ¿Sabes quién puso ahí el conocimiento en un principio?
S: Se dice, en esto también, que los que construyeron las pirámides fueron los de Ur.

Harriet había hecho una lista de varios términos y nombres que recordaba de libros que había leído. En realidad no era más que una mezcla de cosas tomadas de aquí y allá. Ella le preguntó a Suddí si había oído hablar de la Esfinge, y él dijo que era el guardián del conocimiento. Harriet preguntó: «¿Ha oído hablar alguna vez del arca de Amón?». Suddí hizo algunos comentarios bruscos, como interrogantes, pero no hablaba en inglés. A continuación, corrigió la pronunciación de Harriet y respondió: «*S es el símbolo de la vida*». Cuando ella le pidió una explicación, él se molestó. «*Lo preguntas como si no tuvieras ningún conocimiento. Pero en cambio me haces preguntas que indican conocimiento. ¿Por qué?*» «Tengo curiosidad por saber cómo está simbolizada entre vuestra gente. ¿Tenéis un símbolo para ello?» Sonó como si dijera «*El arca*». Le pedí que lo repitiera, y de nuevo sonó así, aunque no sé qué significa.

Harriet: ¿Tenéis algo en vuestros escritos sobre Orus?

S: Sí. Él es quien, entre· los egipcios, fue el primero de los dioses en caminar sobre la faz de la tierra cuando era nueva. Se dice que él... mmm, ¿cómo lo digo esto... ?, que se emparejó con las mujeres de la tierra, y que esto fue el comienzo de Egipto.
D: ¿Esto fue antes del tiempo de los viajes de los Kalú?
S: Esto es algo que sale de las profundidades del tiempo infinito. No hay manera de saber cuándo fue. Fue antes de que se midiera el tiempo.

114

10 - El primer viaje de Suddí al mundo exterior

Suddí nació y se crió dentro de la muralla de Qumran, una comunidad aislada en los acantilados de las salinas que rodean el mar Muerto. Yo sabía que no había estado encerrado ahí toda su vida, porque en nuestro primer encuentro él iba de camino a visitar a sus primos en Nazaret. Tenía curiosidad por conocer su experiencia al abandonar la comunidad. Qué impresión había recibido del mundo exterior y qué había pensado de la manera en que vivían otras personas. Así que lo llevé a aquella época para averiguarlo. Él tenía diecisiete años y hacía los preparativos para ir con una caravana hasta Nazaret. Nunca había viajado a otros lugares: Qumran era codo lo que conocía. Me habría gustado que quizá fuera a una ciudad más grande, como Jerusalén que en realidad estaba más cerca de Qumran. Pero puesto que yo tampoco tenía ningún conocimiento sobre Nazaret, pensé que sería interesante hacerle preguntas acerca del lugar donde la Biblia dice que Jesús pasó la mayor parte de sus primeros años. La caravana era de las que se detenían frecuentemente junto al mar para recoger sal.

S: *Es todo tan diferente de cualquier cosa a la que estoy, acostumbrado... La caravana es muy lal·ga, hay unos veinte camellos y todos hacen mucho ruido y gritan. Y todo ocurre a la vez. Estoy un poco nervioso, pero también ilusionado.*
D: ¿Qué llevas para el viaje?

S: Algunas cosas. Tengo que llevar una bolsa con algo de ropa y un poco de comida.

Antes había dicho que cuando alguien salía de la comunidad estaba obligado a vestir de manera diferente para que nadie lo reconociera. Los otros habitantes de la región no llevaban túnicas blancas.

S: Llevo e l... (palabra extranjera que sonaba como «shardom») y el albornoz de los árabes. (Un albornoz es una capa larga con capucha.) Protege del calor del sol, así que no estará tan mal. Un albornoz se parece bastante a una túnica, pero es extraño tener algo suelto sobre la cabeza. Pero no es malo, es interesante. Esto es como una gran aventura, es algo nuevo y emocionante.

Suddí viajaría solo. Iba a conocer a *«gente de mi familia»*, a sus primos, a los que aún no conocía. Llevaban muchos años viviendo en Nazaret. Tenía la intención de quedarse allí varias semanas, *«para aprender cómo es vivir en el exterior»*. Lo recibirían en la plaza donde se detendría la caravana para vender la sal. Hice que avanzara hasta el final del viaje, cuando ya estaba en Nazaret. Quería conocer sus primeras impresiones. Me pareció un poco desilusionado. *«Es muy pequeño.»* *«¿Has disfrutado del viaje?»* *«Menos la dureza de montar a camello, sí. Ha sido una experiencia interesante. Los camellos son conocidos por el capricho de su genio, pero ha sido divertido.»*
El viaje había durado un par de días y sólo se habían detenido en alg u nos pozos por el camino, pero no en otros pueblos. Me acordaba de alg u nos nombres de lugares que figuran en la Biblia. Decidí mencionarlos para ver si Suddí sabía dónde estaban. *«¿Sabes dónde esta Cafarnaúm?»* *«Ah, déjame pensar... En la orilla norte del mar de Galilea. No estoy seguro de dónde.»* Cuando posteriormente miré el mapa que había en mi Biblia, no me sorprendió mucho comprobar una vez más la extraordinaria exactitud de Katie. A estas alturas,

116

ya podía dar por sentados sus conocimientos. A veces me preguntaba por qué me molestaba en seguir verificando la información, salvo para satisfacer mi amor por la investigación.

D: ¿El mar de Galilea está cerca de Nazaret?

S: *Está a un viaje.*

D: ¿Sabes dónde está la ciudad de Jericó?

S: *Al norte de la comunidad.*

D: ¿Alguna vez has oído hablar del río Jordán?

S: *Sí, es el río que fluye hacia el mar de la Muerte.*

D: Durante el viaje, ¿ibais en esa dirección?

S: *No. Pasamos por montes y montañas.*

D: ¿Y Masada? ¿Alguna vez has oído hablar de esa ciudad?

S: *Está al sur. No es una ciudad, es una fortaleza. Hubo una época, cuando Israel era más fuerte, en que fue un baluarte de protección. Ahora está abandonada, según tengo entendido.*

D: ¿El paisaje alrededor de Nazaret tiene el mismo aspecto que la tierra alrededor de Qumran?

S: *No, aquí es más verde. En las afueras de la ciudad, en los montes, crecen árboles, hay cultivos. Quizá haya más montes y montañas alrededor de Qumran. Alrededor del mar de la Muerte no está muy verde. Ahí sólo hay maleza y poco más. Aquí hay frutales que crecen en los montes. Pero Nazaret es sólo un pueblo pequeño. (De nuevo me pareció decepcionado.)*

D: ¿Es tan grande como la comunidad?

S: *Quizá no. Es difícil calcularlo. Déjame pensar. La extensión de tierra que ocupa es quizá la misma, pero no hay ni mucho menos la misma cantidad de gente ni la misma cantidad de construcciones.*

Esto parecía otro indicio de que Qumran era mayor que el área excavada por los arqueólogos, porque quizá Suddí incluía la zona de viviendas y el observatorio en su estimación.

D: Yo pensaba que Nazaret era un lugar grande.

S: *¿Quién puede haberte dicho eso? Nazaret es sólo una...*
mota. No es nada.

D: ¿Qué a pecto tiene Nazaret cuando vas llegando desde
una distancia?

S: *Polvoriento. Muy polvoriento.*

D: Quiero decir, ¿hay alguna muralla alrededor de la ciudad
o algo por el estilo?

S: *No, es un pueblo abierto. No es... no se podría decir que es
una ciudad. Es insignificante.*

Su decepción era muy evidente. Él creía estar embarcado en
una gran aventura, y por lo visto, Nazaret era una desilusión.
Supongo que Suddí esperaba algo de mayor grandeza.

Suddí había dicho que las construcciones de Qumran
estaban hechas de algún tipo de ladrillo. Las construcciones de
Nazaret no eran así.

S: *Son cuadradas con quizá una o dos plantas en su mayoría,
con la abertura en el tejado para dormir bajo las estrellas
si quieres. Son muy diferentes de Qumran porque dan la
impresión de ser... así y asá. Son todas diferentes, no hay la
misma igualdad en todo. Aquí es como si algún niño
tuviera los materiales para hacer las casas y las
amontonase así y asá. Ésta sería la impresión que
recibirías. Esto es lo que es diferente. Son cuadradas, pero
no pegan. Es como si no encajaran una con otra.*

En Qumran, todos los edificios estaban conectados y debían
presentar un aspecto mucho más ordenado. Le pregunté si las
construcciones tenían patios individuales rodeados de paredes
que las separaran unas de otras.

S: *Claro que esto depende del dinero que tenga el individuo.
Si hay mucho dinero, tienen un patio interior. Si son muy
pobres, no lo tienen. No podrían costear el terreno
adicional que ocupa el patio. Necesitarían tenerlo dentro
de la casa, o más espacio, o lo que sea.*

D: ¿Hay alguna construcción grande en Nazaret?

S: Nada es grande en Nazaret.

D: ¿Se ve de dónde viene el suministro de agua?

S: Es una fuente. En realidad es una abertura redonda que sale de una pared. Un tipo de pared de la que sale el agua. No estoy seguro de que sea un manantial lo que fluye o qué. El agua es constante, parece. Hay un ... (dificultad para encontrar la palabra) abrevadero que está delante, para que puedan poner los cántaros, para sacar el agua. No estoy seguro de adónde va el agua. Debe de haber un conducto hacia otra parte. Aquí no hay desbordamientos por lo que yo puedo ver. O es eso, o es que la usan toda. Pero sale a tal velocidad que debe de ir a alguna parte.

Mis investigaciones han revelado que hoy Nazaret sigue siendo un pueblo pequeño. Las ruinas del viejo Nazaret se encuentran arriba en el monte, apartadas del Nazaret moderno. En *The Bible as History,* de Werner Keller, el autor compara ambos lugares, Qumran y Nazaret. «Nazaret, como Jerusalén, está rodeada de montes. Pero qué diferente es el estilo de los dos parajes, qué desiguales son en apariencia y ambiente. Hay un aire de amenaza o tenebrosidad en las montañas de Judea (la zona de Qumran). Tranquilos y encantadores, en contraste, son los suaves cerros de los alrededores de Nazaret. Huertas y campos rodean la pequeña aldea, con sus campesinos y artesanos. Los frutales de datileras, higueras y granados cubren los montes colindantes de un verde amable. Los campos están llenos de trigo y cebada, las viñas dan su delicioso fruto, y en todas las carreteras y caminos crecen abundantes flores de exquisitos colores.» El señor Keller dice que había una vía militar romana que bajaba del norte y una ruta de caravanas un poco más al sur. También pueden verse los antiguos caminos de caravanas cerca de Qumran.

Keller escribe, asimismo, sobre Ain Maryam, «el pozo de María», en Nazaret. Es un pozo que está situado al pie de un monte y que se alimenta de un pequeño manantial. Hoy las mujeres sacan agua en cántaros igual que en los tiempos de Jesús. El autor dice que esta fuente se ha llamado «el pozo de María» desde tiempos inmemoriales y constituye el *único* suministro de agua en muchos kilómetros a la redonda. En la actualidad ya no está al aire libre, sino que se encuentra en el interior de la iglesia de San Gabriel, del siglo XVIII.

Nótense las asombrosas similitudes entre estas descripciones y las que dio Suddí.

D: ¿Se ve un mercado?

S: *(Impaciente.) Estamos* en *el mercado. Aquí está la plaza, la fuente, está todo. ¿Acaso no lo ves? ¡ Es esto!*

D: (Me reí.) Bueno, yo creía que era una ciudad más grande y que el mercado estaba en otra parte.

S: *No sé quién te ha hablado de Nazaret, pero creo que me estás tomando el pelo.*

D: De acuerdo, ten paciencia conmigo. ¿Es muy bullicioso el mercado?

S: *Si para ti es bullicioso unas cuantas cabras y niños pequeños corriendo de un lado a otro, y unas mujeres charlando en una esquina, quizá. Pero yo creo que no. Aunque es mediodía y la mayoría se han ido a casa a hacer la siesta o a comer. Hace demasiado calor para estar aquí afuera haciendo cualquier cosa.*

Quise saber si la gente tenía alguna manera de protegerse del sol mientras vendía sus productos en el mercado.

S: *Si eres rico, tienes como una lona de una tienda. Se la ponen por encima y la clavan con estacas, para que les cubra la cabeza. Pero los pobres, no.*

D: ¿Ha llegado ya tu primo?

S: *No, pronto llegará. Espero que sea pronto, porque tengo mucha hambre. Todavía me queda algo de comida que traje para el viaje. Pero preferiría un buen plato.*

D: ¿Llevas dinero?

S: *Tengo unos cuantos sheqels que me dio mi padre en una bolsa alrededor del cinturón.*

D: Me dijiste que no usáis dinero en Qumran.

S: *No hay necesidad. ¿Qué comprarías ahí? Nadie vende nada.*

D: ¿Qué aspecto tiene el dinero?

S: *Este que tengo yo es redondo y está hecho de plata. Tiene un agujero en la parte de arriba, para pasarle un cordel de cuero en el bolso, para que no se pierda.*

No todas las monedas tenían un agujero. Suddí pensaba que alguien les habría hecho los agujeros. Es probable que no se hicieran así originalmente. Cuando le pregunté si llevaban algún dibujo, esperaba que me dijera algo que pudiera verificar posteriormente.

S: *Algunas, sí. En algunas, es difícil saber lo que había antes. Hay una que tiene un pájaro que vuela de lado, y creo que la cara de un hombre en la otra. No estoy muy seguro, está muy gastada. Y también las demás, no consigo verlo. Es sólo un relieve rasposo en las monedas, como si antes hubiera algo y estuviera gastado.*

D: ¿Sabes dónde consiguió las monedas tu padre?

S: *No tengo manera de saberlo. No se lo pregunté, él no me lo dijo. Me dijo que las usara sabiamente. Y que las protegiera bien, porque la gente es capaz de matar por menos.*

D: Sí, si alguna gente las viera, pensarían que eres rico.

S: *A mí no me confundirían con un hombre rico.*

D: Bueno, ¿y cuál es tu primera impresión del mundo exterior?

S: *Creo que estaría mejor en casa.*

D: ¿Ves a la gente diferente?

S: *La gente es igual. Quizá sean un poco más cerrados en su existencia. No arriesgan nada de la supervivencia cotidiana.*

D: ¿Y los soldados? ¿Los hay por ahí?

S: *¿Por qué tendría que haber soldados aquí? No hay ninguna guarnición. Si aquí hubiera una guarnición,* *habría soldados. No hay un lugar para que vivan. No estamos en guerra con los romanos. Ellos saben que han capturado al pueblo de la nación. No están preocupados: Tienen guarniciones en otros lugares, pero ¿por qué iban a querer una aquí? Aquí no hay nada. Están estacionados en las ciudades más grandes, y en lugares donde puede haber problemas. ¿A quién se le ocurriría venir aquí a crear problemas?*

D: ¿Has visto en alguna ocasión soldados romanos?

S: Vimos algunos hace un día, por el camino; nos pasaron corriendo a caballo.

D: ¿Qué te parecieron?

S: No tuve ocasión de conocerlos, así que no puedo juzgarlos. Tenían cascos y espadas brillantes. Iban vestidos de cuero, me pareció que tendrían calor.

Era evidente que Suddí se estaba impacientando por la tardanza de sus primos. Dijo que tenían un hijo más o menos de su edad.

D: Quizá tengas un amigo mientras estás aquí.

S: Quizá. Ya veremos.

D: ¿Tendrás que trabajar mientras estés aquí?

S: ¡Pues claro! Para comer tienes que trabajar. Esto es así. ¿Cómo no?

Decidí no esperar más, así que lo avancé en el tiempo hasta que se encontraba en casa de su primo. Su decepción ante Nazaret desapareció cuando lo recibieron en casa de su primo, en los montes a pocos kilómetros de Nazaret. Parecía estar a gusto. No era una casa grande.

S: Es quizá de tamaño medio, tiene varias habitaciones, pero es la sensación de espacio, de estar todo muy abierto... Está arriba en los montes. Es una sensación de libertad. No hay nadie aquí diciéndote siempre que debes hacer las cosas de esta manera o de aquella otra. Y la sensación de aprender sobre uno mismo y depender de uno mismo y no de los otros, esto es muy bueno. En Qumran siempre había otra persona cerca.

Suddí se había sentido como en su casa desde el momento en que vio a sus primos. Se reconocieron en seguida; era como si fueran viejos amigos. La familia incluía a Sahad, su esposa Thresmant y su hijo Siv. Sus primos se ganaban la vida cultivando un viñedo, intercambiando o vendiendo uvas y aceitunas por fruta y diversos objetos. Guardaban lo que necesitaban y producían vino suficiente para la familia. Criaban algunas ovejas, por la lana. Trabajaba para ellos un hombre que los ayudaba con las viñas.

Por lo general, Suddí dormía arriba, en el tejado, porque era mucho más fresco y más silencioso estar afuera. Le gustaba dormirse mirando las estrellas. Su cama era un lecho de maleza con unas cuantas mantas echadas por encima. Había de sobra para comer y tuvo ocasión de conocer algunos alimentos nuevos que nunca había probado antes. No estaba acostumbrado a un tipo de vegetal en concreto, la col.

S: *Tienen higos. Tienen arroz. Pero es algo diferente a lo que estoy acostumbrado. No estoy seguro de que me guste tanto como el mijo o la cebada.*

D: ¿Te han encontrado algún trabajo?

S: *Les ayudo con las distintas tareas que se hacen durante el día. Ya sea cosas en la casa o afuera, en los campos. Nos arreglamos.*

D: ¿Entonces no añoras demasiado Qumran?

S: *Estoy disfrutando de mi tiempo fuera de allí. Aquí estudio, aunque de manera diferente, no con rollos de pergamino.*

Tenía intención de quedarse dos meses en total. Parecía una decisión sabia para el primer viaje de un joven fuera de la comunidad. Nazaret era un lugar pequeño y tranquilo. Quizá habría sido demasiado impactante para él ir a un lugar como Jerusalén. Para una persona criada en un entorno tan protegido, habría sido un brusco despenar.

D: ¿Cómo calculas los *meses?*

S: *Los días se van tachando en los calendarios. Tienen las diferentes fases de la Luna, y al pasar un día, se tacha. De esta manera sabemos cuándo entramos de un mes al siguiente, con las fases de la Luna.*

Los calendarios estaban hechos en tablas de arcilla. Había doce meses que simbolizaban las doce tribus de Israel, y cada mes estaba compuesto de veintinueve días porque éste era el ciclo de la luna. Intenté que me dijera algunos de *los* nombres de los meses. Él acabó por confundirse y tuvo dificultad. Dijo unas seis palabras diferentes que no estaban en inglés, pero no puedo transcribirlas.

S: *Sé que hay doce. No sé cómo que los cuentan (los meses). Es parte del trabajo cotidiano del rabino. Ellos nos indican cuándo son los días santos.*

Mi investigación reveló que una vez más Suddí estaba en lo cierto. Las festividades eran declaradas por el Sanedrín en Jerusalén, y se enviaban mensajeros para anunciárselas a los rabinos. El mes se basaba en las fases de la luna, que completa su ciclo aproximadamente cada 29 días y medio, tomándose la luna nueva como el día veintinueve. En aquellos primeros tiempos, los meses no tenían nombres sino números: el primer mes, el segundo mes, etc.

Suddí entendía la palabra «semana», que iba de un sábado al siguiente y se componía de siete días. De nuevo manifestó su confusión cuando le pregunté por los nombres de los días. No entendía a qué me refería. Sabían cuándo había llegado el sábado porque iban tachando los días uno tras otro.

Me sorprendió descubrir que incluso hoy los días no tienen nombres en el calendario hebreo. Tienen números: el domingo es el primer día, el lunes es el segundo, etc. Sólo el sábado tiene nombre, aunque a veces se le llama el séptimo día. Como protestantes estadounidenses, es algo que no habíamos sospechado nunca. ¡Estamos tan acostumbrados a que lo días y los me es tengan nombre! Esto era otro ejemplo de la extraordinaria precisión de Katie. Ahondé un poco más en esta misma línea. «¿Sabes qué es una hora?»

S: Es de un nudo a otro en un reloj de cuerda. Hay relojes de cuerda que se encienden, y cuando se quema de un nudo al siguiente, ha pasado una hora. (Me pareció tan raro, que le pedí que me hiciera una descripción más exacta.) Es una cosa que está intacta y está hecha de una cuerda muy grande. (Moviendo las manos, Katie me indicó un grosor o diámetro de más o menos ocho centímetros.) También hay velas con marcas. Cuando se ha quemado tanto, ha pasado una hora.

D: Estos relojes de cuerda, ¿están en las casas?

S: Hay gente que se puede permitir el lujo de tener casas con relojes. A veces, hay sólo uno en todo el pueblo, y ahí saben siempre qué hora es. Algunos pueblos ni siquiera tienen eso. Algunos saben la hora del día simplemente por la altura del sol.

Éste era su primer viaje de visita a sus primos en Nazaret, pero volvería muchas veces a lo largo de su vida. En otras ocasiones no viajaba con la caravana, sino que caminaba con un burro que le llevaba la comida, el agua y la tienda. El viaje duraba al menos dos días, y Suddí dormía al aire libre dos noches. Una vez le pregunté si no sería más fácil monear en el burro. *Él* respondió: *«Probablemente, pero entonces tendríamos que tener dos para llevar la carga, así que camino. Me canso, pero es bueno para el alma continuar».*

Esto se convirtió en su lugar preferido de visita cuando no estaba enseñando o estudiando. Cuando estaba con sus primos, solía subir a los montes para meditar, comulgar. Según dijo: *«Intento sintonizar con el universo. Medito sobre mi vida. Profundizo en mí mismo y estudio lo que soy».*

Era un lugar tranquilo y a él le encantaba. Más adelante en su vida, cuando envejeció y enfermó tanto que ya no podía hacer el viaje de ida y vuelta, se quedó de manera permanente en la casa cobijada en los montes más arriba de Nazaret. Y fue en ese apacible lugar donde finalmente murió.

11 - Sarah, hermana de Suddí

En Qumran, por lo general, los forasteros eran contadísimos.

D: ¿Y la gente que vaga por el desierto? ¿Se les permite entrar y quedarse un tiempo?
S: *En la parte central, no, a menos que los confirmaran los decanos. Se les daría comida y alimento y ropa para que siguieran su camino.*

Esto explica en parte su reticencia a hablar conmigo de las cosas que guardaban en secreto: para él yo era una forastera. Con codo lo que habíamos trabajado juntos, todavía resultaba muy difícil traspasar esta defensa natural intrínseca.

La mayoría de las personas del exterior venían porque querían estudiar. Eran los que llevaban la cinta roja. No era fácil ser estudiante en Qumran. Los decanos tenían que conocer las razones de los postulantes, y éstos tenían que aprobar un examen. *«No habiendo pasado por este camino»*, Suddí no tenía manera de saber en qué consistía el examen. La mayoría de los estudiantes habían nacido ahí, como era el caso de Suddí y su hermana, Sarah. Sarah ya no se encontraba en Qumran. Vivía en Bethesda, una población en los aledaños de Jerusalén. Me sorprendió que se le permitiera abandonar la comunidad para vivir en otra parte.

S: *¡Por supuesto! ¡Esto no es ninguna prisión! Era su deseo. No era el camino que debía seguir en este momento. Tiene otra vida que llevar. Conoció a un estudiante aquí que... decidieron que querían estar* *juntos, y se casaron y se marcharon.*

D: ¿Entonces hay gente que no vive coda la vida en la comunidad?

S: Hay muchas personas en el mundo. Claro, no todos los que nacen aquí desean quedarse aquí. Y algunos que no han nacido aquí, desean venir: Es una situación de toma y daca. Él era un estudiante. Uno de los que no era de los nuestros, sino que estaba aquí sólo para aprender sobre nosotros y nuestras creencias, y participar de nuestros conocimientos. Era uno de los estudiantes de fuera. Creía en algunas de nuestras disciplinas y enseñanzas, pero no era de los nuestros. Su padre deseaba que aprendiera con nosotros, y por eso lo enviaron, por la experiencia.

Era de los que llevaban la cinta roja. Quizá tuviera que pagar algo por la experiencia, pero Suddí no lo sabía con certeza. Se quedó ahí cinco años antes de que él y Sarah se casaran y se marcharan a vivir a Bethesda. Un estudiante podía terminar su programa de estudios en cinco años, pero normalmente se tardaba algo más que eso. Dependía del estudiante, de su deseo de aprender y su habilidad para asimilar los conceptos. Pregunté qué tipo de trabajo que hacía el esposo de Sarah en Bethesda. *«No hace nada. Es rico.»*

Tuve la impresión de que Suddí añoraba a su hermana y que estaba resentido porque se había ido a vivir tan lejos. Su tono de voz sugería que no le gustaba hablar de ello.

S: Su familia es acaudalada, y son miembros del Sanedrín (fonéticamente: «Sanadrín»). Es Lo mismo que el Senado romano para Israel.

D: Me has dicho que a tu geme no se le permite tener muchas posesiones materiales. Cuando llega alguien, un estudiante de afuera como él, y son ricos, ¿se les permite conservar sus bienes?

S: Depende de si desean adoptar esto como su forma de vida. Algunos quieren venir y sólo aprender y luego marcharse. Otros quieren venir y ser aceptados comoparte, entonces tienen que dar sus bienes a la comunidad. Pero es su elección. Si fueran a convertirse en miembros, permanecer aquí, entonces sí, se repartiría entre toda la gente, para que todos recibieran lo que se considera necesario. Si no, sigue siendo suyo. Puesto que él no pretendía quedarse, no se le exigió que renunciara a lo que era suyo. No se convirtió en miembro. Todo se guarda en un almacén y si tenemos alguna necesidad, lo haces saber, y si se ve que realmente lo necesitas, se te da con qué comprarlo. Las necesidades se satisfacen con lo que pertenece a todos.

Al parecer, de aquí había salido el dinero que Suddí llevó consigo en su primer viaje a Nazaret.

D: ¿Alguna vez se han devuelto al propietario los bienes o el dinero?

S: *Nunca he oído que se haya hecho. La decisión de quedarse es larga de tomar. Y mucha reflexión sobre si se los acepta o no como miembros y sobre su propia decisión. Pero nunca he sabido de nadie que, después de convertirse en miembro, haya deseado marcharse. La decisión de quedarse no se toma a la ligera ni con rapidez. Sólo se hace tras mucha reflexión y pidiendo orientación, meditando mucho. Todas las decisiones que se toman, donde quiera que sean tomadas... No siempre se requiere tiempo para tomar buenas decisiones, es sólo que alguna gente es diferente. Pero les damos la oportunidad de decidir por sí mismos. No es siempre cuestión de mucho tiempo, sino que se lleva a cabo al menos una extensa interiorización antes de que la decisión sea firme. Varía de una persona a otra. Hay quienes saben en seguida que esto es lo que desean para el resto de sus vidas. Es como si hubieran nacido entre nosotros. Para otros, la aceptación tarda más.*

D: ¿Y los que nunca llegan a ser maestros?

S: *Hay mucho trabajo que hacer para los que no son maestros. El propósito (pronunciación extraña) de las cosas simplemente las cosas cotidianas que hay que hacer. Hay mucho trabajo que hacer. Llegar a ser maestro no es el camino de todos.*

D: Si un hombre o una mujer se casan y viven en la comunidad y tienen hijos, ¿se espera de los hijos que permanezcan ahí?

S: *También tienen la posibilidad de elegir, como hizo mi hermana. Fue decisión de ella, que prefería ir con el hombre que amaba, compartir la vida con él. Fue su elección, y los hombres y las mujeres tienen la misma posibilidad de elegir, si desean permanecer o no. La decisión no suele tomarse antes del Barmitzvah o Botmitzvah, pero a veces lo saben con muchos años de antelación, que esto es lo que no les gustaría hacer. Y encuentran otra cosa. Hay muchos senderos en el mismo camino. Todos acaban por unirse.*

Yo no sabía nada de las costumbres judías, así que no capté en seguida el sentido de este pasaje. Luego supe que el *Bar*mitzvah es la ceremonia en que los varones acceden a la edad viril, ya que «Bar» significa «hijo». «Bot» significa «hija». El *Bot*mitzvah es un rito bastante reciente para las niñas, que fue instituido principalmente gracias al movimiento de liberación de las mujeres. Un rabino me contó que este rito no debía permitirse porque, «¿cómo iba una niña a acceder a la edad viril?». Mi impresión es que aunque el Botmitzvah sólo se ha practicado recientemente, esto no significa que los esenios, más liberales, no lo celebraran durante su estancia en Qumran. Ellos creían en la igualdad de las mujeres. Las mujeres podían enseñar y desempeñar cualquier cargo para el que estuvieran preparadas. Es significativo que Suddí mencionara ambos ritos. Tal vez fuera representativo de que tanto un sexo como el otro accedía a la *edad adulta.*

Yo tenía curiosidad de saber por qué Suddí nunca se había casado. Había dicho anteriormente que las cartas de nacimiento tenían que coincidir para que una pareja pudiera casarse. ¿Era ésta, tal vez, la razón? ¿No había nadie cuya carta se considerara compatible con la suya?

130

S: No lo deseaba... bueno, no es que no lo deseara. No me casé porque no era mi camino esta vez. (Suspira.) La persona con quien habría coincidido nació siendo hermana mía.

D: (Esto fue una sorpresa.) ¿No había nadie más con quien casarte?

Suddí se mostró impaciente; no quería hablar de ello conmigo.

S: Podría haberme casado, pero, repito, no era mi camino. Cuando decidí cuál sería mi camino, se discutió y se decidió que esta vez yo debía ser maestro.

Pensé que investigar la ubicación de Bethesda sería un asunto sencillo, porque es un nombre asociado con la Biblia. Hay ciudades en Estados Unidos que llevan este nombre en homenaje a la originaria, siendo la más de famosa de ella Bethesda, Maryland. Pero cuando nos guiamos por suposiciones, a menudo encontramos que son erróneas si investigamos un poco más a fondo. Bethesda sólo se menciona una vez en la Biblia Qu 5,2), y se describe como un estanque cerca de Jerusalén. Suddí se refirió a Bethesda como si fuera un lugar, una ciudad. Yo me inclino a pensar que era así, porque averigüé que el prefijo «Beth» delante de un nombre significa «casa de», como Bethlehem (casa del pan), que en castellano es Belén, Bethany (ca a de los higos), y Bethesda, que se traduce «casa de la misericordia».

En ningún lugar el prefijo iba asociado al agua salvo en este caso. Mi investigación de la Biblia indica que el estanque estaba situado fuera de las antiguas murallas de Jerusalén y dentro de las murallas actuales. Es una zona conocida como Bezetha y Bethzatha en distintos libros y mapas, y parece haber sido un lugar semejante a un suburbio de Jerusalén. Yo creo, a partir de nuestra historia, que es probable que fueran el mismo lugar, sobre todo porque a menudo la difícil pronunciación de Suddí dificultaba una transcripción exacta. Tenía que estar cerca de Jerusalén, porque decía que su hermana, Sarah, había entrado a formar parte, por matrimonio, de una familia cuyo padre era miembro del Sanedrín y este consejo supremo de los judíos estaba ubicado en Jerusalén. Desempeñó un papel destacado en el juicio contra Jesús y su consiguiente crucifixión.

12 - Una visita a Bethesda

Durante una de las sesiones, nos encontramos con Suddí cuando era un hombre mayor. Viajaba a Bethesda para ver a su hermana, Sarah. Ella ya tenía dos hijos, un niño, Amare, y una niña, Zarah. En esta ocasión, Suddí montaba el burro. Por lo visto, ya era demasiado viejo para caminar las largas distancias que recorría antes. Estaba decidido a hacer este viaje a pesar de que era evidente que le resultaría agotador.

S: *(Tristemente.) Ella tiene necesidad de... verme. Es para decirme adiós. (Repitió solemnemente.) Es para decirme adiós, porque pronto ella... hará el viaje que todos debemos hacer.*

Yo estaba un poco confundida. ¿Se refería a que su hermana iba a morir? ¿Estaba enferma? «*No. Ella sólo tiene el deseo de irse.*» Me pareció evidente que se refería a la muerte, y no a un viaje real. Por lo visto, Suddí había recibido esta desagradable noticia psíquicamente, y quería verla una vez más. Parecía muy triste aunque se había resignado a ello.

D: ¿Tiene algún temor?
S: *No. ¿Por qué tendría que haber temor? Sólo tiene el deseo de decir adiós. Simplemente, sabemos que la seguiremos. La muerte no debe temerse. Es una tontería. No es más que un abrir y cerrar de ojos, y entonces es como si nada hubiera ocurrido. Estás fuera del cuerpo físico. Es como la proyección de uno mismo. (¿Proyección astral?) Te encuentras igual que eras, pero de alguna manera, sutilmente diferente. Pero hay mucha similitud. Es sólo*

un paso más.

D: Muchas personas lo temen porque tienen miedo de lo desconocido.

S: *¿No es más desconocido lo que te sucederá dentro de un par de días? ¿Y lo que ocurrirá, si hubieras escuchado lo que han dicho los profetas y los hombres sabios?* Sabrás *lo que sucederá en cuanto pases por esa puerta.*

D: ¿En vuestros escritos hay algo que indique lo que cabe esperar cuando abandonemos el cuerpo físico?

S: *Hay muchas cosas en nuestros escritos, sí. Se habla de la sensación de paz suprema que desciende sobre uno. Cuando te miras y te das cuenta de que has cruzado el umbral. Que ya no eres uno con lo físico y que eres un ser que vuelve a ser enteramente lo que se diría un alma, o un espíritu. Hay personas que se confunden (después de morir). Serían recibidos por alguien que quizá les ayudaría a preparar los caminos que deben recorrer. Y todos aquellos que están ahí para ayudar, desean lo mejor para ti. No hay nada que temer, pues nada puede hacerte daño.*

D: ¿Esto se encuentra en la Torá?

S: *No, se encuentra en los escritos de los sabios, los Kalú.*

D: En algunos de nuestros libros y textos, se habla de lugares donde se va después de cruzar al otro lado, que son muy malos y aterradores.

S: *Entonces es algo que esta persona pensaba que vería al morir. Porque no hay nada ahí salvo lo que uno mismo ha creado. Y lo que uno cree, así será. Pues los pensamientos y las creencias son muy fuertes.*

D: ¿Y qué pasa si alguien muere de repente de manera espantosa? ¿Su muerte sería diferente?

S: *No, pero quizá se despierten confundidos, y por eso alguien estará allí para ayudarlos.*

D: ¿Y si muere un niño?

S: *Un niño está muy cerca de lo que eran al principio, que es el alma. Porque no han perdido del todo los recuerdos de antes. Y por tanto lo aceptan con gran facilidad. Más que las personas que quizá hayan vivido una época muy larga. Éstas no quieren más que volver a ser como eran antes de cruzar al otro lado. En gran medida, es más fácil de entender para un niño. Los niños están más abiertos a lo que sucede a su alrededor.*

D: ¿Cuándo suelen dejar de estar abiertos? ¿Tiene algo que ver con ello su cuerpo físico?

S: *Muchas veces ocurre cuando alcanzan la madurez. Pero en gran parte, el hecho de que los niños acaben por cerrarse no se debe a los niños ni a nada que hayan hecho sus cuerpos. Son los otros, y las fuerzas que los presionan y oprimen. Porque decirle que ha hecho una tontería, ésta es una de las peores cosas que se le puede hacer a un niño. Porque entonces pensará que todo lo que hace es una tontería, porque un niño se toma las cosas muy literalmente. Tienen que creer en sí mismos. Y por tanto nosotros creamos la presión que acaba por cerrarlos a muchas de estas cosas.*

D: ¿En vuestros escritos hay algo sobre los espíritus malignos?

S: *Los espíritus malignos no existen. No hay nada que sea enteramente maligno. Siempre hay algo bueno en todas las cosas. Quizá sea muy pequeña, pero siempre hay una parte que es buena. Lo que quizá tú llamas espíritus malignos son lo que otros llamarían demonios. Los seres traviesos que desean causar problemas porque les da algún tipo de placer hacerlo. Muchos de ellos son espíritus... ¿cómo puedo decirlo...? deformados, que han cambiado debido a sus experiencias. Así que, con amor y orientación, aún pueden volver a seguir el buen camino. Pero con temor e intolerancia, están perdidos para siempre.*

D: Se cuentan historias de espíritus malignos que han intentado entrar en los cuerpos de los vivos.

S: *Hay situaciones en que esto es posible, pero suele ser en los casos de... O bien la persona está muy abierta a esto, o ya no desea habitar ese cuerpo concreto. Y se retira, dejándolo*

135

abierto para otros.

D: ¿Crees que, al temerlos, la gente les da más poder?

S: Sí. Rodéate de buenos pensamientos y energía. Y exige que sólo te rodeen individuos de pensamiento noble.

D: ¿Sólo tu comunidad es consciente de estas cosas? ¿Y la demás gente, como los judíos y los romanos?

S: Los romanos son de mente ciega. No reconocerían la verdad aunque se les acercara y les mordiera en el culo. (Reímos y esto alivia la solemnidad de la discusión.) Mucha gente en las sinagogas está tan enredada en su propia traducción de la Ley que está atrapada. No pueden ver más allá para experimentar la alegría de vivir y morir.

D: Entonces, no todos tienen la misma creencia que vosotros. En vuestras enseñanzas, ¿hay una creencia en la reencarnación, como lo llamamos nosotros? ¿El renacimiento del alma?

S: ¿Renacimiento? Para todos es conocido, pues ciertamente es verdad. Sólo aquellos de entre los ignorantes y no informados pueden temer la idea de la reencarnación, como lo llamáis vosotros.

El doctor Rocco Errico, experto en lengua aramea, dice que en esa región del mundo la gente tiende a exagerar y a adornar sus historias y declaraciones. Pero cuando la declaración va precedida de las palabras: «Cierto, ciertamente, verdaderamente o en verdad», esto indica al interlocutor que la declaración no contiene exageración alguna y que debe tomarse en serio. Sobre todo, cuando la declaración es pronunciada por un maestro. Significa que merece la confianza del interlocutor. Esto aclararía el hecho de que Jesús usara tanto la frase «en verdad» en la Biblia. Un detalle pequeño e insignificante, pero conviene señalarlo porque quizá la gente no sepa que se trata de un giro lingüístico en aquella parte del mundo, tanto ahora como en los tiempos bíblicos.

D: Mucha gente dice que se vive una vez y se muere una vez, y es todo lo que hay.

S: *Hay quienes dicen que cuando el cuerpo entra en la tierra, que todo lo que era ese ser se ha perdido y se pudre con los gusanos. Esto no es cierto. Si una persona está muerta o si ya no habita un cuerpo tal como lo conocemos, entonces debe repasar lo que ha hecho. Debe decidir las lecciones que desea acometer y proceder a borrar la deuda en que ha incurrido. Entonces va a la escuela (del otro lado). A veces deciden volver muy pronto. Esto no siempre es bueno, porque si vuelves muy pronto -quizá si no era una vida muy buena- no has tenido tiempo para comprender lo que has hecho mal y darte tiempo de corregirte. Por eso no es bueno volver a la existencia de un salto, según lo entiendo yo y lo entienden otros.*

D: ¿Es posible recordar vidas anteriores?

S: *Algunos conocemos las vidas previas, sí. Las que son importantes. Es más fácil no recordarlas porque si recuerdas, muchas veces te sientes abrumado por una gran culpa. Quizá no sea necesario en ese momento. Si fuera necesario, lo recordarías. Hay quienes, en la comunidad, se instruyen para recordar. Y hay quienes eligen ese camino, pero no es para todo el mundo. Los decanos serían capaces de decirte quién eras, si les preguntaras. Hay maestros que tienen la habilidad, no sólo de recordar sus propias vidas, sino de ayudar a otros a recordar. Pero en general, el que sabe quién era, lo recuerda. Normalmente, Yahvé decide si desea conceder esta memoria, y entonces se emprende el camino.*

Yo tenía un libro de la biblioteca que contenía algunas ilustraciones en color de los alrededores de Qumran. Pensé que sería interesante ver si Suddí reconocía algo. Le pregunté si le importaría verlas y él respondió con una palabra que sonaba algo así como «sadat». Le indiqué a Katie que abriera los ojos y miró detenidamente las imágenes con ojos vidriosos. Una de las fotografías era de unas montañas desoladas.

137

S: Esto es el valle al sur de aquí. Hay montes que son así. Y el wadi sigue ... hacia allí.

Suddí deslizó el dedo hacia abajo, hacia lo que parecía ser un valle o espacio entre los montes. Un «wadi» es un valle o barranco que permanece seco salvo durante la estación de las lluvias. También se refiere a la corriente de agua que fluye por él. Aparté el libro y pedí a Katie que volviera a cerrar los ojos. Si este lugar se encontraba en la región donde él vivía, parecía muy seco y árido. *«Sí, es seco. Hay muy poca lluvia.»*

Dijo que cuando iba de Qumran a Nazaret, seguía los senderos de las caravanas entre montes que eran aún mayores que los de las fotos. Pensé que sería más fácil seguir el «wadi» en lugar de subir las montañas, que parecían muy agrestes. Pero era evidente que yo no entendía su cultura. *«Y si lloviera arriba en los montes, se me llevaría el agua. No.»*

Durante mi investigación, encontré muchas fotos en los libros que ilustraban fragmentos de los manuscritos del mar Muerto. Pensé que tal vez sería un experimento interesante ver si Suddí podía leer estos textos antiguos. Tal vez fuera posible, dado que Katie se identificaba tan íntimamente con su otra personalidad. Un ejemplo eran seis líneas de texto escritos con la grafía que se empleaba en aquellos tiempos. Yo aún no conocía la dificultad de leer sus lenguas. Esto se explica en el capítulo 14. Le pedí a Katie que abriera los ojos y de nuevo se quedó mirando fijamente la página con ojos vidriosos.

D: ¿Te resulta familiar algo de esto?
S: (Después de una larga pausa mientras lo miraba detenidamente.) Esto lo escribieron dos manos diferentes.

Hubo una pausa aún más larga. Con ojos aguzados, recorrió la página de abajo arriba, y de derecha a izquierda.

S: Tiene aspecto de hebreo. (Señaló una línea.) No, ésta es diferente. Éstas dos son diferentes. (Señalando otras líneas.) Y éstas dos son iguales pero ésta también es diferente. No estoy seguro, pero veo similitud en ésta. Casi parece como si alguien hubiera escrito sólo los símbolos. No le encuentro sentido. Parece como si alguien practicara la f arma, pero no son la misma persona. Son estilos diferentes.

Aparté el libro. Al menos, había averiguado que parecía tratarse de diferentes personas que hacían prácticas de caligrafía.

Un amigo me había dado un viejo boletín de noticias publicado por la Fundación Noohra. Se componía de dos páginas plegadas de tamaño carta. En la primera página había un versículo de la Biblia escrito en arameo. Era una traducción del evangelio de Juan y hablaba de Jesús. Se lo entregué y le dije que no estaba segura de que estuviera escrito en su lengua. Lo leyó detenidamente unos minutos, s.in dejar de sonreír.

S: No estoy muy seguro de traducirlo bien. Esto ... habla del Hijo del Hombre. (Parecía alegrarse de haberlo descubierto.) Es vulgata, la lengua popular. Algunos dirían que es arameo, Tiene un dialecto muy extraño, pero haré un esfuerzo. (Después de una larga pausa...) Habla del Mesías.

De pronto, señaló una figura al final de la inscripción. Era diferente del resto del escrito. Lo desconcertaba. Frunció el ceño mientras analizaba el símbolo.

S: ¿Qué? Creo que lo de abajo es una lengua diferente. Esto no es arameo. Procede de los escritos antiguos. Es muy raro encontrarlo aquí.

Le señalé otra figura en el texto que era similar a ésta. Le pregunté si era la misma. Me respondió que se parecía. No había explicación alguna en el boletín sobre estas marcas, pero sí parecían distintas al resto del texto.

S: *No es del arameo, no. Como digo, habla del Mesías, pero no estoy muy seguro de... (Se detuvo y empezó a tocar y apalpar el papel.) Qué extraño es esto. ¿Qué es? ¿De qué está hecho?*

D: (Me cogió desprevenida y tuve que pensar rápido.) Ah, está hecho de la corteza de los árboles. En algunos países ...

S: *(Me interrumpió.) ¿Cómo lo hacen? ¿De los árboles?*

No dejaba de palpar el papel y dio vuelta a la hoja, examinando su textura. Me empezó a preocupar un poco que sintiera demasiada curiosidad y quizá se fijara en que la letra del Libro era diferente. No sabía cómo le afectaría darse cuenta de tantas cosas extrañas. ¿Impacto cultural? Intenté distraerlo.

D: Bueno, es un proceso complicado. La verdad es que no sé muy bien cómo se hace.

S: *(Aún absorto en el papel.) Esto es mucho mejor que el papiro. Es muy grueso. Se parece más a las pieles.*

D: ¿El papiro es más delgado?

S: *¡Sí, mucho más/ Es demasiado delgado para escribir en él. Esto sería muy bueno para copiar, sí.*

Le retiré la hoja para distraerlo del tema y saqué otro libro. Había una fotografía de una página de los manuscritos del mar Muerto en la que se veía un texto escrito con gran claridad. En *la* otra página, había fotos de la región de Qumran tomadas en blanco y negro, no en color. Pero me interesaba sobre codo el texto. Sostuve el libro para que él pudiera verlo. Intenté mantenerlo abierto en esa página. No quería que Suddí empezara a preguntarse qué era el libro y cómo estaba hecho. Declaró: «*Esto es hebreo, es hebreo muy antiguo. Yo no soy muy buen copista, pero esto es indiscutiblemente hebreo. Mira, aquí, esta letra y éstas...* (señaló determinadas letras). *Es algo que tiene que ver con la ley. No soy muy bueno para esto, no entiendo bien el hebreo*». Yo le dije que creía que era arameo. «*¡No sé quién te ha dicho que es arameo, pero no lo es!*» Su atención se desvió a la página opuesta. En ella se veía el mar Muerto y una parte de la agreste orilla. «*¿Qué es esto? Parecen los alrededores de mi* *casa. Ahí está el lago y los acantilados de las salinas. ¿Verdad? Tienen un parecido, sí»*

Sabía que Suddí no encendería la palabra «fotografía», así que le dije que era como una pintura. *«Esto no es como ninguna pintura que yo haya visto jamás.»*

Se lo retiré. Su curiosidad aumentaba demasiado y planteaba preguntas difíciles de responder a dos mil años de distancia. Volvió a cerrar los ojos, y yo le di las gracias por mirar el material.

S: *Es difícil mirar las cosas de cerca durante mucho rato. (Katie se frotó los ojos.)*

D: ¿Ah, sí? ¿Sufres de los ojos ahora que eres mayor?

S: *O eso, o es que mis brazos se han vuelto demasiado cortos, no estoy seguro de qué. No sé quién te ha dicho que eso era arameo, pero no Lo es. Lo primero era arameo. Suena como si quizá viniera de ... mmm, déjame pensar ... Samaria. Tiene ese dialecto. Era arameo, pero ese símbolo no era del arameo. No encaja ahí. Es muy viejo.*

13 - Las preguntas

Cuando emprendí mis investigaciones, me asombró la extraordinaria precisión de Katie. La descripción de Suddí de la comunidad de Qumran ha sido verificada por las crónicas de las excavaciones de los arqueólogos. Las creencias y algunos ritos de los esenios han quedado fundamentados por las traducciones de los manuscritos. Pero había discrepancias, así que hice una lista de preguntas y las formulé en la última sesión que tuvimos. Llevábamos tanto tiempo trabajando en esto y habíamos descubierto tanta materia, que pensé que era un buen momento para plantearle con confianza preguntas inductivas sobre cosas que yo había leído.

Los estudiosos han dado a los esenios el nombre de «pueblo de la Alianza». Suddí frunció el entrecejo cuando le pregunté si la palabra «alianza» tenía alguna relación con su gente. Dijo que los términos le eran desconocidos, y no entendía por qué alguien les daría ese nombre, pues se los conocía únicamente como los esenios. Dijo: *«Una alianza es un acuerdo entre dos partes para defender un trato».*

Le pregunté si el nombre Zadok le decía algo. Una de las teorías sobre el origen de los esenios es que son descendientes de los zelotes, seguidores de este hombre. Suddí me corrigió la pronunciación, poniendo el acento en la primera sílaba.

S: *(Sl-ispira.) Él es el guía. Muchos lo siguen, diciendo que enseña el camino de la vida. Él es un guerrero. Desea deshacerse de todos los opresores* ahora.

D: ¿Hay alguna relación entre ello y vuestra comunidad?

S: *No son de los nuestros. Los que nosotros conocemos como*

Zadok son los zelotes que viven en los montes. Son muy
salvajes. Dicen que la mayoría están tocados por la luna.
También creen en las profecías, pero creen que éstas
profetizan la guerra. Y que para que venga el Mesías y
pueda tomar su reino, ellos se lo deben conquistar. Y se
derrama mucha sangre por esto. Si tan sólo ahondaran en
la profecía sabrían que él no será rey de un reino terrenal.
Pero no se les puede decir esto, discutirían por siempre,
hasta la eternidad.

D: ¿Entonces e equivoca la gente que piensa que hay una
conexión entre vuestra gente y ellos?

S: *Al menos su información viene de lugares extraños.*
Muchas lenguas se enroscan en los relatos y al contarlos,
los doblegan.

El jubileo era un día santo citado por los traductores, pero
Suddí lo desconocía. Antes había dicho que no era un grupo de
personas sobrias, que celebraban la alegría de la vida. Quizá se
referían a la festividad *por* otro nombre.

El manuscrito titulado *«Guerra de los Hijos de la Luz con*
los Hijos de las Tinieblas» fue uno de los pocos que se
recuperaron intactos, y se ha dado una gran importancia a su
traducción. También ha habido mucha polémica en cuanto a si
debe tomarse literal o simbólicamente. Según parece, predecía
una espantosa guerra que no había ocurrido aún, e incluía
instrucciones sobre qué hacer cuando sobreviniera. Suddí lo
encontró muy confuso.

S: *Hay muchos manuscritos que hablan de guerras. Pero*
¿de una guerra que no ocurrió? (Frunció el ceño.) A
menos que fuera uno que sea la visión de alguien, no
tengo ni idea. En nuestros manuscritos es la crónica de los
acontecimientos que han ocurrido en las naciones de la
tierra. Recogemos toda la información que podemos. No lo
conozco. De nuevo, suena como algo que fue una visión
de alguien, y no el significado de un suceso real. i se ha
experimentado con los sentidos, se registra y describe con
todo detalle.

143

D: ¿A quién se estarían refiriendo al decir los Hijos de la Luz?

S: *Yo no Lo sé al no haber leído el manuscrito. Podría ser cualquiera. Al no haberlo leído, llegar a una conclusión sobre esto sería una tontería.*

En las traducciones, se menciona a un hombre llamado el maestro de la rectitud. Lo han confundido con Jesús porque sus historias presentan cierta similitud. Hay cierta polémica en torno a quién pudo haber sido este hombre.

S: *Este nombre me es familiar. En un tiempo hubo un decano con ese nombre, pero él no está aquí con nosotros. Vivió hace mucho tiempo.*

D: ¿Fue un hombre importante?

S: *Por las historias, sí. Y lo será de nuevo por los relatos que se cuentan. Se dice que regresará, no sé cuándo. Renacerá en esta tierra.*

D: ¿Por ser una persona tan singular se lo incluyó en los manuscritos?

S: *Es muy difícil describirlo. Él fue como un paso más allá de los otros que lo rodeaban. Y tenía la habilidad de ver el fondo de los asuntos y de saber lo que estaba bien. Esto es en parte por qué se le conocía como el maestro.*

D: Alguna gente piensa que se lo puede confundir con el Mesías.

S: *No, el Mesías es nuestro príncipe, y el maestro fue sólo un maestro. Él no fue un príncipe.*

Parte de la historia se refiere al Maestro de la Rectitud y el Sacerdote Malvado. Nadie ha podido identificar de manera satisfactoria a ninguno de estos individuos.

S: *¿El sacerdote malvado? Me es desconocido. No he leído nada sobre él. No digo que no exista. Yo no he leído todo.*

Al parecer, el maestro de la rectitud fue crucificado. Ésta es una de las razones de la confusión entre él y Jesús. Le pregunté a Suddí si sabía si el maestro de la rectitud había muerto de alguna manera especial.

S: *No conozco la historia entera. He leído muy poco sobre este asunto. Se necesitaría toda una vida para leer todos los manuscritos.*

D: ¿Tuvo algo que ver con los inicios de vuestra comunidad?

S: *No lo sé. Por los relatos de la tradición oral, no me parece que sea correcto.*

Otro manuscrito que ha sido traducido se llama los *Salmos de acción de gracias.*

S: *(Frunciendo el ceño.) Quizá no lo conozco con estas palabras. Explícamelo. Estoy muy perdido para comprender. Un salmo es como un mensaje a Dios, en el que le hablas directamente a Dios con el corazón. Es muy posible que algunos fueran escritos.*

Había un hombre llamado Hil-lel que, según parece, era un sabio maestro de la época. Tenía seguidores que se hacían llamar hil-lelitas. Se ha apuntado que tal vez Jesús estudiara con él. Suddí reconoció el nombre y me corrigió la pronunciación, recalcando las eles. *«De quien se dice que es un hombre sabio, sí, si hablamos del mismo. Los hil-lelitas eran sus seguidores.*

D: ¿Qué sabes de este hombre?

S: *No sé gran cosa, aparte de que vivió y fue un hombre de paz. Aunque creo que algunos de sus seguidores se han desviado desde entonces hacia formas de guerra. No estoy muy familiarizado con mucha gente de fuera. Él dijo muchas palabras llenas de verdad. Pero sus seguidores razonaban con sus mentes y no con sus corazones, y cambiaron las enseñanzas por lo que ellos*

145

deseaban oír.
D: ¿Aún está vivo?
S: Creo que no. Creo que ya no vive en esta tierra.

Los macabeos fueron un pueblo importante en la historia judía. De nuevo, Suddí me corrigió la pronunciación: «Macabeos».

S: No los conozco. Sólo he oído hablar de ellos. Son una familia muy poderosa. Y mucha gente escucha lo que dicen. El dinero tiene muchos amigos.
D: ¿Ah, sí? Yo creía que tal vez eran sabios.
S: Algunos sí. Hay algunos hombres sabios en todos los grupos, pero también hay necios.
D: ¿Son de la región?
S: No estoy verdaderamente seguro. Yo creo que tienen un bastión en Jerusalén. Tampoco estoy demasiado seguro, pero creo que esto es lo que he oído de eso.

Los traductores mencionan el *Libro de Enoc* en varias ocasiones en sus informes sobre los manuscritos del mar Muerto. Este libro no figura en la versión de la Biblia que tenemos hoy en día, pero los estudiosos lo consideran importante. Ha creado polémica entre ellos. Le pregunté a Suddí si conocía este libro.

S: Sí, he oído hablar de él. Se enseña.
D: ¿Se acepta con buenos ojos?
S: Depende de con quién hables. Crea sentimientos intensos. Como dicen algunos, o lo sigues con todo el corazón o crees que es una locura. (Así que también creó polémica en su época.) Yo no lo tengo en gran consideración. Hay quienes piensan que es todo verdad y hay quienes pensamos que es una locura. Pero ésta es mi opinión y otros están en desacuerdo. Están en su derecho.

En general, la comunidad de los esenios lo aceptaba con

buenos ojos y algunos pensaban que era un libro importante. Suddí pensaba que era, muy posiblemente, la imaginación de alguien.

D: ¿De dónde viene este libro? ¿Fue añadido más tarde?

S: *El* Libro de Enoc *es algo que se ha transmitido de generación en generación desde los Kalú. ¿Qué quieres decir, añadido más tarde? ¿A qué? No entiendo.*

Había cometido un error, un desliz. Me costaba recordar que no sabían nada de nuestra Biblia. Así que me referí a la Torá, porque parecía ser el libro más importante que conocía Suddí, aunque yo no tenía ni idea de su contenido. Suddí dijo que el *Libro de Enoc* no estaba en la Torá.

Leí «Los secretos de Enoc», que se encuentra en los *Libros perdidos de la Biblia,* los textos apócrifos. Fuera o no ésta la versión a la que se refería Suddí, resultaba muy confuso leerla. Trata de astronomía y simbolismo y, por lo visto, contiene significados ocultos. Tal vez haya otros libros que se refieran a Enoc.

Yo conocía los nombres de diferentes grupos de personas que se mencionan en la Biblia. Decidí nombrarlos para ver lo que decía Suddí sobre ellos.

D: ¿Has oído hablar alguna vez de los fariseos? (Suddí frunció el ceño.) ¿Y de los saduceos? (De nuevo, tuve dificultades con la pronunciación.)

S: *Los fariseos son los acaudalados. Son los denominados legisladores. Los dos grupos son miembros de la asamblea, y se sientan ahí y discuten todo el día, de manera que no hacen nada. Los saduceos tienen que ver con el funcionamiento de los templos y con las leyes que serán aprobadas. Están siempre ... uno siempre está incordiando al otro. Dicen que unos, los fariseos tienen - porque poseen una gran riqueza y lo manifiestan- que no son tan píos como esos otros. Dicen: «caminar cubiertos de ceniza y arpillera»,* el hábito de los penitentes.

147

D: ¿Has oído hablar alguna vez de los samaritanos?

S: *¿De Samaria? Sí. (Dijo la palabra «Samaria» tan rápidamente, que me costó entenderlo.) Los samaritanos eran descendientes de los hijos de Jacob. Y por alguna razón que no recuerdo, hubo un duelo de sangre. Y se los considera menos que sus hermanos. Hubo un tiempo en que estuvieron unidos, pero ahora son menospreciados porque no son quizá tan buenos a los ojos de otros.*

La sesión de preguntas y respuestas se había desarrollado con tranquilidad, y yo no sabía que estaba pisando un terreno prohibido hasta que le pregunté por Qumran. Lo único que quería saber era el significado del nombre. No estaba preparada para su reacción. Pronunció varias palabras con tono excitado en una lengua diferente.

S: *¿Qué significa? No hablaré de esto. Si no conoces el significado, no tienes por qué saberlo.*

D: He oído decir que significa «luz».

S: *Hay muchas esencias en el término «luz». Y si no sabes a qué camino corresponde, no tienes por qué preguntar. Si fuera importante para ti, tendrías el conocimiento.*

Esto fue frustrante, pero Suddí me dejó bien claro que no quería contestar. Más adelante, descubrí en mis investigaciones que cuando los romanos conquistaron a los esenios, los esenios se dejaron torturar hasta la muerte antes de revelar las respuestas a preguntas de este tipo. Lo que para mí era un tema sencillo, se planteaba como algo bastante más complejo para Suddí. Claro que esto no lo sabía yo en aquel momento, y no distinguía qué preguntas serían más delicadas de abordar.

D: ¿Tiene algún significado el hecho de que Qumran fuera construido cerca de los acantilados de las salinas?

S: *No tanto los acantilados de las salinas, como la zona. Es un punto de (sonó algo así como: energía «kan». No me quedó claro). Es una abertura. Es uno de los puntos de energía.*

D: Hay quien dice que es un lugar extraño para construir una comunidad. ¡Está tan aislado!

S: *Es una de las ventajas.*

D: Dicen que es imposible que alguien pueda vivir ahí.

S: *(Sarcásticamente.) Y un hombre no puede vivir en el Sáhara. ¡Pero lo hacen!*

D: Hay quien dice que está muy aislado, y que no se puede usar el agua del mar Muerto.

S: *Aquí hay agua que es potable y utilizable. Tenemos lo que necesitamos.*

D: ¿Cuál es el significado de la palabra «esenios»?

S: *El que es santo.*

Me pregunté por qué no había vacilado en contarme el sentido de aquella palabra tras haberse negado a decirme el significado de Qumran. Esto demuestra la incongruencia de las cosas a las que se oponía.

Harriet volvió a referirse a su lista de preguntas. «El nombre de "Midras" o "Misná", ¿te dice algo?» Era evidente que la pregunta lo había incomodado porque pronunció varias palabras con tono agitado en una lengua diferente. Se daban muchas situaciones como ésta, en que Suddí experimentaba una reacción emotiva tan fuerte que pasaba a hablar en su lengua nativa. «*¿Por* qué lo preguntas?»

D: Sólo queríamos saber si hay algo en vuestros textos sobre los Midras.

S: *(Esto volvió a incomodarlo.) ¡No hablaré de ello!*

D: No podemos conocer las respuestas a menos que hagamos preguntas.

S: *¿Por qué tenéis preguntas que indican sólo un conocimiento parcial?*

D: Hemos oído hablar de estas cosas y te preguntamos sobre ellas para que puedas verificarlas o ayudarnos en nuestro conocimiento. A veces tenemos únicamente fragmentos de información.

149

S: *(Interrumpiendo.) Puede ser peligroso tener sólo información parcial.*

D: (Esto fue una sorpresa.) ¿Piensas que no es bueno que conozcamos estas cosas?

S: *Es preocupante, sí. Al hablar de cosas que conocéis sólo parcialmente, y al invocar palabras de poder sobre las que conocéis sólo fragmentos, quizá estéis abarcando más de lo que sois capaces de manejar.*

Esto nos tomó desprevenidas, porque no éramos conscientes de que fuera peligroso formular preguntas sencillas. Dijimos que nos atendríamos a su juicio y le preguntamos qué sugería que hiciéramos.

S: *No habléis más de ello hasta que tengáis la sabiduría que puede alcanzarse. Porque hablar de ello con los que podrían engañaros de alguna manera para que reveléis lo que tenéis a fin de mejorar su causa, podría ser muy peligroso.*

D: ¿Cómo vamos a obtener estos conocimientos si no hacemos preguntas? ¿Se nos permite investigar?

S: *Está permitido investigar, pero tened mucho cuidado.*

D: No es siempre fácil encontrar las personas idóneas que puedan darnos esta información.

S: *Es cierto. Pero siempre debéis protegeros de ellos... y de decir demasiado a los que empiezan a haceros preguntas como respuesta.*

D: ¿Entonces crees que es mejor *no* buscar este conocimiento?

S: *¡No he dicho eso! Ésta es tu interpretación de lo que yo he dicho. Yo sólo advierto que tengáis cuidado. Y que estéis atentos con quién compartís vuestros conocimientos. Y recibiréis poco o nada a cambio.*

D: Bueno, los conocimientos bastan.

S: *¡No! Pues los conocimientos pueden ser muy perjudiciales. Porque estaríais tentados a usarlos. Y el no tener un conocimiento pleno, podría ocasionaros peligro, a* *vosotros y a otros.*

Le di las gracias por la advertencia. Su arranque fue de lo más inesperado, en absoluto un rasgo típico del temperamento tranquilo de Suddí. En otras ocasiones, se había negado a responder a nuestras preguntas, pero nunca se había manifestado de manera tan rotunda. Todavía no entiendo qué fue lo que preguntamos que disparó esta reacción tan emotiva. Reanudé mis preguntas, esta vez con un poco más de cautela.

D: ¿Alguna vez has oído hablar de un libro llamada la Cábala?

S: *Algunos de los nuestros lo han leído. Hay ro/Los de pergamino que contienen algunos de los manuscritos, sí.*

D: Es un libro complicado.

S: *Todo es complicado si haces que sea así. Explica muchas de las leyes de la naturaleza y el equilibrio, y cómo emplearlos para tu propio bien. Cómo abrirte a los mundos que te rodean en este mundo y en otros.*

Suddí no sabía quién había escrito la Cábala, pero era uno de los textos más antiguos que tenían.

Posteriormente, cuando tuve la oportunidad de proseguir mis investigaciones, descubrí algo que tal vez explique el motivo de la irritación de Suddí ante la pregunta de Harriet. Averigüé que la teología hebrea está dividida en tres partes: la primera era la Ley, que se enseñaba a todos los niños de Israel; la segunda era el Misná, o el alma de la Ley, que se revelaba a los rabinos y maestros; la tercera era la Cábala, el alma del alma de la Ley, que contiene principios secretos, y se revelaba únicamente a los más iniciados de entre los judíos. Los Midras constituían métodos empleados para simplificar o interpretar más plenamente las Leyes. Al parecer, habíamos penetrado, sin saberlo, en un ámbito secreto de las enseñanzas que concernía a Suddí y a otros esenios. Tal vez esto explique su exaltación, así como sus

151

advertencias sobre el uso de las palabras de poder y sobre el hecho de hablar de cosas de las que no teníamos conocimiento alguno.

Los traductores de los manuscritos del mar Muerto hablan del *Documento de Damasco,* y piensan que quizá hubo otras comunidades de esenios, posiblemente una en la región de Damasco. Pero al consultárselo a Suddí, me di cuenta de que volvía a pisar un terreno prohibido. Suddí respondió con la frase que ya me era familiar: *«No hablaré de ello».* Era extraño que le molestara tanto responder a determinadas preguntas y, en cambio, contestara sin dificultad alguna a otras.

D: ¿Sabes algo de un grupo de esenios en Alejandría?

S: *(Pausa larga:) Mi padre dice que recientemente se habla de algunos maestros que se han ido, no a Alejandría, sino a Egipto. Pero no sé. (¿Se lo preguntó a su padre?) Hay muchos otros. Hay uno en Egipto del que conozco algo. Hay varios en la zona que rodea a Israel, en judea. (Y el nombre de otro país que no pude entender claramente pero que sonaba algo así como «Tode», fonéticamente.) Hay muchos. Nosotros, en Qumran, somos quizá uno de los más grandes pero no el único.*

Era extraño que Suddí *sólo* se negara a hablar del que había en Damasco. Dijo que, según tenía entendido, las demás comunidades también estaban aisladas pero que tenían todos los mismos principios que en Qumran: la acumulación y conservación de conocimiento. Estaban lejos de ser un pequeño grupo solitario de personas aisladas.

S: *Si nos correspondiera conservar el conocimiento a nosotros, y permaneciéramos encerrados en nosotros mismos, en este grupo tan pequeño, ¿cómo se conservaría el conocimiento? ¿Si lo salvaguardáramos nosotros y no lo compartiéramos? Por lo tanto, también debe de haber otros.*

D: Alguna gente tiene la idea de que es así: un grupo muy aislado que no se asocia ni comparte los conocimientos con otros.

S: *Entonces son unos necios.*

Los científicos y los árabes registraron las cuevas en la zona de Qumran en busca de más manuscritos o fragmentos. En una cueva, entre los escombros de una pared derrumbada, se toparon con un hallazgo insólito: dos rollos de cobre. Los manuscritos siempre se habían escrito en rollos de papiro o piel. Esto era inusitado. En un principio, había sido un rollo continuo de unos dos metros y medio de largo por treinta centímetros de ancho, pero por alguna razón desconocida, lo encontraron cortado. Los arqueólogos se dieron cuenta de que ahí había símbolos, cosa que también era inusual. Pero el clima y el tiempo se habían ensañado con el\metal. El cobre se había oxidado tanto que era peligroso tocar los rollos por su estado quebradizo. Tan frágiles eran que resultaba imposible desenrollados. Durante cuatro años investigaron el problema de cómo abrir los rollos sin dañarlos. Finalmente, el profesor H. Wright Baker de la Universidad de Manchester, en Inglaterra, diseñó un ingenioso método para cortar los rollos en tiras. Funcionó tan bien que no se perdió ni una sola letra.

¿Mereció la pena todo este trabajo? Una vez concluida la traducción, se descubrió que los rollos contenían el sueño de un buscador de tesoros. Eran listas de tesoros enterrados de un valor extraordinario. El inventario incluía oro, plata y otros tesoros de un peso total aproximado de cien toneladas. Su valor estimado superaba los 12 millones de dólares en los años cincuenta, cuando se tradujeron los manuscritos. Hoy valdrían mucho más. Los manuscritos daban las indicaciones exactas de sesenta lugares distintos de entierro u ocultación, dentro y alrededor de Jerusalén y en el desierto de Judea. La descripción del texto de los rollos y su traducción se encuentran en *The Treasure of the Copper Scroll,* de John M. Allegro.

El autor ofrece una relación detallada. Estaba convencido de que se trataba del inventario de un tesoro real y que los objetos estaban enterrados en los lugares indicados. Su única duda estribaba en las increíbles cantidades. Él pensaba que tenía que haber un error de traducción, pues las cantidades eran sobrecogedoras. Por ejemplo: «un total de más de 2.179 talentos (medida de peso) de plata y 385 de oro; 165 lingotes de oro, 14 cántaros de plata y 619 vasijas de metales preciosos». Las indicaciones eran explícitas: «En la cisterna que está debajo de la muralla del lado este, en un lugar ahuecado en la piedra: 600 lingotes de plata». Todas las instrucciones tenían la misma exactitud. Allegro dice que es probable que la mayoría de los lugares indicados fueran difíciles o imposibles de encontrar después de la guerra romana que devastó la zona.

Este tesoro no ha sido hallado. El último apartado del manuscrito de cobre daba instrucciones para localizar otra copia del mismo inventario. Oculta «en un foso colindante hacia el norte con la gran cuenca de aguas cerca del templo». Esta copia duplicada no ha sido hallada.

Algunos de los arqueólogos han llegado a la conclusión de que los manuscritos de cobre son un fraude, que el tesoro nunca existió. Dicen que tuvo que ser un fraude, porque ¿de dónde habrían podido sacar una riqueza tan extraordinaria si habían hecho votos de pobreza? Inscribir el texto en cobre tuvo que ser más difícil que en papiro normal. Muchísimo trabajo sólo para urdir una trampa.

Otros dicen que tal vez el manuscrito no se refiera a un tesoro real, sino que emplee un simbolismo para comunicar otro mensaje que ha sido descifrado. Yo sí creo que es posible que los esenios hayan acumulado tal cantidad de riqueza a lo largo de los años de su existencia, o que fueran designados guardianes de una riqueza de otro origen.

Los beduinos de la región fueron de gran ayuda para los científicos, porque conocían palmo a palmo el desierto. Es posible que en más de dos mil años, se haya encontrado una parte del tesoro. Además, considerando que nunca fue hallada la copia del manuscrito, es posible que alguien la encontrara hace años y siguiera las instrucciones. Yo creo que nuestra generación moderna no ha sido la primera en descubrir lo que ocultaron los esenios.

En el curso de esta última sesión dedicada a plantear preguntas a partir de mis investigaciones, decidí ver si Suddí sería capaz de aclarar este rompecabezas. Pero ¿cómo hacerlo sin formular preguntas inductivas? Suddí estaba en la biblioteca, en la planta superior, estudiando unos manuscritos, así que estaba en el lugar idóneo. Cuando le pregunté si estudiaba algún manuscrito en particular, me respondió con su tradicional «¡*No hablaré de eso!*». Dijo solamente que no se trataba de la Torá. Cuando se ponía a la defensiva en determinados temas, era inútil intentar que diera las respuestas, a menos que le preguntara por métodos indirectos.

D: ¿Los manuscritos se hacen con algún otro material, aparte de las pieles o el papiro?

S: *Sí, hay otros métodos. Yo no soy copista. No estoy familiarizado con ellos, pero hay otras maneras, sí.*

D: ¿Has visto alguna vez manuscritos hechos de metal?

S: *Sí. (Al parecer, se trataba de otro tema prohibido. Suddí volvió a mostrarse receloso.) ¿Por qué lo preguntas?*

D: Me parece un material raro para hacer los manuscritos. Debe de requerir mucho trabajo. ¿No sería más fácil que usar el estilo y el papiro?

S: *(Con voz fría.) Sí. (Preguntó con tono de sospecha.) ¿Por qué me haces estas preguntas?*

D: Me preguntaba por qué se darían todo el trabajo de hacerlo con metal.

S: *Contendrían información más importante. Hay algunas cosas que deben protegerse.*

Se negó a ahondar más en el tema. Parece, pues, que si algo se escribía en metal, es porque tenía un valor especial. Querían usar un material más duradero para asegurar que sobreviviera. Por eso no puedo creer que el manuscrito de cobre fuera un fraude. Simplemente, los arqueólogos llegaron dos mil años tarde al descubrimiento de este fantástico tesoro.

Los arqueólogos que excavaron las ruinas de Qumran no mencionan el descubrimiento de una zona de viviendas. Han concluido que la gente vivía en los aledaños de la comunidad, en cuevas, o quizá en tiendas o chozas. En algunas de las cuevas donde encontraron los manuscritos del mar Muerto, desenterraron cerámicas, lámparas y mástiles para sostener tiendas. Esto indicaría, según ellos, que vivieron ahí en alguna época. Yo no entendía que los esenios vivieran en cuevas y tiendas cuando eran capaces de crear esta maravillosa comunidad con su prodigioso sistema de aguas. Para mí, no tenía ni pies ni cabeza. Decidí ahondar en ello.

D: Me has dicho antes que cuando eras niño vivías en una casa alejada de la comunidad, fuera de la muralla. ¿Hay cuevas en los alrededores de Qumran?

S: *Sí, hay muchas cuevas.*

D: ¿Tu gente ha vivido alguna vez en las cuevas?

S: *Dicen que en otra época sí, pero ahora no hay suficientes cuevas, y además no es necesario. Sin embargo, de niños, solíamos jugar en ellas.*

D: ¿Quieres decir que hubo una época en que Qumran estaba más poblada, había más gente? ¿Y en esa época vivían en las cuevas?

S: *Sí, fue al principio.*

Esto fue en los primeros tiempos, mientras se construían las casas. Así lo había entendido yo. En una comunidad tan maravillosamente avanzada no hacía falta que la gente se viera reducida a vivir en cuevas y tiendas.

Durante las excavaciones, se encontraron muchas monedas, bolsas llenas de monedas. Esto ayudó a los científicos a fechar las ruinas. Las monedas correspondían a la época entre los años 136 al 37 a. de C., desde el período de la independencia de los judíos hasta el reinado de Herodes el Grande. Luego había un intervalo, del que sólo encontraron unas cuantas monedas acuñadas entre este período y el año 4 a. de C., época de Herodes Arquelao. Se encontró una cantidad mayor que databa del año 4 a. de C. hasta el 68 d. de C., cuando Qumran fue destruida.

Con estos datos, los arqueólogos han concluido que Qumran estuvo abandonada durante 30 años, pues encontraron sólo unas cuantas monedas de aquella época. Pero Suddí estuvo viviendo en la comunidad durante ese tiempo y, según él, los esenios nunca se fueron de allí. Tampoco los científicos pudieron dar una explicación satisfactoria de por qué se marcharon. Encontraron indicios de que la comunidad había sufrido un terremoto. Y supusieron que esto habría producido tales estragos en la comunidad que la gente se vería obligada a abandonarla durante esos treinta años. Pero esto es sólo una suposición. Los escritores antiguos, tan meticulosos en sus relatos de la época, tampoco mencionaban que los esenios estuvieran ausentes de la región en ningún momento. Era una teoría de los arqueólogos, basada en los datos que pudieron extraer de las excavaciones. Mi conclusión es la siguiente: si el tesoro del manuscrito de cobre pudo desaparecer por completo, ¿por qué no las bolsas de monedas? Se ha dicho que las minas fueron ocupadas y saqueadas por los romanos durante la invasión. Además, hubo otras gentes que vivieron allí posteriormente, antes de que Qumran fuera abandonada para siempre. Creo que los hallazgos de los arqueólogos no contradicen los míos, sino que ofrecen más bien una explicación alternativa.

Yo no estaba segura de cómo consultarle este tema a Suddí sin influir en sus respuestas. Tendría que plantearlo con mucho cuidado.

D: ¿Puedes decirme, Suddí, si tu gente ha vivido siempre ahí en la comunidad, desde que fue construida?

S: *Explícate.*

D: ¿Tu gente ha vivido siempre ahí en la comunidad, continuamente, o hubo un tiempo en que tuvieron que marcharse?

S: *Hablas del tiempo de la ocultación. Sí, hubo un tiempo en que tuvieron que marcharse, sí. Se ha hablado de ello.*

Pero esto ocurrió antes de que él naciera. Mientras Suddí

157

estuvo vivo, su gente no abandonó nunca la comunidad.

El terremoto ocasionó daños como el de un extremo de la comunidad donde se formó una gran grieta que en parte pasaba por uno de los baños. Lo arqueólogos también encontraron pruebas de que se habían reparado algunos daños, sobre todo alrededor de la torre. Yo quería consultar este aspecto, pero decidí no mencionar la palabra «terremoto».

D: ¿Sabes algo de alguna catástrofe natural que haya ocurrido desde que vives ahí?

S: *(Pausa, como si pensara.) ¡Ah! Quieres decir cuando el... Recuerdo que, cuando era pequeño, mi madre dijo que hubo una sacudida en los acantilados. En ese momento se temía que la comunidad entera cayera al mar. Yo tenía dos o tres años, quizá, no estoy seguro. No recuerdo nada de eso.*

D: ¿La comunidad sufrió algún daño?

S: *Hay un espacio del tamaño de una mano abierta donde aquella parte se derrumbó' y cayó.*

Parecía referirse a una grieta. Le pregunté dónde estaba situada. Katie empleó gestos de las manos en la explicación de Suddí.

S: *Déjame pensar ... está en la muralla. La muralla pasa por aquí la pared del acantilado, y está de ese lado. En ese rincón, yendo hacia los baños y la sala de reuniones y esa zona. Lo atraviesa todo en diagonal. (Creo que esta última palabra es correcta. Me costó entenderla.)*

D: ¿La grieta pasaba por los baños?

S: *Sí, pero la grieta no fue como para que se escapara el agua. La repararon. La gente de la comunidad se lo tomó con filosofía. Ya sabían que estaba a punto de suceder y, por tanto, no hubo pérdida de vidas. Les fue revelado. (¿Quería decir psíquica- mente?)*

D: ¿Pero los daños no fueron tan grandes que la gente tuviera que marcharse?

158

S: Durante un tiempo, creo que estuvieron ausentes mientras se hacían las reparaciones. Pudieron haber ido a cualquier sitio. Pudieron haber ido y permanecido en sus viviendas. Pudieron haber ido quizá a las cuevas. Como digo, yo era demasiado pequeño para recordarlo. Yo sólo sé lo que me han dicho. No recuerdo haber estado nunca fuera de aquí.

D: Me han dicho que tu gente abandonó la comunidad durante muchos años.

S: Hicimos que pensaran que así era. Si se olvidan de nosotros nos dejan en paz.

D: Pero sin duda vendría gente a robaros si pensaban que la comunidad estaba desierta y desprotegida.

S: Son demasiado listos. Nunca está desprotegida.

Aquí Suddí parecía referirse de nuevo a algún método misterioso de protección.

He presentado esta sección en gran detalle para que pueda encenderse la vida de Jesús sobre este telón de fondo. Las personas que vivían en Qumran tenían un objetivo prioritario: la acumulación y conservación de conocimientos, y la transmisión de estos conocimientos a través de la enseñanza a aquellos que reunían las condiciones para aprender. Los esenios eran, aparentemente, un pueblo apacible y pasivo que vivía encerrado en su propio y pequeño mundo. Recluida de este modo, la comunidad era un paraíso virtual, un lugar perfecto, completamente autosostenido. Comparado con las condiciones de vida de la época en Israel, Qumran era asombrosamente moderna. Al aventurarse más allá de la muralla, sus habitantes constataban el brusco contraste entre sus costumbres y las del mundo exterior, y p r eso preferían su aislamiento. Pero lo esenio eran temidos y visto con recelo por aquellos que no los entendían, y por eso tenían que disfrazarse. Por lo visto, también se protegía la ubicación de Qumran, y sólo unos pocos la conocían. Dudo incluso que las caravanas conocieran el propósito real del asentamiento. A los forasteros tampoco se les permitía entrar en determinados sectores de la comunidad. Pero Suddí había dicho que una de sus prioridades era transmitir sus conocimientos al pueblo en general. Imagino que lo harían sutilmente los estudiantes de la cinta roja, que estudiaban y abandonaban la comunidad para vivir en u lugares de origen. Creo que este capítulo ayuda a imaginarse a Jesús en este marco y entorno. Esta sección corrobora la gran capacidad de precisión y detalle que tenía Katie en relación con una cultura de la que no podía saber nada. Algunos argumentarán que pudo haber leído acerca de los esenios y Qumran en los mismos libros que yo, y que, por tanto, estaba preparada para mis preguntas. Yo sé que no hizo investigación alguna. No le interesaba. Nunca, en ningún momento supo qué tipo de preguntas le iba a hacer. A lo largo de este capítulo, surgen conocimientos que no se encuentran en ningún otro libro. En esta sección, se plantearon cuestiones relacionadas con las traducciones de los manuscritos del mar Muerto que ni siquiera Suddí conocía. Era lógico, puesto que él no había leído todos los manuscritos de la biblioteca, o también es posible que se emplearan otros nombres en la época en que vivió. Si Katie hubiera tramado un complicado fraude, habría procurado ser exacta en todos los sentidos, familiarizándose por tanto con estas traducciones. Yo creo que la profundidad del trance que experimentaba Katie imposibilitaba un engaño. Ella entraba y salía de la personalidad de Suddí con gran facilidad y se convirtió literalmente en esca persona de la Antigüedad, en todos *los* sentidos, durante los tres meses en que nos encontramos con él.

Quisiera incluir aquí algunas citas tomadas de Josefa que creo tienen relación con nuestra historia. «También hay entre ellos [lo esenios] quienes se dedican a predecir los acontecimientos futuros, siendo instruidos desde su juventud en el estudio de la Sagrada Escritura, en purificaciones diversas, y en las palabras de los profetas; y muy rara vez fallan en sus predicciones.»

«Detestan el sufrimiento, y superan el dolor por fortaleza. La muerte, vinculada al honor, se percibe como más deseable que una vida larga. De su entereza en todo momento, la guerra con los romanos ha dado sobradas pruebas, pues en esta guerra a pesar de haber sido torturados, atormentados, quemados,

160

presionados y sometidos a todos los instrumentos de tortura para obligarlos a blasfemar contra el legislador (Moisés) o a comer de lo prohibido, fue imposible imponerles ni lo uno ni lo otro; y tampoco halagaron una sola vez a sus atormentadores ni derramaron una lágrima, sino que, sonriendo en su suplicio y burlándose de sus torturadores, entregaron alegremente sus almas, como si pronto fueran a recuperarlas.»

Los esenios tenían que jurar que «no ocultarían nada a la hermandad, que no revelarían a los de afuera nada de lo que les pertenecía, aunque fuera a costa de su vida. Él debía jurar, asimismo, que no comunicaría a nadie sus doctrinas en modo distinto a como las había recibido».

Esto explica las dificultades que en ocasiones tuve para obtener respuestas de Suddí, y por qué tuve que recurrir a métodos enrevesados para tener acceso a la información. Me sorprende que haya conseguido siquiera algo. Y, intentaba que él violara una regla estricta y fundamental de su vida, y eso es algo que· la gente no hace cuando está bajo hipnosis. Nunca hacen nada que vaya en contra de su moral. Pero no se trataba de la moral de Katie, sino de la de Suddí. Esto demuestra que Katie se estaba identificando muy últimamence con los esenios, y que se había convertid en él por completo. Esto también explica p r qué era más fácil obtener información de Suddí cuando era niño. Aún no había hecho sus votos y, en su inocencia, no era consciente de que revelaba algo prohibido. Deberíamos estar agradecidos por la posibilidad de acceder a la información que recibimos, con artimañas y todo. Es otra demostración de la gran confianza que se había establecido entre Katie y yo. Creo que esta información no se habría revelado bajo ninguna otra circunstancia.

Ginsburg relataba en su libro *The Essenes and the Kabbalah,* publicado en 1864, que e te secretismo no era inhabitual, «ya que los fariseos tampoco difundían indiscriminadamente los misterios de la cosmogonía y la teosofía que, según ellos, están contenidos en la historia de la creación y en la visión de Ezequiel, salvo a aquellos que habitualmente se iniciaban en la orden». Los esenios también estaban al corriente de estas enseñanzas. (Véase los capítulos 14 y 15). *Josefo* dijo: «Dedican un esfuerzo extraordinario a estudiar los escritos de los antiguos, y a seleccionar lo beneficioso para el alma y para el cuerpo».

Ginsburg: «Al parecer, estudiaban los libros antiguos sobre curas mágicas y exorcismos, que eran las obras conocidas de Salomón, que compuso tratados sobre curas milagrosas y expulsión de espíritus malignos».

Filón: «Allí usan una norma y definición de tres vertientes: el amor a Dios, el amor a la virtud y el amor a la humanidad». Nótese la similitud con las enseñanzas de Jesús.

Los autores del siglo XIX dijeron que la filosofía de los esenios partía del sentido religioso más profundo del Antiguo Testamento, y que cabe considerarlos sucesores de los antiguos profetas e integrantes de la escuela profética. Adoptaron algunas de las antiguas ideas orientales, persas y caldeas, e incorporaron algunas prácticas e instituciones que mezclaron con las visiones judías de la religión. Los esenios aspiraban a reconciliar la religión con la ciencia.

14 - Los manuscritos y las historias bíblicas

Una de las actividades de la comunidad era escribir y copiar manuscritos para distribuirlos a otras partes del mundo. Era una editorial, por así decir.

S: *Se nos encarga salvar los archivos, para que no se pierda ni una palabra. Es lo que hacen en la biblioteca. Entonces toman los manuscritos y los envían a muchos países y muchos lugares para su protección, con la esperanza de que al menos algunos perduren. ¡Hay tanto aquí! Están todas las crónicas, las comunicaciones de los diferentes Consejos, las historias, y la vida cotidiana de la existencia. Uno sería muy mayor antes de poder leer todos los manuscritos.*

D: ¿Sabes en qué otros lugares del mundo se guardan los manuscritos? ¿Hay otras bibliotecas?

S: *Supongo que las hay. No tengo manera de saberlo. (Volvió a asomar el viejo recelo.) ¿Por qué deseas saberlo?*

Intenté escabullirme diciendo que tenía curiosidad y me gustaba leer. Si había algo que ellos no tuvieran, quería saber dónde buscarlo. Mi treta no fue convincente. Suddí preguntó: «¿*Podrías leerlos?*». Tuve que pensar con rapidez. Le dije que si no podía, siempre había la posibilidad de pedir que alguien me los tradujera. Esto tampoco funcionó.

S: A muy pocos se les permite siquiera ver los manuscritos. Deben tener sus razones.

Esto me sorprendió, porque creía que cualquiera podía verlos, igual que en nuestras bibliotecas de hoy.

S: Los abridores querrían saber por qué quieren verlos. Si todos tuvieran este conocimiento, podrían usarlo para hacer daño.

Durante las sesiones, se hacían muchas referencias a las lenguas que se hablaba en aquel tiempo. Yo creía que la mayoría de la gente hablaba arameo.

S: No, también hablan hebreo, árabe, egipcio. Y la lengua de los romaní. Hay muchas, muchas lenguas diferentes.

Esta referencia al romaní me sorprendió porque sabía que es el nombre que hoy dan los gitanos a su lengua.

S: Ellos son los nómadas. Se dice que son dos de las tribus perdidas de Israel. Hasta qué punto es verdad, no lo sé.

D: ¿Qué hablan los romanos?

S: Latín vulgar. Algunos griego. También hay muchos dialectos del arameo. En cada pequeña provincia es diferente. Cada una tiene su propia manera de expresarse. Mi dialecto es, simplemente, creo, el galileo. (Pronunciado rápidamente: Galileyo.)

Suddí comprendía los demás dialectos pero a veces le resultaba difícil. Estas diferencias también afectaban a la lectura del arameo.

S: Hay muchas maneras de expresarse y también las maneras de escribir son diferentes. A menos que estés muy familiarizado, puede ser que leas algo que en absoluto está ahí. Verás, es así: una palabra significaría una cosa para mí y podría significar algo totalmente diferente para ti. Depende de cómo está en la estructura de la letra.

164

También, depende de cómo suena la voz al decirla. Puede significar una buena cantidad de cosas. Hay varias palabras que tienen cinco, seis, hasta siete significados. Y todos son diferentes y diversos.

Esto concuerda con la otra sesión en la que Suddí dijo que eran los sonidos y no las letras los que formaban las palabras. Yo lo veo como una especie de taquigrafía, donde los símbolos representan los sonidos. Al haber muchos dialectos diferentes, las palabras tenían sonidos diferentes según quien las dijera. La persona que escribía hacía los símbolos según su manera de hablar la lengua. Consulté este aspecto con un iraní, y él me dijo que era cierto que en su lengua la misma palabra podía tener muchos significados diferentes. Por ejemplo, la misma palabra significa león, grifo y leche, totalmente diferentes una de otra. Le pregunté cómo sabían cuál era la palabra correcta. Dijo que dependía de la frase en la que se empleaba. Si se tiene esto en cuenta, además del hecho de que los signos de puntuación no se inventaron hasta el siglo XV, es evidente que el trabajo de traducción de estas lenguas habrá sido una pesadilla.

D: Entonces si alguien leyera uno de vuestros manuscritos, ¿podrían sacar algo diferente de ellos?
S: *Es muy posible, sí, encontrar algo totalmente diferente de lo que se pretendía.*

Aunque los símbolos eran en esencia los mismos, el lector podía entresacar una versión diferente si no sabía en qué dialecto estaba escrito el manuscrito. Yo no entendía cómo se podía saber lo que realmente pretendía decir el escritor.

S: *Tendrías que tomarlo como un todo y encontrar la manera de encajar las cosas. Si una palabra no tuviera sentido en un fragmento tal y como está, entonces tendrías que encontrarle otro significado.*

Esto explicaría por qué algunas de las historias de nuestra

Biblia son distintas del original. Si se introduce una palabra diferente en el curso de las muchas traducciones realizadas a lo largo de la histo6a sería muy difícil saber cómo había que leer la historia originalmente.

D: ¿Tenéis manuscritos en hebreo?

S: *Sí, están en todas las lenguas de la tierra.*

D: ¿Se cometen también errores en hebreo?

S: *Sí, es casi igual de fácil en hebreo que en arameo. Las palabras tienen muchos significados.*

El hebreo emplea letras; pero no usan vocales, sólo consonantes, así que también son posibles muchas palabras.

Todo eso dificultaba mucho la tarea del escriba. Si cometía un solo error, se podía cambiar la historia de arriba abajo, incluso por simple ignorancia.

S: *O por miedo, sí. Yo no soy un estudioso. No conozco las razones de los hombres para estas cosas.*

Teniendo en cuenta esta información, presentaré las versiones de Suddí sobre las historias de los manuscritos y de la Torá. Las diferencias con nuestra Biblia moderna son abundantes. Conviene recordar que son las historias que le fueron enseñadas a Suddí por sus maestros, así que son Ja verdad cal como la veía *él*. Pero la época de Suddí estaba más próxima a los originales, así que ¿quién sabe? Aceptadlas como objeto de reflexión.

D: Hoy en día tenemos un libro que contiene algwlas de vuestras enseñanzas, pero se dice que fue escrito por muchas personas distintas. Las diferentes partes de los libros llevan nombres. Hay uno que se llama Isaías.

S: *Sí, está el profeta Isaías. Estás diciendo «libro». No es un libro, es parte de la Torá. Habla del profeta Isaías. Y están Ezequiel y Deborah y Benjamín y la historia de Moisés y Ruth, y muchos, muchos otros. (Deborah era un personaje*

166

de la Biblia que yo desconocía.) Es la parte sobre los jueces de Israel. Ella también era juez. Era una de las Legisladoras. Para los israelitas, que hubiera una mujer por encima de ellos era una circunstancia inusual. Y muchos no sop01taban ser gobernados por mujeres. Ella era una persona muy sabia. Su historia no forma parte de la Torá, está en algunos manuscritos.

En la Biblia, Deborah se menciona brevemente en los capítulos 4 y 5 del Libro de los Jueces.

Le pregunté si alguna vez había oído hablar de una parte llamada Génesis, pero él no conocía este nombre. Cuando le expliqué que allí se contaba cómo se había formado el mundo, Suddí dijo: *«¿Quie1·es decir lafundación? Es simplemente el Principio».* Tampoco reconocía el nombre de Éxodo, pero sí la historia de Moisés, que para ellos era muy importante. Yo no estoy familiarizada con la Torá que se usa hoy en la religión judía, pero le pedí que me dijera las partes que se incluían en la suya.

S: La Torá se compone de las leyes y las profecías. Y eso básicamente desde el tiempo de Abraham. Se dice muy poco sobre lo que hubo antes. Las historias están en los escritos, pero no en la Torá. Empieza con la parte de la creación sobre Abraham, que él es el líder del pueblo (de Israel) y sigue a partir de ahí.

D: ¿Termina con la historia de Moisés?

S: No, termina con los profetas. Algunos están en la Torá, otros están en los demás manuscritos. Pero es el trabajo de juntarlos. Estoy intentando juntarlo todo sobre las promesas.

D: ¿Quiénes el último profeta de la Torá?

S: Déjame pensar. Creo que Zacarías.

Pensé que sería más fácil que todas las historias estuvieran juntas en un mismo manuscrito. Su respuesta hizo reír al grupo de oyentes.

S: Si estuvieran todas en un mismo rollo, sería un rollo muy grande. Sería demasiado grande para levantarlo.

Fue casi por error cómo descubrimos la destreza de Suddí para contar historias. No se me había ocurrido antes pedirle este tipo de información. En realidad, las siguientes historias aparecieron desperdigadas en las distintas transcripciones y fueron surgiendo al azar a lo largo del período de tres meses. Yo las he reunido en esta sección para facilitar su lectura fuera de contexto. Puesto que es un hecho conocido que nuestra Biblia ha sufrido muchos cambios con el paso de los años, tal vez encontremos aquí una verdad mayor de lo que quisiéramos reconocer. Leedlas, al menos, con una mente abierta.

SODOMA Y GOMORRA

Yo estaba interrogando a Suddí acerca del mar Muerto, o «mar de la Muerte», como lo llamaba él. La comunidad de Qumran estaba situada en los acantilados que bordeaban esta cuenca de agua. Yo siempre había oído decir que era un mar muy salado y que no podía sustentar la vida. Las explicaciones de esta característica no han sido nunca satisfactorias. Pensando en ello, pregunté si el mar tenía alguna peculiaridad. La respuesta de Suddí me cogió por sorpresa.

S: Tiene a veces olor de alquitrán, o resina, o pez, sí. Dicen que hacia el sur, hay pozos de pez y de ahí viene el olor. Además no crece nada en el mar de la Muerte. Hay pocas plantas en la orilla.

D: ¿Es por esto que lo llamáis el mar de la Muerte?

S: Se llama así porque fue en estas costas donde Gomorra y Sodomon encontraron la destrucción. Y es para recordárnoslo.

Lancé una mirada rápida hacia Harriet y vi que ella estaba tan sorprendida como yo. Era, sin duda, inesperado. Habíamos escuchado la historia bíblica, pero no teníamos ni idea de que estas dos ciudades infames estuvieran asociadas con el mar Muerto.

168

Nótese la inversión de los nombres respecto de cómo estamos acostumbrados a oírlos nosotros y la diferente pronunciación de Sodoma. Era evidente que nada de esto provenía telepáticamente de *nuestras* mentes.

D: ¿Ah, sí? Nosotros siempre habíamos pensado que el nombre significa que ahí no puede crecer nada.
S: *(Interrumpiendo.) Por eso aquí no crece nada.*
D: ¿Cómo fueron destruidas estas ciudades?

Suddí respondió con naturalidad, Por «*radiación*». Me volvió a coger por sorpresa, y le pedí que nos contara la historia de lo que sucedió.

S: *Se dice que eran ofensivos a los ojos de Yahvé, porque se habían apartado del camino de la verdad. Y cuando les advirtieron muchas, muchas veces que volvieran al camino de la rectitud, se rieron. Y se dice que Lot estuvo en estas ciudades, donde se le aparecieron dos seres superiores que le dijeron que tomara a su familia y se marchara: así estarían protegidos. Y él estaba disgustado porque ésta era su ciudad después de todo, y aunque todavía fuera mala, ésta era su gente. Pero le dijeron que no merecía la pena salvarla, que debían volver a empezar de nuevo. Así que tomó a sus dos hijas y a su esposa y se marcharon. Se cuenta que su esposa se volvió para mirar la ciudad y al hacerlo se murió, porque vio el rostro de la destrucción con sus ojos.*

Me acordé de la conocida historia de cuando la mujer de Lot se convirtió en una columna de sal, pero Suddí dijo que su muerte no tuvo nada de particular, salvo que se volvió a mirar y vio la destrucción. Le pregunté si había una explicación de la destrucción.

S: *Donde estaban situadas estas ciudades ahora hay bolsas de pez y de alquitrán. Se produjo un gran calor. Los*

169

relámpagos cayeron de los cielos. Y cuando descargaron sobre las ciudades, reinó la destrucción (o tal vez dijo «... llovió la destrucción...», pues en inglés las palabras «reign»: reinar, y «rain»: llover, suenan igual. Una interesante diferencia de definición). E hizo que ... estallara. Y las ciudades se desmoronaron solas, y se hundieron hasta que no quedó nada.

D: ¿Entonces, crees que Yahvé hizo que ocurriera todo esto?

S: *Fue su decisión, sí.*

Sentí que tenía que investigar el tema, sin postergarlo. Suddí había despertado mi curiosidad. Pensé que la historia de los esenios no peligraría si buscaba información sobre Sodoma y Gomorra. Teníamos a nuestra disposición mi enciclopedia, que nos ofrecía de lo mejor. Conviene recordar que antes no habíamos tenido interés alguno en informarnos sobre este tema, nunca habíamos pensado que pudiera haber alguna relación.

Los datos arqueológicos y bíblicos confirman la ubicación de las cinco ciudades de la llanura en el valle de Siddim. Sodoma y Gomorra fueron dos de estas ciudades. En su momento, fue una llanura fértil ubicada en el extremo sur del valle del río Jordán donde desemboca en el mar Muerto. Los primeros invasores de la región encontraron el valle lleno de pozos de asfalto -«pozos de limo»- en las traducciones antig u as. Los escritores antig u os y modernos dan fe de la existencia de asfalto (griego) y betún (latín) alrededor del mar Muerto, sobre todo junto a la ribera sur. En la Antigüedad, se le llamó mar Salado y lago Asfaltitis. En el extremo suroeste se alza una montaña de poca altura constituida, en parte, de sal cristalina pura y compacta, y que los árabes del mundo moderno llaman Jebel Usdum, el monte de Sodoma.

Las recientes investigaciones de los geólogos han revelado la existencia de petróleo y detectado filtraciones de asfalto. También sospechan que haya uranio, pero piensan que sería demasiado difícil minarlo. Los autores antiguos escribieron sobre los insoportables olores y el hollín que emanaban del mar. Era tan fuerte que oxidaba los metales. Los geólogos modernos dicen que es gas natural, cosa que la gente del pasado no habría conocido. Afirman que una explicación posible de la destrucción de Sodoma y Gomorra es que los relámpagos pudieron incendiar el petróleo y los vapores del gas, o que un terremoto removiera las masas de fuego interior, causando una explosión. En la Biblia se dice que Abraham vio humo elevándose sobre la llanura, que subía «como humo de un horno». Es una buena descripción de cuando arden petróleo y gas. También podría corresponder a una explosión atómica.

La superficie del mar Muerto, que está 387 metros por debajo del nivel del mar, es más baja que cualquier otro lugar conocido en la tierra. Luego, el mar desciende a una profundidad máxima de 392 metros, donde es seis veces más salado que el agua marina, lo que significa que es el lugar más salado de la tierra. Se trata de un fenómeno geológico único. En ningún otro punto del globo que no esté debajo del agua, existe una profundidad mayor a los 90 metros bajo el nivel del mar. En esta agua, nada puede vivir.

Según Werner Keller, en *The Bible as History,* la exploración de aquella región reveló algo extraño. La cuenca marina es increíblemente profunda, pero el extremo sur es superficial, de una profundidad no superior a los 15 o 20 metros. Cuando el sol brilla en cierta dirección, se puede ver el perfil de unos bosques debajo del agua. Se han conservado por el elevado contenido salino del agua. Esto demuestra que antes de la destrucción de Sodoma y Gomorra, la región era una llanura exuberante y fértil. Se cree que fue en este lugar donde las ciudades se hundieron en el agua, y esto explicaría su poca profundidad.

La sal está en el aire y, en esta región, todo (incluida la gente) queda rápidamente cubierta por una costra de sal. Esto explicaría la historia de la esposa de Lot que se convirtió en sal. Con la explosión, debió llenarse el aire de muchísima sal arrojada desde la salina cercana a las ciudades.

Me gustaría aventurarme a extraer mis propias conclusiones

171

sobre lo que sucedió allí. Para que se hundieran las ciudades y la región quedara sin vida, desolada para todos los tiempos venideros, creo que tuvo que ocurrir una explosión atómica natural. ¿Explicaría esto también la increíble profundidad del mar? Es posible, dada la presencia en la zona de uranio y otros químicos altamente volátiles. Es interesante señalar que en esta región nunca se han llevado a cabo mediciones de la radiactividad empleando el contador de Geiger, según afirma el autor Erich von Daniken.

Pero esto no explica la presencia de dos seres que llegaron para advertir a Lot y a su familia. Si fue un fenómeno natural, ¿cómo lo supieron de antemano? Se ha sugerido la posibilidad de que, en lugar de relámpagos, la explosión fuera provocada por rayos láser desde una nave extraterrestre. Una mente abierta puede ver muchas explicaciones alternativas a la ortodoxa.

Un nuevo ámbito de exploración de la época acababa de desplegarse ante nosotros. Tal vez Suddí podía ofrecernos más historias y, así, abrir nuevas vías de pensamiento.

DANIEL

Cuando le pregunté acerca de la historia del horno en llamas, Suddí me dijo que no la conocía. Así que le pregunté si sabía de un hombre al que habían lanzado a un foso de leones.

S: Hablas de Daniel. Su historia está en los manuscritos. Fue un hombre sabio y un profeta. La gente tenía miedo de su influencia sobre el rey. Porque era judío y no tenía sus mismas creencias hicieron que lo lanzaran a los leones. Y así cuando salió vivo, tuvieron miedo porque entonces supieron que su Dios era el Dios verdadero. Se dice que el ángel vino y cerró las bocas de los leones. Yo prefiero pensar que Daniel habló con los leones. Esto es posible. El hombre puede tener una conversación compartida con animales. ¿Acaso no son también criaturas de Dios?

DAVID

Suddí me dijo en una ocasión que era descendiente de la casa de David, así que le pregunté si conocía una historia sobre David en la que había un gigante.

S: *Hablas de Goliat. Se dice que Goliat fue el jefe del ejército de... creo que eran los filisteos. Y la gente de... déjame pensar, ¿quién era el rey? Creo que era Saúl el rey, y estaban en guerra. Y cada día el ejército israelita salía y era derrotado y muchos hombres morían, a manos de ese líder, Goliat. Él salía y los desafiaba a todos, y ganaba.*

D: ¿Era realmente un gigante?

S: *Era más grande de lo que se diría de la mayoría de los hombres. Él estaba con los filisteos, pero no era filisteo. En otras palabras, era de otro lugar. Y se dice que David decidió que se enfrentaría a él y lo mataría, y lo hizo. Se dice que usó una honda. Que era un pastor de ovejas y tenía mucha destreza usándola para matar lobos. La honda mantiene a los lobos y chacales alejados de las ovejas, si tienes buena puntería. Así no pierdes ovejas. David acababa de cruzar el umbral de la adolescencia. Creo que tenía catorce años. Le habían dicho que sería capaz de hacerlo. Así no es difícil derrotar a alguien, cuando tú estás en lo cierto y ellos se equivocan. En este caso, es mejor matar a un hombre para parar la matanza, que dejar que un hombre mate a tantos. Así está escrito.*

JOSÉ

S: *La historia de José no es de la Torá. Se dice que tuvo muchos hermanos de diferentes madres. Pero sólo un hermano de la misma, que era más joven que él. Quizá fuera él el menor, no me acuerdo. Ha pasado mucho tiempo desde que la leí. Se dice que fue vendido como esclavo por sus hermanos, porque sus hermanos estaban celosos de la atención que su padre le daba. Porque él era*

173

... déjame pensar. Sí, ya recuerdo, él era el hijo menor de su madre, y su madre murió al dar a luz. Y ella era una esposa muy amada. Y por eso, probablemente estaba... ¿cómo se dice...? consentido. Recibía muchas cosas, los hermanos pensaban que no era del todo justo. Y por eso su padre le regaló un abrigo de mangas y él...

¡Un momento! En nuestra historia bíblica, su padre le daba un abrigo de muchos colores. Le interrumpí: «¿Un abrigo de *qué?*».

S: Un abrigo de mangas: una túnica que tiene mangas. Normalmente la túnica no tiene mangas, es sólo una túnica abierta. En fin, era un abrigo bonito y nuevo, así que tuvieron celos y decidieron que querían quitárselo y él dijo: «¡No! Sabéis que nuestro padre me lo ha dado». Tuvieron una discusión y lo tiraron a un pozo, creo que era, o lo pusieron en uno bajándolo, no recuerdo. Y dijeron: «Bueno, no podemos dejar que vuelva junto a nuestro padre. Le contará lo que hemos hecho». Así que decidieron que iban a matarlo. Su hermano, el de la misma madre, dijo: «No, no, no podemos hacer esto. Es nuestro hermano. Mirad, no lo podemos hacer». Y por eso, él decidió que lo vendieran a unos mercaderes de esclavos que irían a Egipto y nunca lo verían más. Así que lo vendieron...

D: ¿Qué le dijeron los hermanos al padre?

S: Volvieron con el abrigo, y como habían manchado con sangre de cordero, creo, el abrigo, le dijeron que había sido atacado por un león y que había desaparecido. Que esto era lo único que habían encontrado.

D: Entonces, ¿qué pasó después de que lo vendieran los mercaderes de esclavos?

S: Su amo, al descubrir lo inteligente que era, lo puso a trabajar de... déjame ver, de contable, creo (imagino que ésta es la palara. La pronunció de manera extraña), y a cargo de sus propiedades. Y su esposa decide que desea a José y él dice: «No, no, no». Así que ella le crea

174

problemas con ese amo, y ese amo lo mete en prisión. Y, déjame pensar ahora... Había un consejero del faraón, que había caído en desgracia, que también estaba ahí, que tenía sueños. Y José, que entendía los sueños, le contó lo que significaban. Y así cuando el consejero del faraón fue liberado de la prisión, le pidió que se acordara de él. Y a su debido tiempo lo hizo. Y cuando el faraón tuvo un sueño, se acordó de José que lo interpretó. Y al hacerlo salvó a Egipto, porque Egipto tuvo siete años de abundancia y siete años de hambruna. Y sólo Egipto estaba preparado, y todas las tierras alrededor estaban muriéndose de hambre. Así, se dice que cuando ya no quedaban alimentos para que comiera su familia, él (el padre de José) los envió (a los hermanos) a Egipto. Y se dice que José descubrió que estaban allí y los acusó de robo. Y diciendo que debían dejar al hijo menor con él, el hermano de la misma madre. Y no reconocieron a José porque había cambiado mucho...

D: ¿Habían pasado muchos años?

S: *Sí, y... déjame pensar. Así que volvieron a casa y se lo contaron a su padre y él tuvo que regresar con ellos o algo así. No recuerdo. En fin, acabaron por encontrarse y codos tuvieron que confesar lo que había pasado. Pero José, siendo el gran hombre que era, los perdonó y también su padre. Y así fueron gl·andes en Egipto. Así es cómo la familia Llegó a Egipto, pues se trasladaron allí. Es una historia muy Larga, y es parte de nuestra historia.*

ADÁN Y EVA

Suddí había mencionado antes a Adán y Eva, así que le pregunté por esa historia.

S: *La historia de la creación del hombre y la mujer, sí. Adán fue hecho de la arcilla de la tierra cuando era nueva. Y cuando Dios encontró que Adán estaba solo y necesitaba la otra palte de él, se dice que le sacó la costilla. Aunque esto no lo puedo entender, el hombre tiene tantas como la*

175

mujer. Pero, bueno, le sacó la costilla e hizo 1ma mujer,
para que fuese su compañera del alma, la otra mitad de él.
D: Me pregunto cuál sería el significado de la costilla ...
S: *La mujer, la compañera por excelencia, es parte de ti y*
   parte de un todo.
D: ¿Crees que se trata sólo de una historia o es que realmente
   ...?
S: *(Interrumpiendo.) No lo sé. ¡Yo no estaba allí!*

Suddí dijo que el nombre del lugar era el Paraíso. Cuando le
pregunté acerca del jardín del Edén, dijo que nunca había oído ese
nombre.

D: ¿Adán y Eva vivieron en el Paraíso el resto de sus vidas?
S: *Según la leyenda fueron expulsados por intentar robar a*
   Dios lo que Dios deseaba guardar para sí mismo, que era
   el conocimiento de la vergüenza. Comieron del árbol de la
   sabiduría, lo que fue muy curioso. ¿Por qué desearías la
   sabiduría, si pudieras elegir la vida ;1 pudieras elegir la
   sabiduría? ¿Cuántos no elegirían la vida eterna? (No
   entendí lo que decía y Le pedí que me lo explicara.) Había
   dos árboles. Había 1-n árbol de Lasabiduría y un árbol de
   la vida. Por eso, ¿por qué dijeron que comían del fruto
   del árbol de la sabiduría? ¿Acaso la gente no desearía
   vivir para siempre? Esto me parece muy curioso. Si vives
   para siempre, tienes muchas más posibilidades de
   alcanzar sabiduría en esa cantidad de tiempo.

Su extraña filosofía me hizo gracia, pero era lógica. Le
pregunté cómo eran los árboles.

S: *Eran de la misma especie y de tamaño gigantesco. He oído*
   decir que estaban hechos de granadas, pero esto también es
   una leyenda.
D: ¿Hay algo en tu historia que diga que fueron tentados a
   comer del fruto de un árbol?
S: *Se dice qlte La serpiente tentó a la mujer. Y que cuando fue*
   tentada, y sucumbió, esto formó parte, según la leyenda, de

la razón por la que las mujeres deben sufrir durante el parto. Yo no creo en esto, pues las mujeres no tienen que sufrir. Esto es algo que los hombres han añadido a la historia, pienso yo. ¿Por qué el hecho de traer vida al mundo tiene que traer sufrimiento? ¡Por supuesto que no tienen que sufrir! Hay muchas maneras de traer un niño a este mundo sin darle dolor a la madre. Por ejemplo, si aprende la higiene y La respiración relajante, y usando... desviando la concentración de lo que tu cuerpo está haciendo, de los movimientos. Y te concentras en cambio, en lo que te resulta bonito y relajante y cuanto más calmado esté tu cuerpo, más fácil es dar a luz al niño. (Suena muy parecido a los métodos modernos de Lamaze.)

D: ¿A las mujeres se les enseña a hacerlo por sí mismas?

S: *Hay mujeres a las que se les enseña. Y por supuesto, hay otras mujeres y normalmente el compañero también está a su lado. Pero yo no he asistido a un parto.*

D: Mencionaste la serpiente. ¿Quieres decir que se trataba de una serpiente de verdad?

S: *Algunos dicen que fue uno de los seres de luz que cayeron. u espíritu entró en una serpiente. Hay muchas leyendas sobre esto, pero yo no las creo. Yo creo que el hombre creó su propia caída en la desgracia a través de su conquista de la codicia y la lujuria. Cuanto más tienes, más quieres. Y el hombre creó su propia caída del Paraíso. Es más fácil decir que la serpiente nos tent6, que reconocer que esa serpiente es tu parte inferior.*

D: ¿Qué pas6 cuando comieron del fruto?

S: *Se dice que fueron expulsados del Paraíso. Y se dieron cuenta de que no tenían ropa, y esto fue el nacimiento de la vergüenza en el mundo. Y desde entonces han estado intentando cubrirse. Tener vergüenza del cuerpo, cuando el cuerpo es tu templo, no es bueno. Esto es lo que Dios te dio para pasar tu vida. Debes tratarlo bien, y tratarlo de manera que te dure toda la vida. Porque estar avergonzado de algo que es un regalo de Dios es un gran pecado.*

Esta referencia al cuerpo como templo recordaba los comentarios de Jesús en el Nuevo Testamento.

D: Pero *vosotros* cubrís vuestros cuerpos.

S: *Pero no nos ocultamos. Cuando somos niños, hay libertad para ir como el día que naciste. Es aceptable. No es una vergüenza ser abierto con tu cuerpo. No corres y te escondes para cubrirte porque alguien te vea sin ropa.*

D: En algunas comunidades eso está muy mal visto.

S: *Y acostumbran ser los que tienen más problemas.*

Esto explica el baño mixto que cada día tomaban desnudos los miembros de Qumran. Era algo aceptable. Suddí se había referido a un ser de luz que había caído, y yo pensé inmediatamente en las historias de Lucifer como ángel caído. Pero él nunca había oído hablar de él. Sí conocía, no obstante, al arcángel Miguel.

S: *He oído hablar de Miguel. Se dice que Miguel está a la derecha de Dios. Él es uno de los seres que nunca han venido aquí. Ha estado siempre con Dios, no se aventuró a alejarse. Y por eso es tan perfecto ahora como en el día de la creación. Es como un mensajero para Dios. Si Dios desea hablar con alguien, quizá no tan directamente, envía a Miguel o a Gabriel. (Pronunciado muy rápidamente.)*

D: ¿Y cómo te habla?

S: *De pensamiento a pensamiento. ¿Cómo, si no?*

D: ¿No lo ves en realidad?

S: *Hay quienes sí lo ven. Hay quienes necesitan verlo. Pero no siempre necesita saber quién lo oirá. Él se nos aparecería a ti o a mí de manera diferente. Aparecería quizá como algo envuelto en luz dorada, o quiza sólo un rayo de sol manifiesto, o quizá como un hombre joven o incluso un viejo. Tú lo percibes, dependiendo de qué imagen necesites tener de él. También podría ser otros.*

Hay muchos que no han venido aún. Hay muchos que no han decidido que esto es lo que desean hacer. Que se acomodan y observan.

Volviendo a Adán y Eva, le dije a Suddí que había oído que en aquellos tiempos había gigantes en el mundo.

S: Eso cuentan. Según las historias que nos han llegado por tradición oral, Adán fue justamente lo que decidió Dios que fuera el hombre en su elección final. Que hubo muchos, muchos que llegaron antes que no eran perfectos, y por eso fueron cambiados. Y en los tiempos remotos hubo muchas cosas que ahora no existen. Así que es muy posible.
D: Hay muchas leyendas sobre animales extraños. ¿Tú crees que las leyendas provienen de ahí?
S: Eso he oído. Es muy posible.

Este tema se amplía en el capítulo 15, en la narración de la creación del mundo.

RUTH

Durante una sesión en que hablaba con Suddí de niño, le pregunté cuál era su historia preferida. Me sorprendió al responder: «*Me gusta la de Ruth*». Pensé que era una preferencia un poco extraña, tratándose de un niño. Se me ocurren muchas historias de nuestra Biblia que a primera vista resultarían más emocionantes para un muchacho. Le pedí que me contara la historia, y lo que siguió es un fenómeno realmente singular. Normalmente, el hipnotizador tiene que hacer muchas preguntas para que el sujeto siga hablando. Se relajan tanto que siempre existe la posibilidad de que acaben sumiéndose en un sueño natural. No me ha sucedido nunca, pero es una posibilidad. De todas formas, Katie siempre se había mostrado muy locuaz estando en trance. Pero en esta ocasión, Suddí contó esta historia y siguió durante siete minutos y medio sin interrupción alguna. No hice preguntas ni tuve que animarlo para que la historia fluyera. Pienso que se trata de una especie de récord, si es que hay otros casos en que esto suceda. Es otro ejemplo de la identificación íntima de Katie con esta personalidad del pasado.

Suddí contó la historia apasionadamente, con el entusiasmo alegre de un niño que quiere compartir sus conocimientos.

S: Se cuenta que Naomí, y su esposo y sus dos hijos entraron en la tierra de Moab (pronunciada casi como una sola sílaba) para ganarse el sustento. Y que, al hacerlo, estos dos hijos crecieron hasta una edad y decidieron tomar esposa. Pues se dice en los manuscritos que no debemos tomar esposa que no pertenezca a lo que nosotros mismos somos. Pero hablaron de eso con el sacerdote y les dijeron que si ellas (las mujeres) aceptaran a Yahvé como su Dios, se les permitiría casarse. Así que eligieron a las dos esposas con las que preferían casarse, y resultó que eran hermanas. Una era Ruth y ahora mismo no recuerdo el nombre de su hermana.

¡En fin! Así sucedió que pasaron muchos años y hubo una gran enfermedad entre la gente. Y el esposo de Naomí enfermó y murió, y también sus dos hijos. Y ella decidió volver a su tierra, que era Israel, llevando consigo las pocas posesiones que tenía y volviendo junto a su gente. Entonces dijo a sus hijas que eran jóvenes y debían quedarse allí y casarse y estar entre su propia gente. Y la hermana de Ruth estuvo de acuerdo en volver a casa de sus padres. Pero Ruth le dijo que al abandonar la casa de sus padres, ella ya no era hija de ellos y que Naomí era su familia.

Por tanto, donde quiera que fuese, Ruth también iría. Y Naomí repetía: «No, no, no puedes hacer esto. Es extraño. Nuestra gente es diferente». Y Ruth dice: «¿Acaso no sigo a Yahvé como tu gente?». Y ella dice: «Sí». «¿Y acaso no observo las leyes?». Y ella dice: «Sí». «Por tanto, soy uno de los vuestros.» Y así, decidió que, en lugar de ir sola, pues sería un viaje muy duro, irían juntas. Y fueron juntas. Y llegaron a casa. Y cuando llegaron ahí, claro, todos lloraron porque Naomí estaba sin esposo y no tenía hijos para llevar el apellido. Ella volvió a su casa. No eran realmente pobres, pero no tenían mucho dinero ni cosas para comer o eso. Y así vivieron durante un tiempo.

Y Naomí tenía 1m primo que se llamaba Boaz, que era un hombre destacado en su com1midad. Él era de la casa de David y muy importante y un hombre muy recto y bueno. Y tenía muchos campos y Naomí envió a Ruth a los campos para que espigara, que estaba permitido. Y le dijo que sería algo bueno, sabiendo que esto llamaría la atención. Pues aunque eran pobres, sería una vergüenza para la casa demostrarlo. Que aunque estaban viviendo en el mismo pueblo con sus primos, ellas tenían que ir a los campos a espigar. Así que llamarían la atención. Ella esperaba que algo sucediera. O quizá, muchos dijeron que lo sabía y por eso hizo que sucediera.

¡Pero, en fin! Así que salió a los campos y estaba espigando y los capataces intentaron que no lo hiciera y ella dijo que de acuerdo con la Ley, tenía derecho a hacerlo. Porque son las hojas que han quedado abandonadas. Y esto llegó a oídos de Boaz y descubrió que ella era su prima, estando casada con su primo. Por tanto era de la misma familia. Y él, viendo su problema, les envió muchos alimentos a su casa para que no tuvieran que hacer esto. Pero había otro primo más cercano, con el que si Ruth deseaba casarse, él tendría que casarse. Porque es la ley que el familiar masculino más próximo al hombre que muere sin hijos debe tomar a su esposa si no está casado. Y él no soportaba la idea de que ella fuera una moabita (pronunciado «mabita») y diferente de su familia. Pero, además, no soportaba que quizá Boaz quisiera a Ruth para sí. Por tanto estaba en un dilema.

Si decía que la tomaría por esposa, estaría emparentado con alguien que no era de los suyos. Pero si dejaba que la *tuviera Boaz, sabia que esto era lo que Boaz quería. Así que no podía decidirse. Y por tanto se hizo el desafío. El desafío delante del juez. Que o debía aceptarla como esposa o darle su sandalia. Que es como decir que se ha llegado a un trato, y que han decidido que esto pasará. Esto es para que sea legal, se pasa la sandalia. Y por tanto fue humillado a hacer esto delante de la gente.*

Porque él no quería... no había manera... ni siquiera por rencor a Boaz, de que tomara una esposa por la que se habían hecho tantos aspavientos. Además ella. era extranjera y diferente, y cosas así. Así que al final vivieron y crecieron. Y de este encuentro de Ruth y Boaz se formó la casa de David. Son muy importantes. Son mi gente, su casa. Y, su hijo fue... déjame pensar. Fue... David fue su nieto, el hijo de su hijo. Y de ahí en adelante...

Esto fueron los siete minutos y medio enteros en los que Suddí habló sin interrupción.

D: ¿Por qué es tu historia preferida?
S: *Ellos son la historia de mi familia. Y esto fue el principio de nuestra casa. (Línea ancestral, árbol de la familia.)*
D: ¿Ruth estaba contenta con la decisión? ¿Dicen algo sobre ello lo manuscritos?
S: *Sí, estaba contenta, porque se cuenta que, en parte, ella salió y se dio a conocer a Boaz, para que él supiera que ésta era su decisión. Esto también es parte de todo eso. Y juntos partieron el pan y se decidió. Y entonces pasaron por la rescisión publica de los derechos.*
D: Bueno, si ella no hubiera vuelto con Naomí, nunca lo habría conocido.
S: *Lo habría conocido. Habría sido así, de una manera u otra.*
D: ¿Las cosas de este tipo son predestinadas, que se junten las personas?
S: *Si hay deudas que hay que pagar, ya sean para bien o para mal, deben pagarse. De todos modos, estas cost.is*

sucederán. Y debemos aprender de ellas. Y aprender a no desafiarlas, porque esto causa mucha angustia y mucho dolor. Si simplemente sacamos lo mejor de las situaciones y aprendemos de ellas, el beneficio es increíble.

D: Si no te resistes a ello, y simplemente te dejas llevar.

S: Sí.

15 Moisés y Ezequiel

MOISÉS

Suddí conocía bien la historia de Moisés y le daba gran importancia, pues él era maestro y profesor de la Torá, que contenía las Leyes de Moisés. Obtuve muchos fragmentos de esta historia en tres sesiones diferentes. Los he combinado, y encajan muy bien. En ellos, se observa extrañas diferencias en mayor cantidad que en cualquiera de las otras historias bíblicas que recibí de Suddí. Ésta era diferente y, sin embargo, bastante plausible.

Ya desde el principio la historia no era como nuestra versión bíblica. Se nos ha enseñado, en nuestras clases de religión, la historia del niño Moisés, nacido de una mujer hebrea y escondido en una cesta entre los juncos hasta que lo encontró la hija del Faraón, que lo crió en palacio como si fuera su propio hijo. A continuación, relatamos la historia tal como la contó Suddí.

S: *Su madre era princesa en Egipto.*

D: Nosotras hemos oído que nació de una mujer hebrea.

S: *¡No! Nació de un padre hebreo. (Su voz manifestaba irritación.) Esa fue la historia que circuló en años posteriores, para protegerla de un hijo hebreo y un padre hebreo. Moisés fue el hijo de la hija del Faraón.*

D: ¿Por qué tuvieron que ocultarlo?

S: *Porque en aquel tiempo los hebreos eran todos esclavos en Egipto. Aunque Moisés era de familia noble, se cuenta que era de la casa de José (pronunciado: Yosef); era, repito, de un esclavo hebreo en Egipto. Creo que se dijo que el niño fue encontrado para protegerla de ella. Se cuenta que fue encontrado en el río en una barca de juncos, pero no es la verdad.*

D: ¿Lo criaron en la casa del Faraón? ¿Sucedió algo después, que lo obligó a marcharse?

Según la historia bíblica, al llegar a la madurez, Moisés se convirtió, por una circunstancia fortuita, en un asesino. Cuando lo descubrió el Faraón, quiso matar a Moisés, pero Moisés huyó al desierto para escapar de su ira. En esto, también, la versión de Suddí era diferente.

S: *No fue obligado a marcharse. Él descubrió que su padre era un esclavo. Y siendo su padre un esclavo, él también era esclavo. Y dijo que viviría con su gente. Era parte de la formación que iba a fortalecerlo para el bien, para que fuera capaz de soportar lo que iba a suceder/e.*

D: Por lo visto, nuestras historias son un poco diferentes. Pensábamos que él se había ido al desierto.

S: *Fue enviado al desierto por atreverse a amar a la princesa Nefertari, que iba a ser la esposa del Faraón. Por esto fue enviado al desierto. Esto fue después de que decidiera ser esclavo. Si aún fuera el príncipe Moisés, no lo habrían enviado al desierto. Ramsés sabía que Nefertari amaba a Moisés y estaba celoso. Por tanto decidió que enviar a alguien al desierto era como matarlo. Y creyó que había acabado con Moisés. No sabía que la mano de Yahvé estaba con él.*

D: ¿Cómo conoció su destino, si estaba en el desierto? (Yo pensaba en nuestra historia, en la que Dios le habla desde la zarza ardiente.)

S: *¡No lo sé!¡ Yo no estaba ahí! He oído que se le aparecieron los ángeles. He oído que él simplemente se abrió a su ser interior. Hay muchas historias. Creo que tuvo que ver mucho con ... es que él no lo soportaba más. Era libre y feliz y su gente era esclava en Egipto.*

185

D: Nuestra historia dice algo sobre una zarza ardiente.

S: *La he oído: dice que Dios se le apareció como una zarza ardiente. (Suspira.) A mí me suena algo raro. ¿Por qué quemaría Dios una de sus zarzas para llamar la atención de un simple mortal? ¿Acaso no diría simplemente: «Yo soy Yahvé, escúchame»? Yo creo que Él le habló al alma de Moisés y Moisés escuchó. Alguna gente tiene mucha dificultad para creer que alguien puede escuchar a Dios en su interior. Necesitan alguna manifestación externa para decir: «Sí, Dios me ha hablado». Para escuchar a Dios, sólo hay que abrir el corazón y Él está ahí, en cada aliento y en cada momento. Sólo hay que escuchar.*

Sin duda, parece demasiado fácil para que lo acepte la mayoría de la gente. Pregunté a Suddí si conocía la historia del mar Rojo, y si era la misma historia a la que estamos acostumbrados nosotros.

S: *¿Quién sabe? ¿Quieres decir cuando cruzaron el mar Rojo? Se contaba en algunos relatos que se abrieron las aguas, pero esto no es cierto. La verdad es que simplemente cruzaron. Tenían la habilidad de... ¿cómo lo digo? Que a través de los pensamientos y esfuerzos de todos, que la energía simplemente los elevó. Y así se dice que ni siquiera sus pies se mojaron.*

D: ¿Quieres decir que caminaban sobre el agua o que flotaban encima del agua?

S: *Pues algunos dirían que se abrieron las aguas, de manera que cuando daban un paso, no tocaban el agua. (Se frustró ante su incapacidad de explicarlo satisfactoriamente.) Poner la energía para caminar sobre el agua, o como quieras decirlo, va* con *la naturaleza. No va* contra *la naturaleza. Refuerzas, simplemente pones energía para que la superficie sea sólida. ¿Lo ves? Partir* un *mar va totalmente* contra la naturaleza. *Cuando haces cualquier cosa con las leyes de la energía, siempre tienes que ir* con la *naturaleza. Ir en contra es provocar que otra cosa quede*

186

fuera de lugar y es provocar un gran daño y gran
perjuicio. En la comunidad, se nos enseña a usar la energía
de esta manera. Con fe, todo es posible. Hay que creer.
D: Pero había mucha, muchísima gente cruzando el mar.
¿Piensas que todos creían?
S: No. Pero sí los suficientes para conseguirlo, y los demás
siguieron detrás. Pero la gente del Faraón no tenía la fe o
la capacidad para hacerlo, y por tanto cuando que dieron
un paso, simplemente se hundieron ... hasta el fondo.

Aunque no entendí lo que para él resultaba tan evidente y
sencillo, proseguí con otro misterio conectado con Moisés: el
arca de la alianza.

S: Es el arca de la alianza de Moisés con Dios, sí. Es... ¿cómo
lo digo? Un canal para comunicar con Yahvé. Es parte de
la comunicación. Es también parte de un intercambio de
energía. Se dice que contenía todos los secretos del mundo
y del universo.
D: Se ha dicho que contenía los diez mandamientos.
S: Los libros están ahí, sí, pero es, un canal hacia Yahvé. Es
parte de algo que en un tiempo fue mucho mayor. Y se nos
permitió guardar algunos de los secretos. De esta manera,
se puede aprender los secretos de todo. Los Leví guardan
los secretos del arca. Ellos son los hijos de Aarón.
D: ¿Dónde está el arca ahora? ¿Todavía existe?
S: Está protegida. Ellos (los Leví) han guardado los secretos.
Se dice que en la época de Babilonia y después, varias
veces fue capturada por reyes y emperadores que
deseaban doblegar el poder a su voluntad. Y, al hacerlo,
cayeron sus reinos. Y el arca volvió a esconderse de nuevo
muchas veces. Y ahora ha vuelto a esconderse. Esto fue un
regalo. A Moisés y a Aarón les fue dado el conocimiento
para construirla. Y entonces Yahvé se dio cuenta de que en
el fondo el hombre no estaba preparado para eso. Y, por
tanto, hay que proteger al hombre de eso. La energía era
demasiado grande.
D: ¿Puede destruirse el arca?

S: *No, nunca. Sólo por un acto o por voluntad de Dios puede destruirse. Está protegida por los Leví.*

D: Yo siempre he oído que el arca es peligrosa.

S: *Para aquellos que no tienen el corazón puro y buenas intenciones, sí. Te mataría. Su nivel de energía es tan grande que podría hacer que se te pare el corazón o que tu mente deje de funcionar. Que ya no habite tu cuerpo.*

D: ¿Y por eso Yahvé piensa que el hombre no está preparado para eso?

S: *Es porque durante muchos años, el hombre intentó doblegarla bajo su voluntad, para que hiciera lo que él deseaba que hiciera. Se dice que quien la tuviera reinaría el mundo. Por eso la tienen escondida.*

D: ¿Algún día estará preparado el hombre para algo así?

S: *¿Quién soy yo para juzgar? Sólo se puede esperar que sí. Se dice que por su causa murió mucha gente. En un tiempo estuvo en el sanctum interior del templo de Salomón. Pero su poder casi destruyó el sanctum interior y también se la llevaron de ahí para ocultarla.*

D: ¿Crees que el arca de la Alianza tuvo algo que ver con la capacidad de la gente para cruzar el mar Rojo?

S: *El arca no estaba allí. No la hicieron hasta... en los cuarenta años de nomadismo. Se hizo luego, para almacenar las tablas y los papiros de las Leyes. Moisés hizo el exterior, los Kalú trajeron la fuente de energía que pusieron dentro.*

D: ¡La gente ha cambiado tanto las historias! Nuestras historias no son iguales a las vuestras.

S: *Se dice que cada vez que un hombre cuenta una historia con la lengua, se adorna un poco, sí.*

Según nuestra versión bíblica, después de cruzar el mar Rojo, los hebreos fueron guiados por una nube de humo de día y una nube de fuego de noche. Suddí no había escuchado nunca esta historia.

S: *Se dice que el cayado de Moisés tenía encima un gran*

cristal que brillaba. Y esto indicaría la... dirección a tomar.

Esto fue otra sorpresa. Según su historia, el cristal brillaba cuando iban en la dirección correcta, y se apagaba cuando se desviaban del camino.

S: Se dice que durante parte del viaje, cuando vagaron por ahí durante tanto tiempo, vagaron porque Moisés había perdido la fe y había empezado a ir en la dirección que la gente quería que fuera, en lugar del camino que le guiaba. Fue porque tuvo dudas. Había perdido la gran fe que le permitió hacer lo que ya se había hecho. Y los disidentes decían: «No, no, nos guías mal. Harás lo que nosotros queramos. Iremos por aquí». Y esta vez perdieron el camino. Entonces se dice que él ya no soportaba saber que estaban perdidos, y su gente se morfa y sufría. Y rezó a Yahvé, diciendo que volvería a seguirlo si El prometía salvar al pueblo. Y se dice que Él volvió a guiarlo.

También está la historia de cómo la gente encontró alimento y agua por medios milagrosos para sustentarse mientras vagaban por el desierto.

S: Se dice que el maná crecía en los árboles. Decían que era como pan, que es maná, por eso se llama así. Hay arbustos en el desierto que tienen semillas. Cuando se abren tienen algo que es... ¿cómo lo explico? Algo comestible, que sustenta la vida. Se dice que fue así como habrían sobrevivido. Yo nunca he visto los arbustos, así que no sé... Y donde estaban estos arbustos, podían golpear el suelo con el cayado y salía agua, así que tenían para beber...

D: ¿El cayado de Moisés tenía propiedades especiales? Se usó para realizar muchos prodigios.

S: Moisés encontró su cayado. Se dice que tenía la capacidad de encontrar agua y cosas, pero cualquier cayado puede hacerlo si se usa correctamente. Se dice que el cristal era algo heredado, por muchas generaciones. Que Abraham

189

lo trajo consigo y que pasó de generación en generación.
Y José se lo llevó consigo a Egipto, a la tierra del Faraón.
Y allí, después, fue cuando empezó el cautiverio. Entonces
pasó de padre a hijo. Se dice que su padre, que era
hebreo, le dio el cristal cuando se hizo hombre. Se dice
que durante un tiempo lo llevó alrededor del cuello. Es
algo que vino de Yahvé, por tanto estaba protegido.
D: ¿Tú crees que Moisés sabía el poder que tenía el cayado?
S: Yo no soy Moisés, no puedo saberlo. (Nos reímos.) Se dice
que cuandoJosé llegó por primera vez a Egipto, los
hebreos eran tratados con gran respeto. Y entonces llegaron
a ser tantos, que muchos de los egipcios se pusieron celosos.
Y a muchos los obligaron a ser esclavos. Y de éstos venía la
gente que cruzó el río, que siguió a Moisés. Fueron éstos, sus
descendientes, estos descendientes del pueblo deJosé.
D: ¿Cómo consiguió Moisés que el Faraón dejara salir a su
   pueblo?
S: EL Faraón era su hermano. Se criaron juntos. Pudo convencerlo
por diferentes métodos; algunos dicen que por brujería. les
lanzó las plagas.

Yo había oído hablar de las plagas de Egipto desde la niñez *y*
siempre había pensado que eran fascinantes. Se encuentran en el
libro de Éxodo (7, 12). Quizá ahora tendríamos la oportunidad
de explorar su significado desde el punto de vista de Suddí. En la
Biblia, se mencionan diez:

1. El agua del río que se vuelve sangre
2. Las ranas
3. Los mosquitos
4. Los tábanos
5. La grave peste que azotó a los animales
6. Las pústulas
7. El granizo mezclado con fuego
8. Las langostas
9. Las tinieblas
10. . La muerte del primogénito (resultando la institución de la
    Pascua).

D: ¿Las plagas fueron reales?

S: *Sí, pero en gran parte fue... Moisés era un hombre muy inteligente. Sobre las últimas plagas, en las que dijeron que se oscureció el cielo y las aguas fluyeron rojas... Se dice que, cuando se oscureció el cielo, él sabía que río arriba... él había sido informado del conocimiento de que había estallado el volcán. (Suddí tuvo dificultad con esta palabra.) ¿Y el temor de que las aguas se volvieran rojas? ÉL sabía que en un par de días sucedería esto, porque río arriba éste era el color de la tierra. Y si esto entrara en el río, las aguas fluirían rojas. Se le hizo saber. Hubo supuestamente langostas y otras cosas. No sé si ocurrieron todas. Sí sé que algunas de ellas fueron simplemente que estaba informado de que sucederían ciertas cosas.*

D: Un hombre muy listo. ¿Entonces crees que, en gran parte, no era realmente la ira de Yahvé?

S: *Hasta la última plaga, no. En la que empieza la Pascua. Lo fue, sí. Sucedió que Yahvé prometió que enviaría un Ángel de la Muerte. Así no es el Dios que yo conozco, vengativo. Pero tampoco es así el Dios que yo conozco, que mata a todos los hombres sobre la faz de la tierra, como hizo cuando habló con Noé y le dijo que construyera la gran arca. No parece mi Dios, pero es lo que se nos ha contado. Se dice que hubo la plaga de las pústulas. Se dice que fue parte de la muerte que viene con las ratas. La pintura en el umbral de la puerta, creo que tiene mucho más que ver con el hecho de que los israelitas se mantenían sanos, y no tanto con que murieran los egipcios. Yo pienso que se creyeron ... inmunes.*

D: Sí, la historia cuenta que pintaron los umbrales de las puertas y esto hizo que el Ángel de la Muerte pasara de largo.

S: *Esto es lo que se dice. También he oído que colgaron diversas hierbas en las casas.*

D: ¿Entonces piensas que fue una enfermedad transmitida por las ratas, y que las pústulas eran uno de los síntomas?

S: *Sí, esto es lo me han dicho. Esto es lo que piensan nuestros maestros, que es una buena posibilidad.*

191

D: Pero supuestamente debía matar sólo al primogénito ...

S: *No, no era sólo el primogénito. Mató al primogénito y a la mitad de la población de Egipto. Se dice que cuando Moisés se lo contó al Faraón, le dijo que mataría a sr, primogénito. No le dijo que Él mataría al primogénito de todos. Sólo se dice que esto fue lo que vio, y que esto sucedería. No fue una maldición, sólo fue una predicción.*

D: Nuestra historia dice que Yahvé lo hizo para obligar al Faraón a liberar a la gente.

S: *Yo pienso que tuvo tanto que ver con Yahvé como con el hombre. Pero Moisés... Con un poco de preconocimiento, un hombre puede hacer muchas cosas.*

D: ¿Has dicho que usó la brujería, también?

S: *Así lo llamaría alguna gente, sí. Ser capaz de ver lo que sucederá antes de que haya ocurrido.*

D: Nos has dicho ya que hay maestros en la comunidad que tienen esta habilidad. ¿Es posible que Moisés fuera un maestro con una formación así?

S: *Es muy posible. Se dice que su padre fue un sacerdote de la fe y, claro, slt madre era la princesa de Egipto. Fue educado no sólo por los sacerdotes hebreos, sino también por los sacerdotes de Egipto. Él era medio egipcio, ¿por qué no habría de aprender esto?*

Es asombroso lo que puede suceder cuando se plantea una idea original a una mente abierta. De pronto, vi bajo otra luz. cosas que había dado por sentadas coda mi vida. La idea era radical, pero ¿era posible explicar las plagas de Egipto de esta manera? Suddí dijo que el agua fluía de color rojo por la agitación río arriba. La Biblia dice que el agua era hedionda y que la gente no podía beberla. ¿Pudo haber sido por el volcán, que derramaba azufre al río? Cualquiera que viva en el campo dirá que este químico natural vuelve imbebible el agua de pozo. Y el agua con azufre tiene mal olor, sin duda.

Las ranas abandonaron el río y arrasaron la cierra. Esto también pudo ser un resultado de los cambios que tenían lugar. Los animales son muy sensibles a la naturaleza. Cuando murieron todas las ranas, los egipcios las amontonaron en pilas hediondas. Así, la plaga de moscas habría ocurrido de forma natural, por su atracción a las ranas muertas. Suddí dijo que la oscuridad ocurrió a raíz del volcán, y esto también explicaría el granizo mezclado con fuego. Hay ocasiones en que ocurre este fenómeno durante las erupciones volcánicas.

Suddí dijo que la plaga que resultó en la muerte de los habitantes y que instituyó la Pascua judía fue una enfermedad causada por las ratas. Esto explicaría la plaga de piojos, porque es sabido que las pulgas llevan los microbios de la plaga negra. La enfermedad de los animales y las llagas como síntomas en los humanos estarían todo relacionados. La plaga de las langostas pudo haber sido un suceso natural o resultado del volcán, que alteró la atmósfera. Es extraño que todo encaje y deba considerarse como posible, y, en cambio, a nosotros jamás se nos había ocurrido la idea hasta que la presentó Suddí.

Los hebreos eran esclavos y sus viviendas estaban separadas del resto de los egipcios. Al permanecer dentro de sus casas hasta que el Ángel de la Muerte hubo pasado, observaron una cuarentena autoimpuesta. e mantuvieron alejados de las raras que transmitían la enfemledad y de las personas infectadas. Es una idea interesante que podría quedar abierta a todo tipo de elaboraciones.

D: ¿Cuándo recibió Moisés los mandamientos? ¿Fue después de que estuvieran errando por el desierto?

S: *Sí, primero había oído la voz de Yahvé, y fue directo al monte Sinaí. Y fue a la cima de la montaña, y se dice que allí se comunicó con Dios y recibió estas Leyes de Dios.*

D: ¿Tú crees que de verdad habló con Dios?

S: *Sí, se dice que era una persona diferente cuando bajó de la montaña a la que subió. Yo pienso que era una persona muy diferente. Estaba abierto al conocimiento y más.*

D: ¿Cómo le entregó Dios los mandamientos?

S: *No estoy seguro. Se escribieron. Algl-mos dicen que fueron escritos con el dedo de Dios. Yo pienso que es más bien como escriben los manuscritos algunos de los nuestros. Sale de ellos. Cuando escriben en los rollos de pergamino, les viene, simplemente, sin pensarlo. Yo pienso que fue de esta manera. Fueron grabados en tablas de arcilla. (Como las risadas en Qumran por los estudiantes para hacer prácticas de escritura.) Él llegó de la montaña con las leyes de Dios, y se dice que brillaba, que incluso el aire alrededor suyo resplandecía. Y cuando bajó, ellos habían hecho la estatua de oro a Baal y Durue (fonéticamente), y con eso violaban ya la mayoría de los mandamientos. Se dice que en su cólera hacia ellos, rompió las tablas, y entonces tuvo que ir y hacer que se reescribieran. Habiendo estado en contacto con Dios y m gloria, no pudo soportar que la gente fuera tan baja. No lo podía entender, y pensó que no merecían ni una palabra de Dios. Se dice que Moisés era conocido por su mal genio, así que es probable que sea verdad.*

D: ¿Por qué la gente hizo la estatua de oro a Baal?

S: Después de cuarenta años de vagar perdidos en el desierto, y de repente al tener tiempo para sentarse y hacer lo que querían, se volvieron un poco locos. La gente tenía a Aarón. Pero Aarón no era tan fuerte en voluntad como su hermano, y era más fácil doblegarlo.

D: ¿Moisés estuvo mucho tiempo en la montaña?

S: No recuerdo. Creo que un año, no estoy muy seguro.

La Biblia dice que Moisés estaba tan enfadado por los actos de su pueblo que, además de romper las tablas, tuvo un arranque de cólera que provocó la muerte de miles de ellos. Suddí no está de acuerdo. Dice que la ira de Moisés se agotó cuando destruyó las tablas.

S: Él no tenía autoridad sobre ellos. Se gobernaban a sí mismos. Volvió a escribir las tablas. No sé si volvió a la montaña a buscarlas. Pero esta vez la gente estaba mucho más tranquila. Y luego encontraron la tierra que se les había prometido. Se dice que Moisés no podía entrar en la tierra, y murió antes. Esto fue por sus propias dudas y por seguir los deseos de los demás, cuando dudó y dejó de seguir la guía (el cristal) que Yahvé le había dado. Vio por sí mismo que no estaba todavía preparado, que necesitaba más tiempo. Era una nueva generación la que entró. No fueron los que vagaron por el desierto. Creo que el único de los originarios que entró fue Aarón. Hay muchas historias de Moisés, fue muy sabio.

EZEQUIEL

Se ha escrito mucho sobre Ezequiel y su extraña visión, así que pensé que sería una buena historia bíblica para consultar con Suddí. Sin embargo, tengo la impresión de que tal vez Suddí confundía las historias de Ezequiel y Elías, porque son similares, o quizá porque las versiones originales se parecían más entre sí que las nuestras.

S: Ezequiel... Es el nombre de uno de los profetas. Su historia está en algunos de los manuscritos. Ezequiel fue un profeta y un hombre sabio y uno de los maestros. Era un hombre raro, vivió solo casi toda la vida, y tuvo pocos discípulos. Y se dice que hacia el final de su vida, le fue dicho que no moriría, porque sería llevado directamente a Dios. A mí me suena a vanidad. Aunque se dice que se le aparecieron los otros y que se lo llevaron, yo no creo que éstos sean gente de Dios.

No entendí lo que quería decir con «otros».

S: Hay otros similares a nosotros, pero no iguales. Fueron éstos los que lo visitaron. No son de la tierra, son de otra parte, aunque no se nos dice de dónde. Sólo se nos dice que desde que hay memoria, ha habido apariciones. Y algunas personas son más bendecidas, más elegidas, lo que sea. No estoy seguro de los méritos que han de tener. Pero a algunos se les aparecen y, a algunos, repito, se los llevan. Pero algunos se quedan aquí para hablar de su experiencia. Se dice que sus seguidores hablaron de su partida en un... creo que usaron el término «carro de fuego». Quizá les pareció un carro, pero era más como una de las máquinas voladoras de antaño que un carro.

Quizá escupía fuego, no lo sé. Había diferentes tipos.

¡Quizá no se alejaban mucho de la verdad los autores que han especulado con que la visión de Ezequiel fuera de un ovni!

S: Y se fue. No sé si fue él quien decidió ir con ellos o si fueron ellos, simplemente, que decidieron que lo querían. Se dice que nunca más se ha sabido de él. No tengo manera de saberlo. No estoy muy familiarizado con este manuscrito, no es una de las Leyes. Lo he escuchado y leído cuando era sólo un niño.

Yo tenía curiosidad por saber qué quería decir al referirse a las máquinas voladoras de antaño.

S: Hace mucho tiempo hubo máquinas que habían sido construidas para ir por el aire como pájaros. Se tenía este conocimiento y se usó. Ahora, según entiendo, se ha perdido en su mayor parte. Aún quedan algunas de las personas, los maestros, que tienen el conocimiento pero no se usa. El conocimiento está en la biblioteca. Es parte de las enseñanzas de los misterios. Sencillamente es mejor no usarlo.

D: ¿Sabes con qué iban impulsadas estas máquinas?

S: No, no lo sé. Usaban algo como potencia central. Aparte de eso, yo ... repito, ésta no es mi disciplina. Sólo sé un poco por lo que he hablado con otros. Se dice que los babilonios tenían el conocimiento en los primeros tiempos. No sé hasta dónde es cierto eso. Los que nos dieron a nosotros el conocimiento fueron los Kalú. Los Kalú tenían la habilidad de hacerlo antes de que se suprimiera el habla con otros. Tenían muchas cosas grandes, pero la capacidad para usarlas se perdió. O si no se perdió, decidieron que era mejor no utilizarlas, porque traían mucho dolor y destrucción.

D: Si tu gente tiene el conocimiento, ¿podrían construir estas máquinas voladoras si tuvieran que hacerlo?

S: Si fuera necesario, probablemente sí. No soy ingeniero. No lo sé.

Suddí las describió: «*Estaban hechas de cosas diferentes. Algunas estaban hechas de madera, otras de metales, bronce, oro, extrañas mezclas de metales. Algunas eran muy pequeñas y otras eran bastante grandes*».

Yo había entendido que se usaban para viajar, pero Suddí me volvió a sorprender cuando le pregunté el propósito de estas máquinas. Él respondió sin darle mayor importancia.

S: Las Ilsaban en la guerra. También se utilizaban para viajar. Pero la habilidad más grande que consideraban de ellas era la habilidad para derribar a un enemigo a grandes distancias, utilizándolas. Tenían armas que se colocaban encima de estas máquinas.

D: ¿Los enemigos tenían el mismo tipo de máquinas?

S: Todos no. La mayoría no.

D: ¿Vuestra historia cuenta lo que pasó para que desapareciera el conocimiento?

S: (Con mucha calma.) El mundo fue destruido. Un cataclismo. No sé exactamente de qué tipo. Fue simplemente como si se rebelaran las fuerzas de la naturaleza y estallara la tierra.

No dejaba nunca de sorprenderme y asombrarme con estas declaraciones inesperadas.

D: ¿Crees que fue el resultado de la guerra que se llevaba a cabo con estas máquinas?

S: No lo sé. Yo no estaba ahí.

Suddí dijo que los Kalú eran de los que estaban implicados en esta guerra, pe.ro no se acordaba de quiénes eran los otros. Le pregunté si los combates se habían restringido a una parte del mundo.

S: No, pero cabe esperar que aquellos que quedaron eran mucho más sabios. Puesto que habían acumulado

197

conocimientos, se les permitió conservar lo aprendido, y la capacidad para hacer esto. Siempre que no volvieran a utilizarlo para destruirse a sí mismos y a los demás junto con ellos. Estaba prohibido. El conocimiento se conservó con la esperanza de que algún día se pueda usar de f arma segura.

D: ¿Cómo escapó esta gente?

S: No lo sé. La historia no está clara. Se sabía que sucedería. Se la envió fuera antes de que empezara la destrucción. Lejos de donde empezó la destrucción.

D: ¿Crees que alguien encontrará alguna vez estas máquinas voladoras?

S: Es posible. El metal dura mucho tiempo. Seguro que hay algunas en alguna parte.

D: ¿Crees que alguien podrá encontrar alguna vez sus ciudades?

S: No lo sé. No hay un lugar específico del que se nos haya dicho «de aquí es de donde son».

Así, al preguntar por la historia bíblica de Ezequiel, obtuve una compensación inesperada.

16 - La creación, la catástrofe y los Kalú

LA CREACIÓN

Mientras Suddí me contaba la historia de Adán y Eva, se refirió a la historia de la creación del mundo. Decidí ahondar en ella.

S: *La formación, sí. No es de la Torá, es de antes. Se dice que en el principio había sólo oscuridad. Todo estaba oscuro y había un vacío. Y Dios, viendo esto, decidió que algo debía hacerse para llenar esta nada. No había nada allí, estaba vacío. Y Dios dijo que algo debía haber allí pues esto está vacío y yo estoy vacío. Por tanto todo vino de Él mismo, pues cuando se decidió... al instante hubo algo allí, las masas. Eran como grandes nubes que se formaron y juntaron hasta que alcanzaron su esencia. Y esto siguió durante un tiempo. La formación de estas cosas, lo que luego serían, sí, las estrellas y los planetas. Era parte de Dios. Se formaron cuerpos definidos, de planetas y estrellas y cosas diferentes. Y se vio que esto era bueno. Pero volvió a haber un vacío, una sensación de estar incompleto. Así que entonces Él decidió poblarlo de seres. Y había muchas decisiones a tomar sobre cómo serían. Muchos intentos y cambios y, finalmente, se decidió por los animales que Él deseaba que hubiera.*

D: ¿Le ayudó alguien a tomar alguna decisión, o lo hizo todo Él solo?

S: *Hubo otros. Los Elori, la Unidad, todos. No lo estoy expresando muy bien. (Suspira.) No es Elori, es Elohím,*

ellos son todo. En esencia, todo, todos juntos.
D: Yo siempre he pensado en Yahvé como un individuo ...
S: *(Interrumpiendo.) Yahvé es ... Él es nuestro, Él es para nosotros como los otros son para otros. Él es el individuo que se interesa y preocupa por* nosotros. *Hay otros... dioses, como los llamarías tú. Otros seres que ayudaron y trabajaron con Yahvé. Son un todo, están juntos. Son parte de un todo. Como uno, pero separados. Cada uno tiene sus preocupaciones, pero cuando se trata de cosas que tienen que hacer juntos, lo hacen como un todo. Cuando están juntos hay una integridad, una plenitud que hay allí. En ocasiones, se les permite trabajar juntos. Pero en cuanto se tomaron las decisiones sobre cómo se dividían las parcelas, siguieron por su cuenta más que antes.*

El concepto de un Dios que está por encima de todos resulta difícil de abandonar. Suddí dijo que Yahvé era parte del Elohím pero no estaba *por encima* de ellos. No necesitaban a nadie por encima, *«Ellos son»*. Cada uno tenía su propia parcela, por decirlo así, pero también trabajaban colectivamente si hacía falta.

D: ¿Yahvé está principalmente vinculado con nuestro planeta o sistema solar, o sólo con los seres humanos?
S: *Con todo. Con nuestra galaxia.*

Este concepto tan difícil, que Suddí intentaba comunicarme, resultaba confuso, así que cambié de tema y le pregunté acerca de las decisiones que se tomaron para poblar los planetas.

S: *Hubo muchas cosas que fueron cambiadas. Se pusieron muchas cosas ahí y se decidió que faltaba algo. No estaba completo, y se hicieron cambios. Por tanto, dejaron de existir. Hubo que ver cuáles encajarían y constituirían el todo y serían completos.*

Me sonaba a experimentación. Ensayaron diferentes formas y, cuando no funcionaban, las destruían.

S: O las cambiaban, sí. Algunas eran buenas ideas, pero no perfectas. Por tanto, las cambiaban y las hacían diferentes. Y cuando Él vio que eran buenas, sus hijos deseaban descubrir cómo sería la experiencia aquí.

D: ¿Qué quieres decir, con «sus hijos»?

S: (Tuvo dificultades para encontrar las palabras para explicarse.) Los... ángeles (pronunciado «án-gue-les»). Los espíritus que se formaron en el momento que... Verás, primero no había nada pero cuando sí lo hubo, se formaron partes *de ellos, y eran seres de luz más pequeños y esencias. Se formaron en ese momento.*

Es como si, al crearse todas las cosas de la nada, hubiera habido una espectacular explosión de energía de la que salieron despedidas pequeñas chispas, y estas chispitas se habrían convertido en almas individuales o, como los llamaba él, «ángeles». En ese sentido, fuimos todos creados al mismo tiempo.

S: Y estos seres que tenían curiosidad, y decidieron que querían ver cómo era vivir en esta existencia. La tierra no era árida, había vida y cosas. Se habían creado Los árboles, y el agua y las tierras habían tomado forma y... podríamos hablar indefinidamente de lo que se hizo en este tiempo, antes de que pisaran la tierra. Todo fue en una era de «veamos qué podemos crear y cuán bellamente podemos crearlo». Y esto continuó durante mucho tiempo.

Al parecer, esto ocurrió después de desarrollarse la tierra y crearse la vida. El reino animal ya estaba bien formado, y los seres humanos primitivos existieron cuando los espíritus tuvieron curiosidad por intentar esta nueva experiencia.

S: Había seres en la tierra. Por ellos entraron las almas en su existencia. En cuerpos parecidos a éstos, cuando se hicieron, cuando finalmente se acordó que esto sería así. Primero vinieron juntos unos cuantos, los emprendedores y los curiosos. Luego hubo más. Pronto la tierra estuvo sumamente poblada y éstos fueron tiempos en que el gran mal estuvo aquí. Pues la existencia en estos cuerpos los había deformado, de manera que ya no eran perfectos, y tenían problemas y vicios y cosas.

D: Bueno, cuando los Elohím pusieron a estos espíritus en la tierra, ¿les permitieron ...?

S: *(Interrumpió con voz enfática.) Nadie puso a los espíritus. Se les permitió experimentar esto. Fue decisión suya. Nunca fue una fuerza. Las cosas fueron muy hermosas durante un tiempo, mientras no estuvieron ligados a la tierra. Durante mucho tiempo, podían abandonar el cuerpo a voluntad, y así evitaron la deformación. Cuando se les permitía abandonar el cuerpo, se dejaba que el cuerpo respirara y continuara la existencia normalmente con la f arma que era suya. Y cuando comulgaban con los otros espíritus que no habían tenido estas experiencias de existencia terrenal, vieron lo que eran y lo hermoso que era y se convirtieron cada vez más en esto, en la belleza y las cosas. Empezaron a cambiar cuando perdieron esta comunicación y esta habilidad para comunicar con los otros y saber lo que realmente eran. Empezaron a cambiar y volverse deformes cuando perdieron esta habilidad.*

D: Si el cuerpo es deforme, ¿es una fuerza negativa con la que tiene que enfrentarse este cuerpo?

S: *No, no. Eso no tiene nada que ver. Algunas personas que son deformes son muy hermosas. Quizá desean mejorar porque están incapacitadas. Quizá no pueden usar el brazo y tienen que compensarlo y ser superiores por eso. Y las personas que son superiores por eso son tanto más hermosas y están más cerca de lo perfecto que aquellos que se quedan ahí sentados y dicen: «¡Ay! ¡Tengo este brazo! Ay, ayudadme, ayudadme!»* ¿Comprendes?

D: Sí, tienen que trabajar más duramente, pero crecen como resultado de su trabajo.

S: *Crecen mucho más, sí, si consiguen esto.*

Ahora comprendíamos que Suddí no se refería a un cuerpo físico deforme, sino a un espíritu deformado.

D: ¿La gente vivía más tiempo en aquella época?

S: *¡Claro! Porque cada vez que abandonaban su cuerpo, éste se recargaba y podía llenarse de más energía, por eso sólo abandonaban el cuerpo cuando lo decidían ellos. (¿Morían?)*

D: Este abandonar el cuerpo, ¿es como nuestros períodos de sueño?

S: *Algo así. Son personas que cuando duermen son capaces de hacer estas cosas. Hay algunos que todavía lo hacen a voluntad. Ésta es una habilidad muy, muy importante. No es exactamente lo mismo. Es diferente. Tiene que haber más control.*

Esto me hizo recordar las experiencias externas al cuerpo, o extracorpóreas. En aquellos primeros tiempos, el cuerpo se rejuvenecía así y vivía mucho más que los nuestros hoy.

D: Cuando Yahvé y los Elohím creaban, ¿pusieron vida en sólo un planeta, el nuestro?

S: *(Interrumpió indignado.) ¡No! Hay muchas en su área, se dice. Pusieron vida de maneras diferentes, sí. Se dice que en otro tiempo, la luna tenía atmósfera y estaba viva, y ahora está destruida y muerta. No sé mucho de esto, sólo he oído hablar de ello.*

D: Si hay vida, ¿hay quien viaje de un planeta a otro?

S: *Si el conocimiento es beneficioso para que lo hagan, se les permite hacerlo. En general, si son peligrosos para los otros, no se les permite... ¿qué estaba diciendo?... sí, comunicar.*

D: ¿Quién sería considerado peligroso?

S: *Las personas que se destruyen a sí mismas serían consideradas peligrosas. ¡La humanidad ha hecho esto! El hombre se ha destruido a sí mismo muchas veces, con diferentes métodos. Dios ha eliminado casi todas las cosas que había, por los horrores que el hombre ha hecho. Los hombres matan. Los animales no matan a los animales salvo por determinadas razones. Es el hombre quien mata a otro hombre sin motivo.*

D: Siempre hemos oído historias de que Yahvé destruyó a la humanidad. ¿Tú crees que lo hizo el hombre?

S: *¿Es tan crítico Dios que destruiría incluso a los inocentes? No. Esto es algo que ocurrió por culpa del hombre. ¿Acaso no es más fácil echarle la culpa a Yahvé, en lugar de cargar con ella tú mismo?*

D: ¿Nos puedes dar un ejemplo de un tiempo en que la humanidad destruyó su mundo?

S: *Se dice que los Kalú son nómadas por eso, porque el mundo fue liberado y cambiado. Hay muchos métodos para usar el poder y las fuerzas que yo no entiendo, pero no por eso son menos reales. Querían usar el poder para sus propios fines y medios egoístas. Eran personas que buscaban su propio interés y lo que no era necesariamente bueno para ellos, placeres, cosas diferentes. Se destruyeron a sí mismos y fueron la causa de que fueran destruidos. Al usar más energía de la que debían, al usarla en asuntos que no eran buenos y alterar el equilibrio natural de la naturaleza... Yo sé que hubo un vacío creado, y donde hay acción debe haber también algo que siga. Por eso, cuando no hicieron más que coger y coger y coger, tuvo que haber un retroceso. Cuando la tierra les quitó su poder, debió hacerse un gran daño. Y fue esta fuerza la que causó la destrucción.*

D: ¿Entonces crees que fue algo natural, y no el resultado de algo que hicieron ellos?

S: *Sí, pero fue algo que ellos habían creado. Ellos sí lo hicieron, porque estaban advertidos. Se les había dicho que esto pasaría y, por tanto, ellos se lo buscaron.*

Cabe plantearse si esto podría tener algo que ver con la ecología y los problemas medioambientales.

NOÉ

El relato bíblico sobre Noé y su arca ha sido siempre uno de mis preferidos, y tenía curiosidad por saber qué diría Suddí de él.

S: ¿Sobre el diluvio que vino? Es una fuente de esperanza, quizá sea por eso que es una de las historias preferidas. Es una historia para demostrar que todo continuará, por muy oscuro que parezca. Se dice que Noé fue un gran individuo, un hombre muy bueno. Y Dios vio esto y le complació, porque supo que Noé había conservado lo que era bueno y justo, y todos sus hijos siguieron los caminos de Yahvé.

D: ¿Por qué provocó Yahvé el gran diluvio?

S: De nuevo, creo que se trataba una vez más del enfrentamiento continuo con la tierra. Además, he oído decir que esto habría ocurrido antes de que todo estuviera asentado. O aproximadamente en el tiempo en que ocurrió la explosión de poder: ésta sería la causa de que sucediera. Si cambiaron los mares, ¿acaso no tendería el agua a ir por todas partes de muchas maneras, e igual la lluvia, o cosas así? Yo no creo que todo esto fu era causado por una lluvia de cuarenta días y cuarenta noches. Sería imposible. Quizá lloviera durante ese espacio de tiempo, pero creo que tuvo algo que ver con el cambio de la tierra que hubo entonces, para que los mares subieran en un lugar y bajaran en otro. Yo pienso que durante este tiempo hubo otros cambios, además de la lluvia que causó el diluvio. Y se dice que Noé llevó, déjame pensar, siete puros y... dos impuros. Los animales que se llevó eran siete puros y dos impuros. Si un animal no era ... si no podías comerlo, entonces sólo se llevaba la pareja, para que hubiera otros luego.

Le pedí que me explicara el tema de los animales puros e impuros.

S: Déjame pensar... Se dice que los animales puros son los rumiantes de pezuña hendida. Pues si tienen una característica y no la otra, no son puros. Como el cerdo, que tiene la pezuña hendida pero no rumia, y por tanto, es impuro. El buey, que tiene las dos cosas, puede comerse. Pero el camello, aunque es rumiante, no tiene las pezuñas hendidas. Tiene patas, más bien. Están hendidas pero es totalmente diferente y, por tanto, no se come. El caballo no tiene pezuña que sea hendida y, por tanto, es impuro, y el asno también. A Noé se le dijo que llevara siete de los puros, para que hubiera comida y los animales que se comieran pudieran continuar (reproducirse), para que no se murieran de hambre. Él había preparado una gran... (tuvo dificultad para encontrar la palabra) arca de las dimensiones que le fueron dichas. No las recuerdo. Se llamó a los animales, y vinieron y se hicieron las selecciones, y subieron a bordo. Y todos se reían, claro, porque, quiero decir, él construía este gran barco en medio del desierto. Y le decían: «Estás loco». Pero él les dice, les recuerda que deben estar preparados porque Yahvé ha hablado y manifestará su ira. Y claro, se rieron de él por decir cuentos de hadas y cosas así.

Verás, ellos no podían entender que eran ellos mismos quienes provocaban el diluvio, que ocurriría por su causa. Y ni siquiera querían entender que esto sucedería porque Dios lo había decretado. Eligieron ignorarlo, pese a que habían sido advertidos. Noé llevó a sus hijos y a su esposa y a las esposas de sus hijos y a los hijos de éstos. Llevó todo lo que cabía de lo que había ahí. Se hicieron provisiones. Se almacenaron grano y cosas diferentes. Se dice que estuvo en el agua durante dos vueltas de la luna aproximadamente. Sesenta días... no, cincuenta y ocho. (Indicando aquí el uso de un calendario lunar.) Hubo señales. Primero, enviaron la paloma y ésta regresó a casa. Entonces, la segunda vez, enviaron un cuervo que no regresó, y con esto dedujeron que había encontrado algo. Y entonces volvieron a soltar la paloma y ésta regresó con parte de un arbusto, no estoy seguro de qué, y volvió junto a su pareja con esto. Por tanto, supieron que había encontrado tierra. Y encontraron ese lugar, era un montículo muy alto, y pudieron llegar a tierra. Entonces empezaron a construir la civilización. Lo primero que hicieron fue dar gracias a Yahvé por haberlos puesto a salvo, porque a su alrededor sólo había destrucción.

Me pregunté por qué no figuraba el simbólico arco iris en la historia.

D: ¿Sucedió alguna otra cosa importante en ese momento?
S: Los hijos de Cam fueron expulsados por algo. No recuerdo, hicieron algo y eso disgustó a Noé.

¿Dónde estaba mi arco iris? Le insinué de forma indirecta que Yahvé les habría dado una señal en promesa de que jamás volvería a hacer aquello, pero en la versión de Suddí no había nada por el estilo. Al final, se lo dije directamente.

D: Veo que nuestras historias son un poco diferentes. Nosotros tenemos la historia del arco iris. Cuando aterrizó el arca, Yahvé puso el arco iris en el cielo y dijo: «Ésta es mi promesa, no volveré a hacerlo jamás».
S: Suena muy hermoso, pero no sé nada sobre eso.
D: ¿No sabéis nada, entonces, sobre el origen del arco iris?
S: (Él se rió.) ¡Aquí está! No sé, nunca me lo he preguntado. Algunos dicen que es una señal de que Dios está satisfecho, de que Yahvé sonríe. Es muy hermoso.

Sin embargo, me acuerdo de por qué ocurrió el diluvio. Esto ocurrió en el tiempo en que los hombres fueron castigados, y ya no podían hablar de uno en uno con todos. Este conocimiento se perdió y quedó encerrado. Y por tanto hubo gran confusión en el mundo. Hablaban con cada uno como si fueran uno, pensando que el otro sabía. Y esto se perdió, esta habilidad por su causa. Pensaron, se dijeron entre sí: «Si hacemos esta cosa grande, podremos ser tan grandes como Yahvé y encontrar la manera de ser aún más grandes, de tener más poder». Y por eso se perdió y vino la confusión. Yahvé les quitó esta habilidad, y el hombre se quedó sin habla porque nunca había tenido que comunicar con otros de ninguna otra manera, y fue una gran pérdida. Entonces aprendió a hablar con la boca, con palabras. Antes de esto, no había necesidad.

La historia me era familiar. Quizá fue esto lo que dio lugar a la historia de la torre de Babel y su significado. La pérdida de los poderes telepáticos por su uso indebido.

D: Antes de perderse esta habilidad, ¿podían comunicarse con personas a larga distancia?

S: *Sí, era como si estuvieran contigo. Y se lo quitaron, porque el hombre era soberbio y hacía muchas cosas que él no ... violaba la ley de la naturaleza. Y, por eso, provocó una gran destrucción. Y aquello se perdió. Se dice que estalló la tierra, como para arrojar al hombre de su superficie.*

Me pregunté si se trataba de la misma catástrofe a la que se había referido antes Suddí en relación con el nomadismo de los Kalú.

S: *No lo sé. Verás, nuestro conocimiento nos llega a trozos, fragmentos y pedazos, y debemos recomponerlo aquí y decir: «Bueno, ¿esto qué es?». Así que no todos los hilos están enteros. Y esto es lo que estamos intentando hacer. Estamos intentando completarlo y juntarlo todo.*

D: Juntar todas las piezas para obtener la historia entera. Por eso estoy interesada. ¿Sabes? cuando se cambian los libros de una lengua a otra, se añaden y se quitan muchas cosas.

S: *A veces es intencionado.*

D: Por eso tenemos curiosidad, porque nuestros libros fueron escritos de diferente modo.

S: *¿Qué quieres decir? Estos libros... ¿cuáles son éstos? ¿Por qué habría de ser muy diferente si se supone que es la Torá, que es la obra de Dios? ¿Por qué habría de ser* *diferente?*

D: (Tuve que pensar en algo que decir rápidamente.) Bueno, verás, en los tiempos en que vivo yo, se hablan diferentes lenguas. Y siempre que se cambia algo de una lengua a otra, cambian las palabras y se cambia el sentido. En nuestra ... ¿cómo se diría ... ?, ¿traducción? Es decir, tomar algo de una lengua y...

S: *(Me interrumpió.) Y ponerla en otra, sí, sí. ¿Quizá también tenga algo que ver con la persona que lo escribe?*

D: Puede ser. Tú lo entiendes porque en vuestra época también tenéis otras lenguas.

S: *Sí, la gente ya no habla en una sola lengua. Esto es por el gran daño que hizo el hombre.*

D: Alguna gente de mi entorno tiene ideas equivocadas.

S: *Se dice que cada vez que se cuenta una historia, la historia se hace más larga.*

D: Y se cometen muchos errores al contarla de nuevo. Hay mucho que aprender, ¿verdad?

S: *Dejar de aprender es morir.*

LOS VIGILANTES Y LOS KALÚ

Suddí había dicho que los conocimientos de los esenios fueron transmitidos en gran parte por los misteriosos Kalú. Pero yo me preguntaba si habrían venido también de *otras* fuentes. Era un tema que interesaba mucho a Harriet. A juzgar por la actitud protectora de Suddí con determinados aspectos de la comunidad, existía la posibilidad de que no obtuviéramos información alguna, pero pensé que merecía la pena intentarlo. Estábamos hablando con él cuando era ya un hombre mayor.

Harriet: ¿Habéis tenido alguna vez, tú y tu comunidad, contacto con seres de otro mundo u otro planeta?

S: *Sí.*

Su respuesta nos sorprendió, porque la pregunta no era más que un tiro al aire. Cuando se le planteó la misma pregunta siendo

Suddí un niño, no entendía aún que fuera posible provenir de puntos de luz.

S: Son los de los vigilantes que observan lo que hacemos. Están contentos con nuestros esfuerzos por conservar el conocimiento, por traer la paz.

Sus respuestas eran vagas. Dijo que había diferentes formas de contactar con ellos. A veces, era en persona. Su cautela volvió a asomar cuando le pregunté si alguna vez venían a la comunidad. *«¡No hablaré más de esto! ¡No es un tema de discusión!»* Cuando sucedía esto, era inútil seguir la misma línea de preguntas. Su necesidad de proteger era siempre más fuerte que las respuestas de Katie a mis preguntas. A veces era posible obtener las respuestas usando palabras diferentes o dándole la vuelta a la pregunta. Pero no quiso volver a discutir este tema. Al menos, no mientras estuviera *vivo.*

Cuando un sujeto está en estado de espíritu, –la condición llamada «de la muerte» entre vidas--, he podido obtener mucha información. Este tema, en su mayor parte, lo presentaré en otro libro. Aquí presentaré únicamente lo relevante. Mientras Katie estaba en este estado después de la muerte de Suddí, pensé que sería un buen momento para averiguar algo más sobre los vigilantes. En este estado, Suddí no mostró tanto secretismo. Le dije que quería encontrar las respuestas a cosas que no había podido abordar antes, porque no estaba permitido en su cultura.

K: Todavía hay muchas cosas que no se pueden conocer ahora.

D: ¿Y que no se podrán conocer nunca?

K: No, sólo en el presente. Se están adquiriendo muchos conocimientos, pero hay cosas que también debemos proteger.

D: Sí, lo entiendo. Pero pienso que hay cosas que son lo bastante importantes como para transmitirlas a otras personas.

K: (Enfáticamente.) Pero no te corresponde a ti decidir lo que es importante. Pero, si se me permite, contestaré.

Yo comprendía que, estando vivo, Suddí se mostrara protector, pues había jurado proteger ciertas cosas. Pero no pensé que también del otro lado me toparía con aquella actitud protectora.

K: *Hay más peligro en el conocimiento que todos comparten de este lado si llega a las manos de los deformes del vuestro.*

D: ¿Has oído alguna vez el término «los vigilantes»?

K: *Sí, los vigilantes son los de fuera, de otros mundos, que han estado aquí en esta tierra desde que hay memoria. Han estado estudiando a la humanidad como un todo y esperamos que... Ellos desean que tengamos éxito. Desean que encontremos el buen camino. Pero están ahí, quizá, en caso de que éste no se encuentre.*

D: ¿Entonces hay vida en otros mundos?

K: *¿Y por qué no? ¿Acaso tienes la vanidad de decir que de todo el universo éste es el único punto de vida de Dios? ¿Que Él creó todos los cielos y todo lo que hay, y decidió que este único planeta diminuto e insignificante, que éste era el único Lugar donde Él deseaba crear vida? Es la vanidad más grande que puede haber.*

Cuando se calmó, le pedí que continuara con los vigilantes. Él habló muy pausadamente.

K: *Los vigilantes representan las más elevadas intenciones. No desean hacerle daño a nadie. No digo que no haya seres igualmente nobles de pensamiento. Hay otros. Pero los vigilantes son nuestra propia protección y, más o menos, vuestra válvula de seguridad. Si nos destruyéramos completamente, ellos tratarían de impedirlo, con los medios que pudieran. Porque, si nosotros destruimos la tierra, ¿acaso no tendría repercusiones en el universo entero? No se puede destruir un cuerpo y que no haya ecos... para siempre.*

D: ¿Alguna vez se encarnan los vigilantes en los planetas?

K: *Han adoptado formas que se considerarían humanas, sí.*

211

Lo han hecho muchas veces en nuestro mundo. Pero hay que ser un individuo muy especial para ser consciente de ellos. Uno que sea muy abierto a su influencia, a sus emanaciones. Porque las réplicas, como si dijéramos, son muy buenas. Los seres, las formas que adoptan son réplicas. No son exactamente *humanas. Pero también están los que adoptarían las formas que los humanos considerarían más normales. Tendrían cuerpos, sí. No están en el estado en que sólo son seres de energía. Hay quienes lo son, pero no los vigilantes.*

D: ¿Entonces no nacen en un cuerpo, como un bebé, como hacen los humanos?

K: *Ha habido* espíritus *de vigilantes que nacieron en cuerpos, pero entonces son tan humanos como tú, con un alma más noble quizá.*

D: Has mencionado a los seres de energía. ¿Son diferentes?

K: *Sí, han superado la necesidad de un cuerpo físico.*

He leído el término «seres de luz» en muchos libros. Suddí dijo que quizá se tratara de otro término para referirse a lo mismo.

K: *Algunos de ellos son almas que nunca abandonaron su lugar junto a Dios durante la formación. Son aquellos que han vuelto a alcanzar esa perfección. Algunos pertenecen a otros mundos que están más allá de la capacidad de comprensión humana. Están tan avanzados que nos contemplan como un humano ve a una ameba.*

D: ¿Crees que alguna vez alcanzaremos ese tipo de desarrollo?

K: *(Suspira.) Por los caminos actuales, no.*

D: ¿Estos otros también adoran a Yahvé?

K: *¡Todos adoran a Yahvé! ¡Dios es* todos *y* todos *son Dios!*

D: ¿Los vigilantes ayudan de alguna manera especial?

K: *Si pueden influir en una persona, ésta posiblemente influya...incluso en todo un país. Entonces han hecho el bien. Han cumplido su propósito. De esta manera, ayudan a mantener la paz. Ayudan a... ¿cómo digo eso ...? mantener el equilibrio, por así decir, intacto.*

D: ¿Tienen espíritu, como tú y yo?

K: *Todos los espíritus son iguales.*

D: ¿Sabes de qué otros mundos provienen?

K: *Provienen de varios grupos, pero esto no es un conocimiento que se me permita transmitir.*

Según parece, Suddí era censurado también en ese campo. Reveló, sin embargo, que eran de nuestra galaxia, aunque no de nuestro sistema solar. Han estado observando la tierra desde que se pusieron hombres en ella. Le pregunté acerca de posible formas de vida en nuestro sistema solar.

K: *Sí, hay vida aquí aparte de la nuestra, pero quizá no siempre en formas de vida como las considerarías tú. Algunos son espíritus. Pero aquí hay lugares que son los comienzos de la vida.*

Intenté llevarlo hacia aproximadamente el año 70 d. de C., para que observara y me contara, tal vez, lo que sucedió con Qumrán. Se dice que fue destruida en el año 68 d. de C., y pensé que podría averiguar algo sobre su desenlace. Pero cuando lo llevé hasta ahí, Suddí estaba en su lugar de reposo, intentando olvidarlo todo.

Cuando las personas cruzan al otro lado, suelen ir a las escuelas que tienen allí. Pero si han estado en una serie de vidas particularmente difíciles y no desean ir a la escuela en ese momento, pasan un tiempo en el lugar de reposo. Cuando está ahí, la persona suena muy adormilada, y no comunica. En mi libro *Conversations With A Spirit,* también se habla de este lugar. El espíritu sólo quiere descansar y dormir, y que no lo molesten para nada. He tenido a gente que se queda ahí unos años, o varios cientos de años. Depende de lo agitada que fuera su última vida, o de lo que intenten olvidar. El tiempo no tiene más importancia ahí que cuando están en la escuela. Pero cuando están en el lugar de reposo, es inútil hacerles preguntas.

Por eso, probé una táctica diferente en este caso, porque tenía curiosidad por averiguar lo que había sucedido en

Qumrán. Llevé a Katie hasta el tiempo justo antes de que ella/él se fuera a reposar. A veces, cuando una persona acaba de cruzar al otro lado, tiene la capacidad de ver acontecimientos futuros, si así lo desea. Quizá ella pudiera mirar hacia el futuro.

D: Desde tu perspectiva, se pueden ver muchas cosas que van a suceder. Tú estuviste muy íntimamente ligado a la comunidad durante mucho tiempo. Me pregunto si puedes ver lo que le va a ocurrir a Qumrán.

K: *Matarán a muchos, y será aplastada por los romanos y saqueada. Pues ya no será necesaria.*

D: ¿Los esenios saben que esto ha de venir?

K: *Sí, y es su decisión quedarse. Se empezó a conservar el secreto del conocimiento hace muchas generaciones. Una gran parte del conocimiento se ha escondido. El conocimiento que no caerá en manos de otros, hasta que llegue el momento de desenterrarlo en un tiempo posterior. Entonces será revelado, cuando llegue el momento para ese conocimiento.*

Esto fue lo que sucedió cuando se encontraron los manuscritos en las cuevas. Literalmente, «desenterrados», como dijo él. Pero ¿y las demás cosas importantes que no habían sido halladas? Los misteriosos objetos de la biblioteca: el modelo, los aparatos para mirar las estrellas y el cristal. Suddí dijo que era muy posible que se llevaran el modelo y lo ocultaran, pero no estaba seguro.

Pensé que, de todas formas, si alguna vez lo encontrara alguien, no sabría cuál era su función. Vería únicamente las varas y las bolas de bronce. La decisión de desmontar el modelo debió exigir un profundo examen de conciencia, porque entendían, al hacerlo, que nadie sabría montarlo de nuevo. Es probable, no obstante, que fuera más aconsejable ocultarlo, en lugar de dejar que cayera en manos de los romanos. Se trata de uno de los objetos que habían jurado proteger al recibirlo de manos de los Kalú muchos siglos antes. Debió de ser muy difícil tomar todas estas decisiones, porque sabían que llegaban al final de una era, con la que se cerraba una puerta. La única solución que encontraron fue esconder las cosas de valor con la esperanza de que tal vez en algún momento, en algún lugar, alguien daría con ellas y sería capaz de comprender lo que había sido tan valioso para ellos. Debían saber que se arriesgaban a los daños que pudieran ocasionar el tiempo, los elementos y los intrusos.

Cuando le pregunté por el cristal, de pronto el cuerpo de Katie empezó a sacudirse, descontrolado. No entendí su reacción física, pero Suddí dijo: «¡No está! Lo han movido. No está aquí. Lo han puesto en otra fuente de luz». En ese momento, no se me ocurrió preguntarle a qué se refería, pero ahora me pregunto si lo habrían llevado a otro planeta. Quise saber por qué le había molestado la pregunta. Suddí hizo una pausa, como si escuchara a alguien.

K: *Dicen que no es el momento para eso.*

D: Bueno, me gustaría probar, a ver si lo adivino. ¿Crees que podrían venir los vigilantes para ayudar a llevarse algunas cosas?

K: *Es posible.*

D: Sería una manera de que nunca se encontraran las cosas. Si desaparecen todas estas cosas, las poblaciones futuras jamás sabrán lo avanzada que estaba, en realidad, la comunidad.

K: *Lo sabrán, cuando llegue el tiempo en que el mundo esté preparado para oírlo.*

D: Después de la destrucción de Qumrán, ¿habrá supervivientes?

K: *Sí, irán a otra parte. Algunos sobrevivirán con el conocimiento. Otros sobrevivirán sólo con recuerdos, y serán despertados en el momento necesario.*

Me pregunto si se refería al tipo de recuerdos que ahora despertábamos con nuestro experimento.

Cambié de tema para ver si podía averiguar algo sobre los misteriosos Kalú.

K: Son aquellos en los que estás pensando. Son de ese lugar que llamarías en tu tiempo «la Atlántida». Esta diferencia del nombre es debida, en parte, a que cuando la gente habla de la llamada Atlántida, no se da cuenta de que no había sólo uno, sino muchos gobiernos, muchos países en ese continente. Los Kalú no eran toda la gente. Pero fueron parte de ella.

D: ¿Sabes qué les pasó?

K: Aún quedan algunos vivos en la tierra. Son los guardianes de algunos de los secretos que se protegen. Son guardianes de muchas cosas. El conocimiento sobre ellos volverá a emerger.

D: ¿Qué le pasó a su país?

K: Sobrevino una gran destrucción porque no siguieron las Leyes de la naturaleza. Pero los que conocían estas leyes sabían que sucedería, y procuraron salvar el conocimiento para que la chispa que era la humanidad no se extinguiera.

D: ¿La catástrofe fue un fenómeno natural?

K· Fue una conjunción de toda la naturaleza gritando en contra de lo que la humanidad le había hecho.

D: Cuando Suddí estaba vivo, hablaba como si hubiera habido una gran explosión.

K: Hubo una explosión, en parte, hubo algo de eso. Abusaron del equilibrio de la naturaleza. Cuando coges demasiado de la naturaleza y no lo repones, provocas un desequilibrio, y eso es lo que ocurrió. Muchos fueron advertidos muy pronto de que esto sucedería, y abandonaron la zona. Algunos salieron en aeronaves, algunos salieron por los mares con la esperanza de que al menos sobrevivirían algunos.

D: ¿La destrucción final tuvo algo que ver con un cristal? (Otros autores lo han sugerido y yo quería comprobarlo.)

K: Sí, con uno de ellos. Había varios. En parte, tiene que ver con la sobrecarga, el abuso, la canalización errónea de poder. Tanto es así que, al final tendrá que volver al punto de partida. Por cada acción hay una reacción. Esto es lo que no tuvieron en cuenta.

216

D: Suddí me dijo que hubo una guerra y que usaron las aeronaves.

K: *Así es, esto fue parte del final. Pero la guerra de la que él habló... no ha ocurrido.*

Esto nos sobresaltó, nos tomó desprevenidas. Se me pusieron los pelos de punta. Mientras transcribía Jacinta sobre la guerra, me había embargado un extraño desasosiego. Las condiciones del mundo que describía Suddí eran muy parecidas a las nuestras. Era como si la historia se estuviera repitiendo, y me sentí incómoda. Esta afirmación no hizo más que reforzar esa sensación.

D: ¿Por qué pensaba Suddí que ya había sucedido?

K: *Confusión de la información.*

D: Es cierto que dijo que les llega en fragmentos. Pero habló de aeronaves de antaño.

K: *Hubo aeronaves de antaño, sí. Pero la guerra de la que habló no había ocurrido. Hablaba por un lado de las naves de guerra de antaño, que sí existieron y, por otro lado, de una profecía de una que va a existir. Esto es lo que pasa cuando tienes fragmentos de información. Aquellos que piensan que están en una posición en que pueden saber y juzgar, los encajan erróneamente. Encajan con sus ideas y, por tanto, piensan que deben ser correctas.*

D: No sé si se te permite darnos esta información, pero ¿nos puedes decir cuándo ocurrirá esa guerra?

K: *Lo que muchos no entienden es que la guerra de la que él habló, la profecía, no* tiene *que ocurrir. Es una profecía, y las profecías pueden cambiarse. Si suficientes entes ponen la energía necesaria para ello, esto no tiene por qué suceder. Nada es fijo hasta que ocurre.*

D: Él dijo que los vigilantes quizá intentarían ayudar.

K: *Están intentando ayudar, pero ellos no pueden hacer la labor de miles de hombres con sólo un puñado. Impedir esta catástrofe debe venir del deseo de la gente. Hay que hacerles tomar conciencia de lo que podría suceder. Tienen que saber lo que sucedería si se deja que las profecías se cumplan. Si se les presenta correctamente, al menos crecerán las semillas.*

D: ¿Por qué es tan difícil obtener información de Suddí? Si esto es tan importante, debería mostrarse más colaborador.

K: Cada ente tiene la personalidad de ese momento. Por tanto, los hábitos, lo que ha arraigado en cada uno de ellos, está ahí. Si alguien te dijera, tal como eres, que hicieras algo que va en contra de todo lo que te han enseñado, no podrías hacerlo. Por tanto, no se lo pidas a él. Pues harías daño si usando el sentimiento de confianza, abusaras de él.

SEGUNDA PARTE

La vida de Jesús

17 - Las profecías sobre Jesús

.

Habría muchas maneras de presentar el material de esta regresión. En realidad, los episodios de la vida de Cristo fueron apareciendo de manera dispersa a lo largo de los tres meses en que trabajamos juntos. Podría haberlos dejado en su contexto, y escrito la vida de Suddí siguiendo un orden cronológico. Pero pensé que la historia de Jesús quedaría diluida, perdida en medio de la extraordinaria abundancia de material. Pienso que la vida de Cristo es demasiado importante como para eso. Creo que debe presentarse por separado y, por eso, decidí reunir todo el material en un mismo capítulo.

Habría constituido un libro por sí solo, pero entonces le habría faltado la base que he intentado presentar. Yo quería mostrar la vida como era en aquella desolada comunidad, y dejar que el lector conociera la personalidad y sabiduría de uno de los esenios. Presentar la vida de Jesús con este trasfondo nos ofrece una visión más exacta del entorno en que vivió y estudió. Y nos permite observar algunas de las creencias y conocimientos que lo acompañaron durante sus años más tiernos. Sólo de esta manera adquirirán nueva relevancia los fragmentos oscuros de su vida. Sólo entonces se lo podrá ver bajo una nueva luz y comprenderlo, esperamos, como el gran ser humano que fue.

Se ha demostrado ya en anteriores capítulos que algunas de las creencias y ritos cristianos derivan directamente de los esenios, sobre todo el rito del bautismo y el rito de compartir el cáliz. En la traducción de los manuscritos del mar Muerto, se habla de estos dos ritos como parte de la vida cotidiana de los esenios. Muchos autores se han referido a ello después de estudiar las traducciones. Me sorprendió la similitud entre estos hechos y lo que Katie evocaba, pues era algo que jamás habría sospechado. De nuevo, me asombró la precisión que Katie manifestaba al revivir la vida de Suddí.

En su libro, Ginsburg dice que los esenios avanzaban en los diferentes estadios de desarrollo dentro de la comunidad, hasta que se alcanzaba el nivel más alto. «En ese punto, se convertía en el templo del Espíritu Santo y podía profetizar. Sobre todas las demás cosas, el don de la profecía se consideraba el mayor fruto de la sabiduría y la devoción. Entonces seguía avanzando hasta el estadio en que le era dado obrar curas milagrosas, y resucitar a los muertos.»

Pienso que este pasaje deja pocas dudas al respecto de dónde aprendió Jesús estas habilidades. Deduzco que este aprendizaje se desarrollaría bajo las enseñanzas del maestro de los misterios. Suddí fue instruido, ante todo, en la Torá, la Ley, y sólo tenía una formación mínima en otros campos. Pero Jesús tuvo que aprenderlo todo del conjunto de maestros.

En la actualidad, los manuscritos del mar Muerto siguen siendo objeto de estudio, pero la información cesó al poco tiempo de iniciarse las traducciones. ¿Por qué? ¿Qué descubrieron en los textos antiguos que no querían que el mundo conociera? ¿Encontraron las mismas cosas que yo? ¿Tuvieron miedo de que el mundo cristiano se viera trastornado por unos hallazgos que constataban que el cristianismo no fue creado por el ministerio de Jesús, sino que nació de las enseñanzas de estos hombres y mujeres, en apariencia austeros, que dedicaron sus vidas a amar a toda la humanidad y a conservar el conocimiento para las generaciones futuras? No soy la primera en proponer esta idea. Me ha sorprendido que muchos otros autores hayan llegado a la misma conclusión después de analizar los datos.

Uno de los primeros fue Dean Prideaux, que escribió *The Old and New Testaments Connected* en el siglo XVII. Él decía que, en su época, se deducía de la concordancia entre la religión cristiana y los documentos de los esenios, que Cristo y sus seguidores no fueron sino una secta nacida de la de los esenios.

En 1893, Graetz escribió en su segunda edición del tercer

volumen de su *History of the Jews,* que Jesús simplemente se apropió de los rasgos esenciales de la doctrina de los esenios, y que el cristianismo primitivo no fue sino fruto de esta doctrina esenia.

Cito de nuevo a Ginsburg en su libro de 1864: «Aquellos que se presentan como verdaderos cristianos evangélicos están muy ansiosos por destruir cualquier amago de afinidad entre la doctrina esenia y el cristianismo, para que no pueda decirse que una dio lugar al otro».

Esta idea se ha manifestado repetidamente entre los autores de obras sobre los manuscritos del mar Muerto, es decir, la idea de que hay una conexión muy evidente y muy real. Un autor declaró que la mayoría de los teólogos lo saben, y que sólo lo ignora el hombre de la calle.

En su número de diciembre de 1958, la revista *National Geographic* publicó un reportaje en profundidad sobre el descubrimiento y las traducciones de los manuscritos del mar Muerto. Cito textualmente: «Existen ciertos paralelismos sorprendentes entre las creencias y prácticas de los esenios y las de los primeros cristianos ... Los estudiosos de todas las religiones reconocen estos paralelismos. Son hechos».

Sin embargo, lo único que se conoce sobre este maravilloso grupo se ha obtenido a partir de los escritores de la Antigüedad y de las excavaciones de Qumrán. Espero que mi hallazgo abra otra puerta y permita vislumbrar, por primera vez, el estilo de vida y las creencias de los esenios. Se trata de una visión imposible de obtener a partir del análisis y la cronología de los restos y artefactos hallados en una ruina silenciosa. Espero que los científicos utilicen este libro como instrumento valioso para comprender este misterioso pueblo y la relación que Jesús tuvo con ellos. Quizá se haya revelado, por fin, la historia completa, y Jesús aparece aún más maravilloso y glorioso que antes. Lo apreciamos como un ser humano que vive y respira, tal como era a través de los ojos de uno de sus bienamados maestros.

D: Has dicho que dedicáis tiempo a definir las profecías. ¿Puedes explicar a qué te refieres?

S: En toda la Torá se dan muchas profecías. Más de la mitad sobre el nacimiento del Mesías. Sí, dicen que viene el Mesías. Nosotros debemos conocer el momento y demostrar que podemos conocerlo a Él. A nosotros nos corresponde guardar este conocimiento para que en el futuro pueda compartirse con otros que han alcanzado la comprensión. Estamos estudiando cómo... se dice de qué casa vendrá Él. ÉL será de mi casa. Él será de La casa de David. Y nacerá en La ciudad de David, que es Belén. Se dice que será rechazado por otros porque viene de Nazaret. Y nada bueno viene de Nazaret.

D: ¿Por qué? ¿Qué tiene de malo Nazaret?

S: En un tiempo, fue un lugar sólo de asesinos y malvados. Y se dice que nada bueno viene de ahí.

D: ¿Entonces por qué crees que vendrá de ahí?

S: Porque lo dicen las profecías.

D: ¿Vuestras profecías dicen cuándo sucederá esto?

S: Se dice que el tiempo está cerca, muy cerca.

D: ¿Nacerá o aparecerá de pronto?

S: Nacerá de una mujer.

D: ¿Se sabe algo de los padres de ella?

S: Se dice que la conocerán cuando la vean.

D: ¿Y del padre?

S: Sólo que será de la tribu de David.

D: ¿Puedes compartir algo más con nosotros?

S: Se dice que antes deberá venir E lías para preparar el camino.

D: ¿Qué quieres decir?

S: Renacerá. Él deberá preparar el camino. Para hacerles saber, a los que escuchan, que viene el Mesías.

D: ¿Sabes quién será, al renacer?

S: No lo sé.

D: ¿Y el Mesías, será el renacimiento de otra persona?

S: Él es Moisés o Adán, es lo mismo.

D: ¿Me puedes decir cuánto tiempo ha existido aquí la secta de los esenios? ¿Cuánto hace que la crearon?

S: Se dice que los primeros no fueron ni siquiera judíos, sino

que eran conocidos como los hombres de Ur. Fue hace
mucho, en el pasado. Ellos trajeron el conocimiento de
algunas de las profecías y el símbolo de la cruz.

D: ¿Es uno de los símbolos que usan los esenios?

S: *Sí.*

D: ¿Qué tipo de cruz es? He visto de muchas clases y todas tienen formas diferentes.

S: *Tiene dos brazos cortos, la cabeza ovalada, y luego recto hacia abajo.*

D: Algunas cruces tienen todos los brazos del mismo tamaño.

S: *Ésta no lo es. (Sonaba algo así como un ankh, el símbolo egipcio de la vida.)*

D: ¿Qué representa simbólicamente?

S: *Es el símbolo de la salvación.*

D: ¿Puedes explicarlo?

S: *Se dice que se comprenderá cuando se hayan cumplido las profecías.*

D: Para mí, la salvación indica salvarse de algo. ¿Qué o quién será salvado?

S: *Está de alguna manera vinculado al destino del Mesías. De todo esto, no estoy seguro.*

18 - La estrella de Belén

Se ha discutido y polemizado mucho sobre la estrella de Belén. Muchos piensan que jamás existió, que se trata de un simple mito o leyenda. Otros piensan que puede haber sido una conjunción de estrellas o planetas particularmente inusual. Una conjunción ocurre cuando dos o más planetas se cruzan en sus trayectorias celestes y, desde nuestra perspectiva en la tierra, dan la impresión de haberse fundido en una sola estrella grande. Esto ha ocurrido muchas veces a lo largo de la historia, pero raramente con la magnitud descrita en la Biblia. Según Werner Keller en su libro *The Bible as History,* muchos expertos sitúan el acontecimiento en el año 7 a. de C., cuando se observó una conjunción de Saturno y Júpiter en la constelación de Piscis. Hay datos chinos que también se refieren a la observación, en el año 6 a. de C., de una nova brillante (fulgor de luz repentino desde una estrella lejana en explosión, que puede tardar millones de años en llegar hasta nosotros).

Se conservan también registros antiguos de cometas brillantes aparecidos en la región mediterránea: el cometa Halley, por ejemplo, apareció en el año 12 a. de C. Existen muchísimas explicaciones, y se dice incluso que la estrella fue, en realidad, una aeronave extraterrestre. Es un dato conocido que Jesús no nació en el año 1, según nuestro calendario cristiano, debido a las muchas inexactitudes de este sistema primitivo de medición del tiempo. Lo único seguro de esta polémica es que *nadie* está seguro de qué fue la estrella de Belén ni de cuándo se presentó.

Ciertamente, yo no pensaba en nada de todo esto, y era lo último que esperaba de nuestro trabajo con Katie. Este episodio ocurrió durante nuestra primera sesión, cuando acabábamos de conocer a Suddí y yo intentaba averiguar cosas sobre su vida. Me siento profundamente honrada de haber podido participar en un acontecimiento tan glorioso. Le había pedido a Suddí que avanzara en el tiempo, hasta un día importante en su vida. Se trata de una orden rutinaria para evitar que el sujeto se pierda en las cosa mundanas y aburridas que integran la vida de todo. Llevarlo hasta un día importante e una manera de avanzar en la historia de su vida. Lo que resulta importante para una persona no lo es necesariamente para otra, y esto avala la solidez del relato. Por tanto, esto era lo último que esperaba escuchar cuando le pedí que avanzara hacia un día que él consideraba importante. Conté para llevarlo hasta ahí, y le pregunté qué hacía.

Suddí me dijo que estaba con *su* padre y que estaban observando las estrellas. No era una actividad inusual, pero había algo diferente en la voz de Katie. Una emoción silenciosa, una sensación de maravilla y asombro que me indicó que no se trataba de una noche corriente.

Suddí tomó aliento varias veces y dijo: *«Es el plincipio de todo. Poder ver esto por mí mismo. Es todo lo que podría pedir: Saber que la profecía se está cumpliendo».* Katie (siendo Suddí entrelazó las manos, y su cuerpo parecía rebosante de emoción. Suddí prosiguió: *«Es La unión de los cuatro esta noche».*

Véase el capítulo 3: el padre de Suddí le había dicho que habría una señal. en el cielo cuando viniera el Mesías. *«Se dice que de cuatro rincones se elevarán juntas las estrellas y cuando se encuentren, será el momento de su nacimiento.»*

Había muchos esenios que observaban con Suddí desde «el punto de espera en los montes», un lugar ubicado probablemente más arriba de Qumrán. Suddí apenas podía contener su emoción. *«¡Nunca en mis sueños más fantásticos!»* En su voz había tanto asombro que sonó casi como un susurro. Le pedí que describiera lo que veía.

S: Es como si los cielos mismos se hubieran abierto y toda

227

la luz brillara sobre nosotros. ¡Es como el sol de día! ¡Es tan brillante! Están... se están uniendo. No se han encontrado, así que es más grande de lo que será cuando se unan.

Suddí formó un círculo grande, uniendo los pulgares e índices de Katie, para mostrar cómo se veían las estrellas a medida que se iban acercando para unirse. Era evidente que estaba viendo algo insólito. Su emoción era contagiosa, y su voz me ponía la piel de gallina. Ésta fue *sólo* una de las ocasiones en que me habría gustado ver lo que ella veía, pero teníamos que conformarnos con la descripción presencial de Suddí, que era, sin duda, un valioso sustituto. Al parecer, había cuatro estrellas que se acercaban a un mismo punto.

S: *Y se dice que cuando se conviertan en una, en ese momento él tomará su primer aliento.*
D: ¿Sabes dónde nacerá?
S: *En Belén. Lo dicen las profecías.*
D: ¿Cómo reaccionan las personas que están contigo?
S: *Están todos gozosos. Es... todos están fuera de sí. Están rebosantes de alegría y... la energía que se propaga en torno a nosotros. Es como si el mundo entero contuviera el aliento, lleno de expectación.*

La voz de Suddí vibraba, rebosante de emoción. Yo no tenía ninguna duda de que estaba presenciando algo extraordinario.

D: ¿Qué pensáis hacer? ¿Vais a intentar encontrar al Mesías?

Yo supuse que todo el que en aquella época tuviera conocimiento del significado de este extraño fenómeno astral, querría ir a verlo. Conocer esta historia sería un descubrimiento muy importante. Yo no sabía, en aquel momento, que tendríamos tiempo de sobra para conocer cosas sobre el Mesías.

S: No lo haremos. Serán ellos quienes vengan.

D: ¿Dicen las profecías quién lo encontrará?

S: Se dice que lo encontrarán otros, y entonces se marcharán.

D: ¿Así que no vais a ir a Belén para ver si podéis encontrarlo?

S: No, pues habrá años de tinieblas que vendrán pronto. Entonces él vendrá a nosotros. Estaremos preparados para su llegada.

D: ¿Se ha profetizado que él acudirá a vuestra gente?

S: Sí, es sabido.

D: ¿Aprenderá de vuestra gente?

S: No tanto que aprenderá de nosotros, como que se despierte a lo que lleva dentro.

D: ¿Y vosotros tenéis la capacidad de ayudar a despertar esto?

S: Sólo podemos intentarlo.

Éste era el primer indicio de que quizá Suddí podía darnos información de primera mano sobre Jesús. Yo tenía plena conciencia de la importancia de ello, y me había propuesto perseguirlo hasta donde nos llevara. Katie respiraba hondo mientras Suddí observaba el acercamiento de las estrellas. Le pregunté si sabía qué momento del año era.

S: Es el principio del año. El año... nuevo acaba de pasar.

Sería interesante conjeturar aquí que tal vez se refería a Rosh Hashanah (o «Rosh Shofar», como lo llamaba él), el principio del Año Nuevo judío, que ahora se celebra en otoño. Los expertos dicen que hubo tres conjunciones de Saturno y Júpiter durante el año 7 d. de C. y, teniendo en cuenta otras muchas variables, piensan que la estrella pudo haber sido la conjunción que ocurrió el 3 de octubre, que habría sido poco después del principio del nuevo año. Pero cuando yo hacía estas preguntas, no tenía ni idea de que su año era diferente del nuestro, y pregunté si era durante la estación que nosotros llamamos primavera. Él respondió: «*Viene la estación del crecimiento, sí*».

D: ¿En qué año de Herodes estáis ahora?

S: Es el vigésimo séptimo, creo, yo no...

Tuve la impresión de que Suddí prefería que no habláramos más, que nos fuéramos y lo dejáramos en paz. Estaba tan absorto en lo que estaba viendo que parecían perturbarle mis preguntas. Manifestó su impaciencia: «*¿No lo ves? ¡Es tan... hermoso!*». Dijo estas palabras con mucha emoción. Parecía sorprenderle que nosotros no pudiéramos verlo también.

D: ¿Haréis algo en particular cuando se encuentren las estrellas?

S: Lo contemplaremos... y le rendiremos homenaje, pues Él es nuestro rey.

Esto llevaría algún tiempo, pues, como es natural, las estrellas se movían despacio. Decidí acelerar las cosas avanzando a Suddí hasta el momento en que se unieron las estrellas. Entonces le pregunté qué hacía.

S: Alabamos a Yahvé por concedernos estar aquí. Y sabemos que es el gran honor, «Ya» (?), pues hemos vivido en el tiempo del cumplimiento de todas las profecías. Le queremos mostrar que luchamos con todas nuestras fuerzas para estar preparados. Pues esto es un gran honor que nos ha sido concedido. Y, aunque sabemos que somos indignos, esperamos estar a la altura del honor.

Suddí tenía las manos entrelazadas, y hablaba como si fuera una oración. Le pedí que me hiciera otra descripción de las estrellas, ahora que las cuatro estaban unidas.

S: Hay un haz ... es como una cola. Desciende con toda la luz. Es como un foco que cae directamente desde la estrella. Y se dice que en esta luz él habrá nacido. (¿O era la palabra «bore», que en inglés tiene un parecido fonético con «born» (nacer) y significa llevar o traer? La diferencia en la definición es interesante, y da pie a especulaciones.)

Suddí dijo que estaban a unos ochenta kilómetros de Belén, de modo que no podían ver el punto exacto en que el haz de luz tocaba la tierra.

D: ¿Brilla más ahora que están todas juntas?
S: Es como si la mayor parte de la luz se estuviera enfocando. Ya no está dispersa, sino en un punto preciso. Brilla como lo hace una luna llena muy grande.

Me estaba preparando para hacerle otra pregunta, cuando me di cuenta de que Katie movía los labios en silencio, como si rezara. Tuve una imagen clara de Suddí, postrado de rodillas, levantando las manos entrelazadas hacia la estrella y rezando, profundamente conmovido.

D: Lo puedes decir en voz alta. Quisiéramos compartir este momento contigo.
S: ¡No! (Con voz enfática.) ¿Acaso le abro mi alma a otros? Le abro mi alma a Yahvé.

Con reverencia, guardé unos minutos de silencio, y lo dejé continuar hasta que me pareció que había terminado. No quería darle prisas para avanzar a otra escena. Debía de ser un momento tan impresionante que preferí dejar que lo saboreara con todo detalle.

D: ¿Ha vuelto también Elías?
S: ÉL también ha nacido. Hace unos meses. Su padre nos es conocido, pues él es de los nuestros.

Por tanto, también esta profecía se había cumplido. En el Nuevo Testamento, hay muchas referencias a esta profecía que confirma que los habitantes de la época aceptaban el hecho de que Juan el Bautista era la reencarnación de Elías. Por ejemplo, cuando Jesús hablaba de Juan con la multitud (Mt 11:10;14). «Éste es de quien está escrito: "He aquí que yo envío a mi mensajero delante de ti, que preparará por delante tu camino» «Y, si queréis admitirlo, él es Elías, el que iba a venir.» *

Cuando el ángel le decía a Zacarías que iba a tener un hijo llamado Juan, leemos: «e irá delante de él con el espíritu y el poder de Elías, para hacer volver los corazones de los padres a los hijos, y a los rebeldes a la prudencia de los justos, para preparar al Señor un pueblo bien dispuesto». (Le 1, 17)*

D: Debe de ser un momento *muy* emocionante. Te agradezco sinceramente que lo hayas compartido con nosotros. Es algo que sucede una vez en la vida, ver algo tan hermoso.
S: *Es más que una vez en la vida, es una vez en la* eternidad.
D: Eso es cierto. Y es algo que no habríamos podido compartir jamás, si tú no nos hubieras hablado de ello.

Fue una experiencia tan extraordinaria que pensé que seguramente Katie volvería con el recuerdo. Cuando la llevé hasta el presente y la desperté, fue un poco triste comprobar que no guardaba recuerdo alguno de lo que Suddí había visto. En su momento, estuve muy tentada de sugerir que volviera c n este recuerdo. Pero al principio de nuestro trabajo conjunto, Katie y yo habíamos acordado que sería aconsejable dejar que estas experiencias permanecieran en el pasado, donde les correspondía estar. ¿Podéis imaginar lo desconcertante que cría llevar una vida normal, acompañados por los recuerdos conscientes de tantas vidas diferentes? Yo creo que sería muy difícil atender a las actividades de la vida cotidiana. En algunas ocasiones, Katie dijo haber recordado posteriormente imágenes fugaces de escenas. Pero eran como los fragmentos de sueños que se desvanecen, que todos experimentamos al despertar por la mañana.

* *Biblia de Jerusalén,* Desclee de Brouwer, Bilbao, 1975. (N. de la E.)

19 - Los Magos y el Niño

Habíamos avanzado en la vida de Suddí, y llegamos a un tiempo en que visitaba a sus primos en Nazaret. Lo encontramos sentado en la plaza, mirando a los niños que jugaban en la fuente. Yo quería indagar más en el fenómeno de la estrella de Belén, con la esperanza de entenderlo mejor. También esperaba obtener más información sobre el nacimiento de Jesús.

D: Antes, cuando hablaba contigo, dijiste que conocías todas las profecías de la venida del Mesías, y que lo estabais buscando. ¿Por qué es tan importante el Mesías?

S: *Es importante porque es él quien traerá la luz al mundo. Librará y dará esperanzas a aquellos que no las tienen. Él nos enseñará, a nosotros y a otros, cómo podemos salvar nuestras almas.*

D: Entonces será una persona muy especial.

S: *Es una persona muy especial, aunque es sólo un niño.*

D: ¿Lo has visto?

S: *Una vez, cuando acudieron sus padres a nosotros, pidiéndonos ayuda. Pues conocían los planes de Herodes y tenían que marcharse. Se refugiaron con nosotros muchos días mientras se preparaban las cosas para que pudieran hacer su viaje con seguridad.*

D: ¿Sabes cuál era el plan de Herodes?

S: *Matar a todos los niños nacidos en un período de dos años. Porque se decía que había nacido el Mesías y él pensó que de esta manera lo atraparía con su red y acabaría con esta preocupación.*

D: ¿Cómo sabía Herodes que había nacido el Mesías?

S: *Cuando llegaron los Magos y se detuvieron en el palacio, pensaron, equivocadamente, que si había nacido un rey, sin duda habría nacido en el palacio del rey. Hablaron con Herodes y, así, él supo que había nacido el Mesías y que lo llamarían el Rey de los judíos. Y esto, Herodes no podía tolerarlo. Por tanto, él, cuando se habían marchado los sabios, dio esta orden y dijo que se obedeciera. Porque si hubiere nacido un Rey de los judíos, entonces, siendo él conocido como el Rey de los judíos, de ahí se seguiría también que él ya no sería rey.*

D: Me imagino que, de haberlo sabido los Magos, no habrían ido al palacio, probablemente.

S: *(Suspira.) Era su destino. ¿Acaso no estaba escrito que esto ocurriría? Se previó hace muchísimos años y, por tanto, todos lo sabían, para que estuviéramos preparados para esto. Sólo seguían su destino, así como todos debemos seguir el nuestro.*

D: Alguna gente dice que los sabios llegaron junto a Herodes mucho tiempo después de nacer el Mesías.

S: *No, pues cuando los Magos encontraron al Mesías, él aún estaba en su lugar de nacimiento. No se había marchado.*

D: ¿Sabes cuántos sabios llegaron?

S: *Eran tres. Eran hombres de Ur.*

D: ¿No es una ciudad de Babilonia?

S: *Barchavia (fonéticamente). Es otro nombre para Babilonia como lo dices tú. Ur es más el pueblo que un país o un lugar. Ellos son de Ur. Ésta es su ascendencia.*

D: Ya veo. He oído muchas historias diferentes. Si tú estuviste ahí, conocerás la verdad.

S: *Yo no estuve con ellos cuando hablaron con Herodes. Pero he oído hablar de ello, y sé que es cierto.*

D: ¿Cómo supieron los sabios que era el momento de venir?

S: *Se predijo en los cielos. Fue la unión de los planetas y las estrellas, y ellas la usaron para guiarse. Vieron la estrella y la reconocieron como lo que era.*

D: Una vez que hablé contigo, me dijiste que viste la estrella

234

la noche en que nació el Mesías.

S: *(Emotivamente.) Sí.*

D: ¿Crees que los sabios vieron la misma estrella?

S: *¡Todos vieron la misma estrella!*

Hice un intento de averiguar, si podía, cuáles eran los cuerpos celestes que intervinieron en la formación de la estrella de Belén. Pensé que tal vez Suddí conocería los nombres de los diversos cuerpos.

S: *Tienen diferentes nombres, y las diversas... (buscó la palabra correcta) constelaciones tienen nombres. Se las conoce más bien con estos nombres de constelaciones que como estrellas individuales. Se dice que cada una de las estrellas que se unió tenía un nombre, pero yo no Los conozco. Éste no es mi mejor estudio.*

D: ¿Eran estrellas que normalmente están en el cielo?

S: *Sí. Es sólo que se fueron juntando. Como si se cruzaran sus caminos en el cielo.*

D: Algunas personas han dicho que pudo haber sido una estrella extraña, nunca vista en el cielo (refiriéndome a la posible nova).

S: *No fue una que se creara en ese instante para eso, no. Hay muchos que intentan explicarlo de muchas maneras diferentes. Intentaron decir que era una advertencia de los dioses de que Roma iba a caer. Que era un cometa. Se dice que había puntos de luz donde se abrieron los cielos y brillaron. Tienen muchas explicaciones para ello. Pero era Dios que anunciaba que éste era su hijo, y nos daba una manera de conocerlo.*

Hay mucha gente que dice que estas cosas son imposibles, y todas las cosas son imposibles sin fe. Pero cuando uno cree, todas las cosas son posibles. No puedo dudarlo, pues lo vi con mis propios ojos. Sólo sé que cuando se unió, la luz era tan fuerte que hacía sombras. Y era tan fuerte que no podías quedarte sentado mirándolo fijamente mucho tiempo. Fue algo que nunca jamás había ocurrido antes en la memoria conocida del hombre. ¿Quién soy yo para juzgar cómo hace Dios las cosas? Los sabios... se dice que posiblemente hubiera un cuarto. Se dice que cada sabio siguió una de las estrellas, y en este punto se encontraron.

D: ¿Quieres decir que no se encontraron hasta que estuvieron en el área de Belén?

S: Al menos fue a una corta distancia de viaje. Casi cuando se unieron las estrellas, se encontraron los Magos. Todos venidos de direcciones diferentes. Y se dice que uno no llegó nunca., pues había uno por cada estrella.

D: ¿Saben lo que pudo haberle pasado al cuarto?

S: Si lo saben, me es desconocido.

D: ¿Piensan que llegaron de cuatro países diferentes?

S: Se podría decir que llegaron de tierras muy distantes, sí, cuatro puntos de origen diferentes.

D: ¿Sabes de qué países?

S: No se habló de ello, no.

D: Hay gente que ha dicho que si los sabios vieron la estrella en países alejados, habría sido difícil que vieran la misma estrella, y que cuando llegaran a Belén, la estrella ya no estaría.

Ésta ha sido una de las controversias. Si la estrella fue una única luz brillante, no podría haberse visto por la curvatura de la tierra.

S: Es cierto. Las historias se alargan cada vez que se cuentan. Pero ellos siguieron las estrellas que iban juntándose, p-¡,tes ellos sabían lo que ocurriría. Y llevaban observando cientos y cientos de años, buscando justamente este acontecimiento. Cuando la estrella se volvió una, se vio... en todas partes.

D: También los Magos debían conocer las profecías o, al menos, sabrían entender las estrellas.

S: Se dice que los hombres de Ur fueron los que nos dieron muchas de nuestras profecías. También nos dieron a Abraham.

La primera estrella ya unida brilló con fuerza extraordinaria aquella noche, y todavía pudo verse en el cielo durante casi un mes después, pero la luz no podía verse de día.

S: Era como un foco durante la noche. Era... ¿cómo lo explico? La luz no era bien igual. Fue como si, después de unirse al principio, volvieran a separarse y seguir sus caminos, así que se fue haciendo cada vez menos brillante. Quizá duró un mes hasta que la luz se apagó totalmente, sí.

La gente se ha preguntado a menudo por qué Herodes dio la orden de matar a todos los niños varones de menos de dos años. Algunos dicen que es la prueba del tiempo que tardaron los Sabios en hacer el viaje desde sus países hasta Belén. Pero según la versión de Suddí, es imposible que esto fuera cierto. Él dijo que los Sabios encontraron al Niño mientras aún estaba en su lugar de nacimiento.

Soy consciente de que la Biblia está abierta a muchas interpretaciones, pero creo que Herodes esperó un tiempo a que volvieran los Sabios con información sobre el paradero del niño. Entonces, pienso, es probable que enviara a los soldados a buscarlos. Todo esto hubiera llevado su tiempo. Cuando descubrió que los Magos habían abandonado el país, proclamó, enfurecido, que todos los niños menores de dos años serían incluidos, para que el Niño no «escapara de su red».

D: ¿Cómo llamáis al Mesías?
S: (Titubeó.) No lo llamamos por su nombre.
D: ¿No tiene nombre aún?
S: Tiene nombre, pero nombrarlo sería nombrar su muerte, y hay que protegerlo.

Fue un comentario inesperado. Al parecer, si la gente conocía su nombre, éste podría llegar a oídos de Herodes o de sus soldados, y entonces sabrían a quién buscar. Herodes estaría convencido de haberlo matado en su masacre de los niños y ya no tendría que preocuparse de él. Pero los esenios pensaron que debía permanecer en el anonimato hasta que llegara el momento de revelar su identidad. Esta cautela podía dificultar mi recogida de información. Le pregunté si conocía historias sobre su nacimiento, con la esperanza de obtener algo parecido a la versión de la Biblia.

S: Conocemos la historia de su nacimiento. Nació en Belén, esto es lo único que necesita saberse. Cumplió la profecía. En aluna fecha posterior volverá a cumplir otra profecía en la que, de donde venga, se hará saber. Y será objeto de incredulidad por ello. Pero decir demasiado sería necio.

Al parecer, se refería a la profecía que mencionó anteriormente sobre que nada bueno venía jamás de Nazaret. Yo seguía buscando alguna información, y pensé que tal vez Suddí habría oído hablar de la Inmaculada Concepción. Seguro que no haría peligrar al Mesías si me contaba algún suceso fuera de lo común ligado a su nacimiento.

S: Nació en una cueva, si esto puede considerarse fuera de lo común.

Me pareció raro, pero en los *Libros Perdidos de la Biblia* hay muchas referencias a que el nacimiento de Jesús tuvo lugar en una cueva. La antigua iglesia de la Natividad en Belén está construida encima de una gruta o cueva sagrada que se reconoce como el supuesto lugar de nacimiento. Las cuevas también se usaban como establos en aquellos tiempos.

S: Hay muchas historias sobre su nacimiento. Habrá

238

muchas más en años venideros. Pero esto se sabrá en un tiempo futuro. Saber dónde nació exactamente sería nombrar quiénes son sus padres. Es fácil encontrar a las personas. Puedes buscarlas y, si sabes lo bastante sobre ellas, las encuentras.

No había duda de que era razonable. Yo seguía intentando entender algo, cuando pensé que si habían acudido a los esenios para esconderse, entonces era probable que ya no estuvieran ni siquiera en el país. Parecía que el camino más seguro sería abandonar su tierra natal. Pero él sólo repitió mi comentario: «*Sería un camino seguro*». Era evidente que no iba a conseguir que me revelara nombres. Tal vez valdría la pena buscar una descripción de los padres.

S: *Su madre era sólo una niña. Tenía quizá dieciséis años, más no. Su belleza y calma eran tales, que uno se maravillaba ante ella. El padre era mayor, un hombre muy devoto. Amaba mucho a su esposo: se veía en una mirada. Habían estado juntos muchas veces en otras vidas.*

D: ¿El niño tenía algo que se saliera de lo común?

S: *(En su voz se escuchaba la adoración.) Sus hermosos ojos. Y el hecho de que era el niño más tranquilo. Te miraba y era como si conociera todos los secretos del universo y se estuviera deleitando simplemente en ellos.*

D: ¿Entonces, era diferente de un niño normal?

S: *¿Qué sé yo de niños normales? (Una respuesta natural, Suddí era soltero.) Todos lloran y maman y necesitan que les cambien los pañales. ¿Qué puede uno decir? Era como si lo observara todo... para aprender de ello, para experimentarlo todo de una vez.*

Supuse que si Suddí lo había visto, la experiencia habría sido tan emotiva que recordaría todos los detalles.

D: Has dicho que tenía ojos hermosos. ¿De qué color eran?
S: *Nunca eran iguales. En una mirada eran grises, y la siguiente vez, azules, quizá verdes. No estabas nunca seguro.*
D: ¿De qué color tenía el pelo, si es que tenía?
S: *El que tenía era pelirrojo y claro, un rojo muy trigueño.*

Era una respuesta extraña que no concuerda con la imagen habitual que se tiene del Niño Jesús. Siempre se supone que tenía el pelo oscuro, al menos castaño. Sin embargo, esta descripción concuerda con las presentadas por Taylor Caldwell en el libro de Jess Stearn, *Search For A Soul*, y los escritos de Edgar Cayce sobre Jesús.

Cuando el Mesías acudió a los esenios buscando su protección, no era más que un bebé, pero Suddí sabía que era su destino verlo de nuevo. Éste era otro indicio positivo, en el sentido de que tal vez podríamos conocer más sobre su historia.

Cambié de táctica y decidí preguntar por Juan Bautista. Quizá Suddí no se mostrara tan protector con él, y así, podría conseguir información de manera indirecta.

D: Me contaste la profecía de que volvía Elías, y que renacía unos meses antes del Mesías. Dijiste que su padre te era conocido porque era de vuestra comunidad. (Suddí asintió con la cabeza.) He oído decir que su padre fue sacerdote, pero no sé de qué religión.
S: *Son siempre las religiones romanas, pero se dice que los romanos creen en lo que es conveniente. Él fue un sacerdote de Dios. No hay otra religión que ésta. Él no era rabino. Sirvió en un templo.*

Yo no conocía la diferencia entre el templo y la sinagoga. En la Biblia, hay referencias a ambos, pero no se nos enseña que sean lugares diferentes ni que tengan funciones diferentes. Yo siempre había pensado que se referían al mismo lugar. (Esto se explica en el capítulo 5

240

cuando Suddí habla de la diferencia.)

D: ¿Me puedes decir qué pasó con el niño?

S: El niño y su madre están con nosotros. Él está en peligro pues entra en la categoría que Herodes ha mandado matar. Mataron al padre. Desgraciadamente, esta orden ocurrió justo después de haberse llevado a cabo un censo, por tanto sabían los bebés que habían nacido. Y cuando llegaron a su casa y preguntaron: «¿Dónde está tu hijo?», él les dijo: «No lo sé». Y no le creyeron.

D: ¿Estaba ahí el bebé?

S: No. La madre está muy triste, pues siente que tendría que haber sido más fuerte con él, y conseguir que viniera. Pero él habló con ella, y dijo que no, que él era un hombre viejo y moriría cumpliendo su deber para con Dios. Ése fue su deseo.

D: ¿Él sabía dónde había ido ella?

S: Sabía junto a quién había ido, no sabía adónde.

D: De todas formas, no hubiera dicho nada, probablemente.

S: No, habría muerto, y lo hizo.

Yo creía que la verificación o el desmentido de los relatos de Katie se encontraría en la Biblia, ya que es el registro más completo que tenemos sobre la vida de Cristo. Pero me sorprendió hallar muchas lagunas e historias a medio contar en los relatos de la Biblia. Un caso ejemplar de esto es una historia sobre Zacarías. Se le menciona en la Biblia como padre de Juan, pero no se habla del desenlace que tuvo su vida. Descubrí la historia de su asesinato fielmente registrada en *The Aquarian Gospel of Jesus the Christ*, y en uno de los textos apócrifos titulado *The Protevangelion*, supuestamente escrito por Santiago, en los *Libros Perdidos de la Biblia*.

Cuando leí en estas historias que Elisabeth había cogido al bebé y huido hacia los montes, fue como si una luz clara se encendiera en mi mente. «Por supuesto que fue hacia los montes -pensé-. ¿Qué mujer con un bebé andaría vagando por el desierto? Ella sabía adónde iba desde el principio. Se dirigía a la comunidad de los esenios, donde sabía que estaría a salvo.» Era extraordinario que la historia que nos llegaba de Katie, estando ella en trance profundo, tuviera tanto sentido y atara tantos cabos que han quedado sueltos en la Biblia.

Hasta entonces Suddí no había mencionado nombre alguno, salvo que este bebé era la reencarnación de Elías. Le pregunté si conocía el nombre del padre. Dije que quería saberlo porque pensaba que era un hombre muy valiente.

S: *Tampoco es ahora el tiempo de que se sepa. ¿Acaso no acaba de ocurrir que su hijo estaba en peligro? Por tanto, nombrar al padre es nombrar al hijo.*

Un escalofrío de miedo y misterio me recorría siempre que me acercaba demasiado a temas prohibidos. Había muchas cosas que Suddí quería proteger con su honor. Yo tenía que encontrar una manera de conseguir que revelara información. Esta actitud protectora estaba mu y hondamente arraigada, como se ha podido ver en anteriores capítulos. Pero ahora se convirtió casi en una obsesión: debía proteger al Mesías y a Juan de todo peligro.

D: Pero ya no son bebés, ¿verdad?
S: *Son niños. Tienen varios años.*
D: Dijiste que este niño (Juan) está con vosotros. ¿Te parece diferente de los demás niños?
S: *(Sonriendo.) Es feroz como un león. Es fuerte y les dice a todos exactamente lo que piensa. No tienen que estar de acuerdo, pero todos conocen su punto de vista.*
D: (Me eché a reír.) ¿Es travieso?
S: *No, es un buen hijo. Se parece mucho a su primo (Jesús). Sólo que quizá sea de más sangre, y más como su padre en fuerza. Mientras que su primo es más tranquilo y más fino.*
D: ¿Tiene el mismo color de pelo?

S: *El suyo es, sin duda, rojísimo. Resplandece como el fuego alrededor de su cabeza.*

D: Alguna gente piensa que los que viven en tu país son de piel oscura y pelo negro.

S: *Los que te han dicho eso, quizá sólo han conocido a los que son del sur, o de otra región. Pero los que viven aquí (en Nazaret) son en su mayoría pálidos de piel y de pelo y ojos claros. Ha y muchos matrimonios mixtos con gente del sur. Por tanto, se está perdiendo cada vez más. Hay menos niños que nacen con pelo rojo o rubio. Hay más que nacen con él castaño u. oscuro.*

D: Bueno, ¿sabes si hay otras profecías relacionadas con lo que le sucederá al niño, al Mesías, en su vida?

S: *Se dice que él dará a conocer la palabra y tomará el sufrimiento del mundo sobre sus hombros. Y a través de su sufrimiento seremos salvados.*

Toda la vida hemos escuchado este término, «seremos salvados». Pero yo me preguntaba qué significaba realmente, sobre todo qué significaba en la época de Suddí. ¿Seremos salvados, de qué?

S: *De nosotros mismos. Siendo como es ahora, la situación de ahora., uno debe siempre, luchando en contra, digamos, lograr subir el peldaño de la escalera. Mientras que por mediación divina y pidiendo ayuda o bendición, puedes subir los peldaños de la escalera más fácilmente. No lo estoy explicando muy bien. Mi padre Lo explica mucho mejor.*

D: Bueno, salvados, subir la escalera, ¿tiene esto que ver con la reencarnación, con renacer?

S: *Renacer, sí. Alcanzar la perfección del alma, sí. Pues está escrito que un hombre debe volver a nacer. Esto está en algunas de las profecías.*

D: ¿Para alcanzar la perfección?

S: *Para alcanzar el cielo.*

D: Bueno, déjame contarte algo que he oído, y tú puedes contarme lo que piensas de ello. Alguna gente dice que cuando te salvas, significa que te salvas de tus pecados y que no irás al Infierno.

S: *(Interrumpiendo.) No hay Infierno salvo el que tú mismo te creas. Es la imagen que tú proyectas, que tú prevés. Esto se ha tenido que saber siempre. Que el sufrimiento que hay, en su mayor parte, está aquí. Así que cuando mueres, lo que sufres es por tu propia necesidad o deseo de sufrir. ¿Por qué Dios, que crea todas las cosas perfectas, crearía algo que le fuera tan espantoso? Esto para mí no tiene sentido.*

D: Dicen que él te enviará al Infierno para castigarte.

S: *¡Nadie te castiga salvo tú mismo! Tú eres tu propio juez. ¿Acaso no está escrito: «No juzguéis a los demás, para que no se os juzgue a vosotros»? Dice no juzguéis a otros, no dice nada de juzgarse a sí mismo. Tú eres el juez de tu propio ser. (Su convicción en este tema se manifestó con mucha fuerza.)*

D: Bueno, yo siempre he creído que Dios era un Dios bueno y amoroso. Él no haría cosas así, pero hay gente que no está de acuerdo conmigo.

20- Jesús y Juan: dos estudiantes en Qumran

Durante otra sesión, me crucé con Suddí mientras enseñaba. No era una situación inusual, pero en seguida, como en otras ocasiones, su resistencia a responder me alertó de que sucedía algo especial. Intuía la misma corriente enigmática que se hacía presente tantas veces. El reto era siempre cómo darle la vuelta a esta guardia interior. Suddí reconoció únicamente que tenía dos estudiantes, y por sus respuestas formuladas con tanta cautela, adiviné quiénes serían sus alumnos. Tendría que proceder con cuidado para suscitar sus respuestas. Le pregunté qué les estaba enseñando.

S: *Yo enseño la Ley. (Hizo una pausa y sonrió tiernamente.)*
   Esto me parece muy extraño. ¿Cómo se puede enseñar la
   Ley a alguien que la conoce mejor de lo que la conozco
   yo mismo? (Se rió suavemente.)
D: ¿Estás hablando de tus alumnos?
S: *Estoy hablando de uno de ellos, sí.*

Ahora estaba segura de saber a quién enseñaba. Pero ¿cómo conseguir que lo reconociera él?

S: *Los dos son muy inteligentes. Uno tiene un temperamento*
   de fuego, y el otro sólo se sienta y te mira. Y a veces te
   sientes tan increíblemente estúpido, porque cuando
   afirma algo, es como si te lo hubieran mostrado por
   primera vez. Y lo miras con una nueva luz y nuevos ojos.

Le dije que me sorprendía porque no entendía qué podría enseñarle un niño a un maestro.

S: Un niño puede enseñarle muchas cosas a muchos adultos. Cómo amar, cómo estar abierto, cómo amar a otros sin tener en cuenta quizá lo que obtendrán de la otra persona.

Le pedí que me diera un ejemplo de algo que el niño le había enseñado, y Suddí me ofreció lo siguiente.

S: Él es muy observador. Lo observa todo como para aprender de todo. Dijo que cuando una planta crece, sabe cuándo sacar nuevas ramas, y sabe cuándo florecer y cuándo sacar la semilla. Y sabe hacer todas estas cosas sin dirección aparente. Parece saber estas cosas, como de la nada, por así decirlo. Así que, en el corazón de las cosas, el hombre puede saber cosas, como de la nada, como lo hacen las plantas con las cosas más básicas. Porque el hombre es un ser más avanzado, puede saber más cosas avanzadas, como de la nada, y usar estas cosas para guiar su vida y sus acciones. No puedo contarlo como él. Tiene una manera hermosa de hablar.

D: Estas cosas que te ha contado, ¿no las habías pensado antes, por ti mismo?

S: No es necesariamente que no las hubiera pensado. Pero es como una brisa de primavera que se lleva el polvo y las telarañas para que lo puedas ver claramente. Quizá por primera vez.

D: Debe de ser un niño poco corriente. ¿Son muy mayores tus alumnos?

S: No han llegado aún a sus Barmitzvah. Tienen doce años y medio.

Yo no conocía las costumbres judías, y por eso pensaba

246

que el Barmitzvah se celebraba cuando el muchacho cumplía los doce años, pero Suddí dijo que era a los trece. Yo quería un poco más de información sobre lo que les estaba enseñando. Al decir la ley, ¿se refería a la Torá?

S: Es parte de la Torá, pero la Ley son aquellas leyes que nos fueron dadas por Moisés. Las cosas que deben regir nuestra vida diaria, para que se nos considere piadosos y en el buen camino. Son directrices, como si dijéramos. Es sólo parte de la Torá. Es sólo una de las secciones, por decirlo así.

D: ¿Puedes decirme, brevemente, algunas de las leyes que son importantes?

S: Están todas las reglas dietéticas. Están las leyes de... por supuesto, los mandamientos. 1-fonra a tu padre y a tu madre, y santifica el sábado, y no cometas adulterio ni pecado, ni hurto ni lujuria ni nada de todo eso. Éstas son parte de la Ley. Cómo hay que tratar a los que trabajan contigo... Cómo tratar con... digamos, como si se muere un esposo, de quién será esposa entonces la mujer. Están estas leyes. Todo lo que tiene que ver con la existencia diaria está en la Ley. También está la ley que entra en ... cuánto tiempo puedes tener a un esclavo como parte de tus posesiones. Las leyes de los esclavos y los hombres liberados y este tipo de cosas inútii.es.

D: ¿Qué quieres decir con «cosas inútiles»?

S: Si no hay esclavos, ¿por qué tiene que haber leyes sobre ellos?

Esto era cierto. No había esclavos en Qumrán. Pero Suddí dijo que, pese a ser inútiles, estas cosas se aprendían por tradición. Sería importante, sin duda, que las supiera alguien que vivía fuera de la muralla. Le pedí que explicara la ley del esclavo)' el hombre liberado.

S: Bueno, después de siete años el hebreo ya no es un

esclavo. La ley te obliga a liberar a ese esclavo y dejar que sea un hombre libre. Excepto bajo ciertas circunstancias. Hay diferencias en esto, pero son muy pocas. Es muy complicado y muy enrevesado, pero ésta es la base.

D: ¿Las leyes de los esenios son diferentes de la Torá?

S: No se las consideraría leyes de los esenios. Son leyes de la naturaleza. La ley de la manifestación. Donde se habla de desear y saber que será satisfecho, y que la necesidad será satisfecha. Estas leyes son las leyes básicas de la naturaleza. Esto también se enseña, pero hay otros que también se lo enseñarían. Cómo utilizar todas las partes de uno mismo, cuál es el propósito de la vida de uno. ¿Cuál es la meta a alcanzar finalmente? La meta para que uno pueda realizarse en esta vida...

D: ¿Estas creencias de los esenios no se encuentran en la Torá?

S: No es que no esté ahí. Las leyes están ahí para que todos las vean. Es sólo que no se les presta demasiada atención.

D: Bueno, de todas formas, para mucha gente son sólo palabras. No las entienden realmente.

S: Pero éstas son las palabras del Señor nuestro Dios. Quiero decir, son sagradas, deben... no alcanzo a comprender cómo los hombres, y hay muchos, pueden seguir con su existencia diaria, negando que Dios existe. Por éstos siento una gran tristeza, pues ellos pasan por la vida más ciegos que uno nacido sin ojos. Porque han cerrado los ojos de su alma.

Hice otro intento de obtener los nombres de los alumnos. Él titubeó, pero al final respondió: «*Está el joven Benjosé, y luego está Benzacarías*». Por fin lo había conseguido. Suddí no se dio cuenta de que lo había engañado. No podía decirme los nombres del Mesías y de su Precursor, pero podía revelar los nombres de sus alumnos, puesto que creía

248

que yo no los asociaría. Él no podía saber que estos nombres me bastarían para identificarlos. Al parecer, el prefijo «Ben» delante de un nombre, significa «hijo de», y los nombres de José y Zacarías dejaban bien claro que se refería a Jesús y a Juan. Suddí no tenía manera de saber que yo conocía el significado de los nombres de sus padres, y que podría deducir a partir de ahí. Ahora tenía nombres que podría usar para intentar eludir la barrera protectora. Suddí podría hablar libremente de sus alumnos sin darse cuenta de que estaba revelando algo.

Había dicho que eran los nombres de sus padres. Tenían dos nombres: «*Éste es su apellido, como lo diríais vosotros, sí*». Seguía negándose a darme sus nombres de pila. Estaba bien. No se daba cuenta de que ya me había dicho bastante.

D: ¿Llevan mucho tiempo estudiando contigo estos alumnos?
S: *Quizá desde que tenían ocho años, más o menos, sí. Unos cinco, cuatro o cinco años.*

Ahora sabía que podía hacer preguntas sobre Benjosé y que Suddí me respondería sin ser consciente de que yo sabía que Benjosé y el Mesías eran una y la misma persona. Este método demostró ser muy eficaz.

D: ¿Dónde vivía Benjosé antes de llegar junto a ti?
S: *Estuvo un tiempo en Egipto, y lejos de allí, para aprender.*
D: Alguna gente dice que un niño no puede pensar por sí mismo ni aprender nada cuando es tan pequeño.
S: *Esto es porque no se los trata como si tuvieran inteligencia, por tanto no tienen ninguna necesidad de demostrar que tienen los poderes de pensamiento y asimilación. ·e dice que los primeros siete años de un niño son lo que hacen al hombre. Es un alumno fuera de*

249

lo común. Por tanto, sí, yo diría que le enseñaron. Se dice que fue con su primo a ver muchos lugares más lejos. Esto no lo sé, no le he preguntado sobre esto. No siento que esté en mi derecho.

D: ¿Sabes qué primo era?

S: Es uno de los primos de su madre. No estoy seguro, creo que es su primo. Su nombre es José, también.

Me sorprendió que su madre le permitiera marcharse tan lejos, pero Suddí dijo que ella también iba con ellos en estos viajes.

D: ¿Su madre vive con vosotros ahora?

S: No, viven en su propia casa. En un tiempo si vivieron en la comunidad, pero tienen otros hijos de qué ocuparse. Y hay muchas cosas que deben hacerse para vivir día a día. Pensaron que él se beneficiaría de nuestros conocimientos y nuestras enseñanzas. Vienen aquí a visitarlo con bastante frecuencia. Y él va a casa con la misma frecuencia. Viven en Nazaret. Está a unos días de viaje. Quizá una vez al mes vienen a verlo, y la siguiente va él a verlos a ellos. Por tanto, no se ha cortado el contacto.

D: ¿Sólo les enseñas la Ley a estos muchachos?

S: Sí, pero estudian con todos los maestros de aquí. Aprenden matemáticas, el estudio de las estrellas, el estudio de las profedas, los misterios. Todo lo que nos sea posible enseñarles.

D: ¿Piensas que son buenos alumnos?

S: Sí, yo diría que lo son.

Siempre que hablábamos de ellos, su tono de voz era afectuoso. Eran los únicos alumnos de Suddí. Él dedicaba su tiempo exclusivamente a enseñarles a ellos, lo que indica que los decanos de Qumrán habrían considerado su educación como un proyecto muy importante.

21- Jesús y Juan terminan sus estudios

Cuando Jesús y Juan tenían catorce años, encontré a Suddí mientras les escribía un certificado. *«Deben marcharse, y esto es para decir que les he enseñado yo, y examinado y encontrado que tienen conocimientos suficientes de la Ley para ser considerados primeros en Ley. Lo bastante buenos para enseñar ellos mismos.»*

En ese momento, saqué un bloc y un rotulador que había conseguido, y le pedí que me escribiera algo de lo que ponía en el certificado. Yo quería, sobre todo, que escribiera los nombres de sus alumnos. Pero él dijo: *«Los alumnos rellenarán sus nombres. Debe estar firmado por ellos».* Suddí abrió los ojos, tomó el rotulador y lo miró con curiosidad. Lo tomó con la mano derecha aunque normalmente Katie es zurda. Era evidente que se trataba de un objeto extraño para Suddí, pues palpaba la punta intentando averiguar qué extremo usar. Entonces escribió algo en el papel de derecha a izquierda que parecían garabatos. Le pregunté qué decía.

S: *Es sólo, básicamente, para quien lo considerara importante, que he encontrado que estos alumnos son primeros en Ley. Y luego sigue y sigue, pero esto es parte de ello.*

D: ¿Han sido buenos alumnos?

S: *En general. Hubo discusiones acaloradas a veces. Pero en general son muy buenos niños.*

D: ¿Estas discusiones eran entre los muchachos, o contigo?

S: Muchas eran entre ellos dos.

D: ¿No estaban de acuerdo con las enseñanzas?

S: No es que no estuvieran de acuerdo con las enseñanzas. Quizá no estaban de acuerdo con las interpretaciones (tuvo dificultades con esta palabra) que hacía el otro de las enseñanzas.

D: ¿Tuviste alguna vez una discusión con ellos?

S: Ninguna que yo recuerde. (Sonrió.) Benjosé nunca necesitaba discutir. Él sólo te miraba. Si quizá pensaba que no entendías su punto de vista sobre una determinada cosa, y lo había repasado varias veces, te miraba simplemente con esos ojos conmovedores. Y era como si dijera: «Aunque sé que no comprendes, igual te perdono». Y esto era el final de la discusión. ¿A quién se le ocurriría discutir entonces?

Durante todos estos años, ellos fueron los únicos alumnos de Suddí. *«Las clases son siempre muy pequeñas, y así aseguramos que aprendan todo lo que se ha enseñado. Tener más dispersaría demasiado la atención.»* Suddí no había hecho tantos viajes a Nazaret como de costumbre, porque su trabajo con ellos había adquirido prioridad sobre todo lo demás. No iba a tener más alumnos cuando se marcharan ellos.

D: Yo pensaba que tenías que enseñar siempre.

S: No, hay tiempos entre alumnos, sí. Se nos deja tiempo para continuar los estudios, o hacer otras cosas. En este tiempo puedo salir un poco. Ver lo que está pasando en el mundo. Es tiempo para una... pausa. Debo salir y hablar con otros, para que sepan las grandes cosas que están sucediendo. Y darles esperanzas y espero que una comprensión de... quizá sus vidas y el porqué de las cosas.

D: ¿Lo harás yendo a las casas de la gente o en un lugar público en las plazas?

S: A veces de las dos maneras. Seremos sus maestros. Si sólo hay uno, entonces enseñaremos a ese uno. Si hay muchos más que desean aprender, entonces les enseñarás a ellos...

todo aquel que lo desee.

La mayoría de las enseñanzas se haría oralmente, puesto que *«la mayoría de la gente no es capaz de leer un escrito o algo de esta naturaleza»*. Esto se parece mucho a lo que Jesús dijo a sus discípulos que hicieran en el Nuevo Testamento. Esta idea bien puede haber venido de esta práctica de los esenios.

D: ¿Las mujeres también pueden aprender de vosotros?

S: *¡Por supuesto! Esto es entendido por mujeres al igual que por hombres. ¿Por qué no?*

D: Porque he oído que los judíos ni siquiera permiten que entren las mujeres en las sinagogas.

S: *Tienen una mirada muy estrecha de la existencia.*

D: ¿Las mujeres esenias salen alguna vez a enseñar?

S: *Normalmente enseñan sólo en la escuela, a menos que sea quizá para ir a una comunidad en la que sean aceptadas, como lo están aquí. Porque puede ser más peligroso para ellas salir de lo que sería, digamos, para mí.*

D: ¿Crees que tropezarás con algún obstáculo?

S: *Sí. Hay gente que no regresa nunca. A los romanos no les gusta lo que tengo que decir. A la gente en el poder no siempre le gustan los profetas. No son muy populares. Darles esperanzas a las masas es quizá romper su cadena de control. Y sienten que están perdiendo el control del asunto y esto los asusta, y esto es parte del problema.*

D: Cuando te vayas, ¿adónde vas a ir?

S: *Aún no me lo han hecho saber.*

Pedí más información sobre Jesús, o Benjosé, como le llamaba Suddí.

D: ¿Benjosé tiene hermanos o hermanas?

S: *Tiene, déjame pensar, seis hermanos, y creo que tres hermanas. Él es el mayor.*

D: ¿Ha aprendido algún oficio, aparte de sus estudios?

S: *Es carpintero, como su padre.*

D: ¿Qué tipo de carpintería se hace en vuestra comunidad?

253

S: *Hay gente que construye las casas. Hay quienes construyen los muebles de adentro. Hay quienes ayudan a construir los templos. Hay diferentes tipos. Lo que él más hace es construir muebles, y hace unas cosas muy hermosas. Aquí hay muchas maderas. Además están aquellas cosas que deben traerse desde afuera. Depende de para qué desees usarlo. Hay madera para muebles. No habría madera para... digamos, construir un templo, con eso no se haría. Se haría con ladrillos o mármol.*

D: ¿Qué tipo de personalidad dirías que tienen los dos muchachos?

S: *Son dos personalidades muy diferentes. Benzacarías es muy expansivo, muy lleno de vida. Es muy gozoso con la vida, y la celebración de la vida. Benjosé es... disfruta tanto como él de la vida, pero es quizá de una manera tranquila. Es como comparar la tigridia, que es silvestre y exótica y llamativa, con el lirio, el sencillo lirio de los campos, que es muy silencioso y muy pequeño. Pero a su manera, tan hermoso como la tigridia en su manera exótica.*

Creo que es significativo que Suddí usara esta comparación. A Jesús se le ha llamado muchas veces Lirio del Valle. Imagino que era el pequeño lirio de los campos a que se refería Suddí.

D: ¿Te parece que Benjosé tiene un carácter triste?

S: *No, es un niño alegre. Se deleita con todo. Es como si viera con unos ojos que acaban de despertar por primera vez y ven la gloria en todo.*

D: ¿Sabes si conoce su destino?

S: *(Suspira.) Tiene conocimiento, sí. Es algo de lo que posee una aceptación muy tranquila. (Un suspiro más hondo.) Pero es...¿cómo se puede explicar? Sabe quizá lo que habrá de ser, pero su actitud es de un «esperemos a ver», y simplemente viviendo cada día tal como viene, por ahora.*

D: Entonces, ¿no le molesta saber lo que puede pasar en el futuro?

S: Yo no soy su conciencia, no puedo decir si realmente le molesta.

Este tema parecía incomodar a Suddí, así que decidí intentar obtener algún dato sobre adónde irían los muchachos cuando abandonaran Qumrán.

S: No estoy seguro. Emprenden ms viajes. Su camino ha sido determinado por los maestros. Los decanos lo saben. Ellos tienen conocimiento de esto, pero es para su camino.
D: Bueno, ¿irán a un país diferente, o se quedarán en la región?
S: Es muy posible que viajen a casa de otras personas.
D: ¿Crees que sus padres irán con ellos?
S: Es posible que quizá la madre de Benjosé, pero es muy dudoso. La madre de Benzacarias vive con nosotros. Pero él viajará con sus primos. Es probable que vayan de nuevo con el primo de la madre de Benjosé.

Ésta era la misma persona con que había viajado Jesús en sus primeros viajes de pequeño.

D: ¿Estarán fuera mucho tiempo?
S: ¿Quién sabe? A Yahvé le corresponde decidirlo.
D: ¿Crees que volverás a ver a los muchachos?
S: (Con tristeza.) A uno no lo volveré a ver jamás. Al otro lo veré. El camino de Benzacarías y el mío no volverán a cruzarse. Esto me acaba de ser revelado. Me siento un poco triste, pero él tiene su destino y yo tengo el mío.

Quizá mi pregunta había suscitado la premonición. Siempre tuve esperanzas de poder seguir la historia de Jesús más extensamente, no perderlo de vista cuando abandonara la escuela. Ahora parecía que esto sería posible ya que, instintivamente, Suddí sabía que volvería a verlo.

22 - Los viajes de Jesús. María

La siguiente vez que encontré a Suddí en su relación con Jesús, éste tenía unos diecisiete años y estudiaba de nuevo en Qumrán. Benzacarías no había vuelto a la comunidad sino que estaba con sus primos. No estoy segura de qué significaba esto. Quizá estuviera con María y José en Nazaret, pues los hermanos y hermanas de Jesús también eran primos suyos. Yo creía que, al recibir su certificado y marcharse, Jesús no volvería a las enseñanzas de los esenios.

S: Esto es cierto, no tiene que hacerlo. En realidad, no es tanto enseñanza como discutir preguntas y hablar de cosas. Durante varios años se fue y estuvo viajando y ha vuelto. Desea instrucción en determinadas preguntas que nos ha traído. Hay preguntas sobre algunas de las profecías, sobre sus significados. También sobre algunas de las interpretaciones. Hay muchas leyes que están muy abiertas a las interpretaciones, y estamos mirando diferentes puntos de vista de estas cosas. Por ejemplo, tomándolo de una manera y luego mirándolo y decidiendo si también podía tomarse de alguna otra manera. Y cuáles serían las ramificaciones de esto.

D: Esto es bueno, le estáis enseñando a pensar por sí mismo.

S: Y a cuestionarse las cosas, sí. A no tomar nunca algo por su valor aparente... ÉL dijo que en sus viajes se fijó en que muchos de los maestros hablaban de manera que la gente no los entendía. Esto le preocupa. Piensa que debe haber una manera de hablarle a la gente para que sepa de qué hablas. Comparando el conocimiento con las cosas que ellos conocen y ven a su alrededor en sus vidas cotidianas y, de esta manera, quizá entenderán el mensaje. Él observa la naturaleza y extrae lecciones de las cosas más sencillas, cosas que yo nunca podría ver. (Le pedí un ejemplo.) Hay una planta que crece y aumenta de una f arma extraña. Es su forma de crecer, emerge una única planta desde las raíces y otras plantas pueden salir de las raíces. Y las ramas que crecen hacia arriba se inclinan y se abren, y cuando vuelven a contactar con el suelo, sacan raíces y hacen brotar una nueva planta.

Dijo que era un buen ejemplo del ciclo de vidas de un hombre. Que la planta, haciendo brotar nuevas plantas desde las raíces, era como un hombre en sus renacimientos. Y las ramas, inclinándose y haciendo nuevas plantas de esa manera, sería la familia del hombre y sus hijos, descendiendo de esa manera mientras él vuelve a nuevas vidas y empieza nuevas familias. Usa círculos en muchos de sus ejemplos. Tomó otra planta como ejemplo, una planta que se compone de muchas capas (parecida a una cebolla). Dijo que esto ilustraría los diferentes planos de la existencia. Señaló que, en el centro mismo de la planta, las capas son muy finas y están muy juntas. Si se pudiera considerar cada capa como un plano diferente, se podría ver que el centro, más pequeño y limitado, es como el mundo físico. A medida que uno viaja hacia arriba y afuera en los planos, el horizonte de comprensión se expande cada vez, y ves y entiendes más.

Otro ejemplo se le ocurrió observando el agua. Señaló la manera en que una ola sale del mar, se desliza por la orilla y recoge algún escombro. Y cuando vuelve a dejarlo, este pequeño escombro está casi en el mismo lugar que antes, pero ligeramente a un lado. Y así el trozo de escombro viajará paulatinamente por la orilla, recogido y abandonado una y otra vez por las olas. Dijo que esto es como el ciclo de tus vidas. Recorres el ciclo de tu vida, empezando en un punto y luego, cuando mueres, es como la ola que te recoge y te vuelve a depositar en una

257

vida. Tu espíritu es depositado nuevamente, y está un poco más avanzado en el camino hacia donde pretendes ir.

D: Eso parece razonable. También ilustraría la lentitud con que sucede.

S: *Sí, es un proceso muy lento. Y uno debe tener mucha paciencia, y trabajar en ello con diligencia.*

Parecía que Jesús empezaba a desarrollar su concepto de las parábolas. Me pregunto si algunas no eran aún demasiado complicadas para que las entendiera la gente corriente de su época. Éstas no están mencionadas en la Biblia, y es probable que sea por su referencia a la reencarnación, a la que se oponía enérgicamente la Iglesia primitiva. Las parábolas que se incluyen en la Biblia demuestran que Jesús simplificó sus enseñanzas, y que a menudo tomaba cosas de la naturaleza como referencia.

D: ¿Suele tomar la Ley al pie de la letra, o es más bien abierto en su interpretación?

S: *Es abierto en sus interpretaciones, porque siente que el amor es la única ley a la que uno debe atenerse, por encima de todo. Y frente a eso, todas las demás palidecen por su insignificancia. Nosotros no le enseñamos esto. Llegó a esta conclusión a través de... ¿cómo lo digo?... discusiones interiores con su alma, y decidiendo su manera de sentir frente a determinadas cosas. El amor no puede enseñarse. Es algo que debe crecer. Y, otra vez, no me estoy explicando muy claramente. Las únicas restricciones de las que hablaba eran las relacionadas con hacer daño a otros seres humanos y otros seres vivos. No hacer daño físicamente a otros seres vivos y también, intentar no hacerles daño mentalmente. Él conoce el poder que tiene el pensamiento. Si piensas algo con suficiente intensidad, las vibraciones que se emiten harán ql-te suceda, y Él es consciente de esto. Es importante no pensar maldades en tu corazón.*

D: ¿Adónde fue durante sus viajes?

S: ¿Adónde no fue? Viajó por casi todo el mundo, tal como lo conocemos. Se dice que José (de Arimatea), su tío, fue con Él.

Antes le había preguntado a Suddí sobre la persona que acompañó a Jesús de niño, y él me dijo que era su *primo*, José, aunque no parecía muy seguro de la relación. Tal vez no sea una contradicción, sino un error no intencionado. Es posible que Suddí no estuviera muy seguro de la relación con Jesús, aunque sabía que era un pariente de María. En la historia, de ahora en adelante, se refiere a él como el tío de Jesús.

D: ¿Su madre fue con él?

S: Durante parte de los viajes, pero luego tuvo que quedarse en casa con los hermanos y hermanas de Él. Su padre se queda y sigue con su trabajo. Es muy de este mundo, José. Es un hombre muy bueno, pero es muy práctico.

D: Qué extraño que haya tal diferencia entre la madre y el padre ...

S: ¿Por qué es extraño? Da una mirada equilibrada de las cosas. Tienes una persona que vive mucho en otra dimensión, y tienes el que vive en el aquí y ahora. Le da a él una visión de ambos lados.

D: ¿Los hermanos o hermanas de Benjosé se interesan por las mismas cosas que Él?

S: Quizá no hasta el extremo en que Él lo hace. Lo están, porque aman a su hermano, y estarían interesados en las cosas que Él es. Pero Él ha ido más allá que ellos. ¿Acaso no son diferentes unos de otros todos los hermanos?

En una sesión previa, Suddí había dicho que antes de nacer el Mesías, su madre era conocida por los esenios. Me preguntaba cómo sabían quién iba a ser esta mujer.

S: La eligieron los decanos para que recibiera instrucción y para darle a conocer su destino. Se sabía desde su nacimiento quién iba a ser. Y sus padres eran los nuestros.

Yo había leído en un libro de Edgar Cayce que María había sido elegida entre muchas otras jóvenes. Así que planteé la pregunta con este dato en mente.

D: ¿La eligieron entre otras?

S: *¿Cómo podemos elegir a la madre del Mesías? No nos corresponde a nosotros. Es algo que corresponde a Yahvé. Pero Él nos permitió saberlo, para que pudiéramos instruirla y, quizá, guiarla en el camino. Los decanos lo sabían, pero no la eligieron. Se dice que había otras, cuyas cartas es posible que hubieran encajado, pero se estudió y se decidió que... ésta era la única decisión básica que se me ocurre que se tomara. Se leyó la carta y, finalmente, se entendió lo que significaba. No lo estoy explicando muy bien.*

D: Ah, yo creo que lo estás haciendo maravillosamente. ¿Cómo se hace la carta?

S: *Se dice que tiene que ver con los puntos en que se encuentran las estrellas cuando naces, y el camino que toman mientras vives. Pero yo no las diseño, por tanto sé muy poco sobre ellas. El maestro de esto es Bengoliad (fonéticamente). Recuerdo cuando íbamos a sus clases, intentaban enseñarme a seguir las estrellas. No se me da muy bien esto, no es mi campo de estudio.*

D: Pero ¿fue así como la eligieron, a partir de su carta?

Suddí empezaba a mostrarse frustrado. Teníamos un problema de comunicación y nos costaba entender exactamente lo que quería decirnos.

S: *¡Todavía no lo entiendes! No la escogimos nosotros. Se nos permitió tener el conocimiento para descubrir quién era, a fin de que pudiéramos ayudarla en este camino. (Muy pausadamente, como si hablara con un niño.) Lo básico en la decisión de alguien, está relacionado con la interpretación de estas cartas. Había varias niñas que nacieron aproximadamente en la misma época en la que*

260

era posible. Y luego surgió la interpretación definitiva. Esto fue cuando se descubrió que ella *sería la madre del Mesías.*

Pensé que lo mejor sería dejar el tema, así que volví a Benjosé.

D: ¿Sabes qué hará con su vida?

S: *(Tristemente.) Sí. Él es muy especial.*

D: ¿Puedes compartirlo?

S: *No me corresponde a mí compartirlo. Se hará saber con el tiempo.*

D: ¿Crees que volverá a viajar?

S: *No tengo manera de saberlo. Pues Él está aquí ahora, vive con nosotros. Dijo que sus viajes le abrieron los ojos a muchas cosas a las que hasta entonces estaba cegado. Y en esto, que le hizo un grandísimo bien.*

D: ¿Por qué viajó a otros países?

S: *Para aprender de la gente. Se dice que comerciaron, cosa que hicieron. Pero también estuvieron aprendiendo mucho, y hablando con la gente y descubriendo sus puntos de vista sobre las cosas y la vida.*

D: ¿Crees que se habrá reunido con las autoridades religiosas de los países?

S: *No me corresponde a mí decirlo, no se lo he preguntado.*

La siguiente vez que Suddí mencionó a Jesús fue al cabo de cinco años. Suddí viajaba a ver a su hermana en Bethesda antes de su muerte. (Véase el capítulo 12).

D: ¿Has tenido noticias últimamente de Benjosé?

S: *No muy recientes, no. Se dice que está viajando. No lo sé. Si volvió, no fue por mucho tiempo.*

D: ¿Y de Benzacarías? ¿Has tenido noticias de él?

S: *Se dice que ha salido al mundo, y que está reuniendo seguidores.*

D: Y él es, supuestamente, el que mostrará o preparará el

261

camino. ¿Estoy en lo cierto?

Suddí frunció el ceño enérgicamente. Parecía molestarle que yo supiera eso. «*¡Yo no hablé de esto contigo!*»

D: Pues, alguien lo hizo. ¿Crees que no me lo dijiste tú?

Él se puso rápidamente a la defensiva y contestó fríamente: «*No lo recuerdo*».

D: Bueno, sé que debe ser un secreto, pero no se lo vamos a decir a nadie. ¿Será que aún no está preparado para hacérselo saber a la gente?

S: *No. Está reuniendo seguidores y conocimientos y fuerzas para prepararlos.*

23 - Empieza el ministerio de Jesús

De nuevo hice avanzar a Suddí hasta otro día importante de su vida. Llevaba un tiempo con sus primos de Nazaret. Hacía muchos meses que no volvía a Qumrán. Su voz parecía cansada: *«Me estoy haciendo demasiado viejo para viajar a todas partes».* Él y sus primos estaban en la sinagoga de Nazaret. Recibí una agradable sorpresa cuando pregunté si había tenido noticias de Benjosé. *«Él es quien estamos esperando escuchar»,* anunció Suddí. Hacía quizá unos seis meses que Jesús estaba de vuelta de sus viajes, pero Suddí aún no sabía dónde había estado. Como simple miembro de la gran congregación en la sinagoga, Suddí no sabía si podría hablar con ÉL Le pedí que me describiera lo que estaba pasando.

S: *Sólo lee de la Torá. Y habla de las Escrituras para (buscando la palabra correcta...) definirlas en términos que podamos entender. Está leyendo las promesas que hizo Dios sobre el Salvador. Está leyendo también de Ezra y las promesas que se hicieron de que Israel sería de nuevo una gran nación.*

D: ¿Lo ha estado haciendo regularmente?

S: *Esto se hace así. Desde que llegas a tu Barmitzvah, se te permite hablar en la sinagoga, leer la Torá. Pero esto es poco corriente. En la sinagoga hay, muchas veces, grandes discusiones que se alargan. Esta noche nadie discute. La gente está muy ca/Lada. Él tiene una voz agradable que es muy fácil de escuchar... también está intentando explicar un concepto difícil sobre los diferentes universos, y cómo se interconectan todas las vidas. Está usando el ejemplo de un tapiz para simplificar lo que está diciendo. Si miras el tapiz, por detrás, ves que está tejido como una tela. Lo miras por delante y hay dibujos y acción. El lado de atrás, donde está tejido como una tela, es como la estructura de los universos. Y el lado de delante, donde le ves un diseño, eso son nuestras vidas superpuestas sobre los universos. Está intentando ayudarles a entenderlo, aunque algunos lo entienden y otros no.*

Yo tenía curiosidad por saber cuándo empezaría a realizar sus milagros. Le pregunté a Suddí si la gente había notado algo fuera de lo común o diferente en este hombre.

S: La mayoría sólo sabe que es muy amable y tranquilo. Que si tienen necesidades o problemas, pueden acudir a Él y Él los escucha.

Suddí hablaba de esta escena en voz muy baja. Benjosé no sabía que Suddí estaba entre la multitud. Yo imaginaba al envejecido maestro, sentado al fondo o a un lado, en la sinagoga iluminada con una luz tenue, escuchando en silencio con los demás. Y de toda la gente, sólo él, quizá, sabía quién era este hombre y el extraordinario destino que le aguardaba al iniciar su ministerio.

La descripción física de Jesús era la de un hombre con ojos grises, pelo claro, rubio rojizo, y una barba corta. Era ligeramente más alto que el hombre medio de la época, muy esbelto, «de molde fino». Vestía una túnica azul claro y la túnica de las oraciones, que es una tela larga que todavía los hombres judíos llevan hoy en la sinagoga. Les cubre la cabeza y los hombros como un chal. *«Sus ojos son muy penetrantes. Miran fijamente desde su rostro como algo vivo.»*

D: ¿Qué piensas de Él?
S: (En su voz había orgullo y amor.) Estoy muy contento. Pienso que es un hombre bueno. Creo que le irá bien.
D: ¿Piensas que aprendió bien las lecciones que le

264

enseñaste?

S: Yo no le enseñé nada. Sólo le abrí los ojos a lo que había.

D: ¿Crees que ha cambiado desde la última vez que lo viste?

S: Está más en paz. Es como un río que avanza lentamente, muy profundo. No sabes lo que fluye por debajo de la superficie.

Pensé que quizá ahora Suddí me diría el otro nombre de Benjosé. Si había salido al mundo, ya no habría necesidad de protegerlo tan estrechamente.

S: Yeshua, ése es su nombre.

Hice que lo repitiera varias veces para entenderlo bien. Fonéticamente era «Yes-ua», con un fuerte acento en la primera sílaba.

D: ¿Hablarás con Yeshua antes de que se vaya esta noche?

S: (Con voz queda.) Pienso que no. Pienso que con sólo reconocerlo ya basta. Sólo deseo escucharle hablar. Ha crecido bien, y siento por dentro que quizá le ayudé.

Cuando terminé de escribir este libro, tropecé con un texto poco conocido llamado *The Archko Volume,* de los doctores McIntoch y Twyman, publicado por primera vez en 1887. Estos hombres encontraron crónicas escritas en la biblioteca del Vaticano que fueron enviadas a Roma en los tiempos de Cristo. Las mandaron traducir de su lengua original. Una de ellas contenía una descripción de Jesús que concuerda de manera asombrosa con todo lo que Suddí había dicho de él.

«Siendo nada más que un hombre, hay algo en Él que lo diferencia de todos los demás hombres. Es el vivo retrato de su madre, sólo que no tiene el mismo rostro suave y redondo. Su pelo es un poco más dorado que el de ella, aunque podría ser de estar quemado por el sol o por cualquier otra cosa. Es alto, y sus hombros están un poco caídos; su semblante es delgado y de cutis moreno, aunque esto es de estar al aire libre. Sus ojos son grandes y de un azul suave, y bastante sombríos y pesados. Las pestañas son largas, y sus cejas muy grandes. Su nariz es la de un judío. De hecho, me recuerda a un judío anticuado en todos los sentidos de la palabra. No es muy hablador, a menos que surja algo sobre el cielo y las cosas divinas, y entonces mueve la lengua con facilidad y sus ojos se iluminan con un resplandor peculiar. Pese a existir esta peculiaridad en Jesús, Él nunca discute un asunto, nunca entra en disputas. Comienza y proclama los hechos, y lo hace sobre una base tan sólida que nadie tiene la audacia de discutir con Él. Pese a la superioridad de su juicio, no le enorgullece refutar a sus adversarios, sino que parece siempre tenerles lástima. He visto cómo le atacaban escribas y doctores de la Ley, y parecían niños pequeños aprendiendo una lección con un maestro.»

Cuando Jesús salió de la sinagoga después del culto, iba a casa de sus padres. Puesto que Suddí no tenía previsto hablar con Él, es probable que no hubiéramos de cubierto gran cosa más. Así que decidí avanzar a Suddí cinco años más, hasta un día importante de su vida. Estaba en Nazaret y hablaba con un amigo.

S: Dice que ha tenido noticias de Yeshua y que empieza a predicar ante la gente, y que la palabra se está dando a conocer. Se dice que ya en los pocos meses que lleva hablando, vienen grandes multitudes a escuchar lo que dice, con la esperanza de que haga un milagro. Es sabido que los poderes que fluyen a través de Él son muy fuertes. Se dice que ha curado a un leproso que sólo le tocó la túnica. Él dice que es la fe del hombre lo que le ha curado. Y que cómo podía ser que alguien, teniendo una fe tan grande, fuera sólo en parte hombre. Por lo tanto, está curado. También se dice que había gente que no lo pudo ver, y gente que lo pudo ver. Se dice que han ocurrido muchos milagros. Del único que estoy seguro es del del leproso. Un amigo mío vio cómo sucedió. Él dijo que por creer que con sólo tocarle la túnica lo curaría, que su fe lo había hecho.

D: ¿Era porque su fe en Yeshua era tan grande?

S: Porque su fe en Dios era tan grande.

D: ¿Es así como explicas lo que sucedió, o es algo que no se puede explicar?

S: *Sé cómo se hace, pero explicarlo es otra cosa. Dar la energía para curar... aceptarlo es parte de ello... Hay que aceptarlo, y también se dice que es necesario tener fe en esto. Así por tanto, la fe del hombre le permitió ser curado.*

D: Sucedió porque el hombre estaba dispuesto a aceptar la energía. ¿Entonces no crees que fuera algo que Yeshua mismo hizo?

S: *ÉL fue un canal No puedo explicarlo mejor. A menudo ha entrado en meditación con la persona a curar y, estando en el estado meditativo, les ha transmitido una parte de su energía. Y a veces, la gente que estaba ahí observando podía ver la energía transmitida.*

D: ¿Cómo era cuando la vieron?

S: *Parecía un resplandor de luz desde, digamos, su mano a la parte afectada del cuerpo de la persona. Y sus áureas empezaban a brillar con más fuerza, porque la gente que normalmente no ve el áurea incluso podía ver sus áureas.*

Esto explicaría los halos que se ve en torno a Jesús en pinturas antiguas. En las más primitivas, se le muestra con un halo alrededor de todo el cuerpo, y en las posteriores se le muestra sólo con un halo alrededor de la cabeza. Esto debió venir de las historias de la gente que había visto cómo obraba sus milagros y se intensificaba el resplandor de su áurea durante estos intercambios de energía.

S: *Por eso meditan primero. La persona dice que quiere sanarse, y entra en un estado meditativo de la mente para estar receptivo a la energía. Porque si se resistiese, entonces no tendría lugar. No puedo explicarlo mejor.*

D: ¿Hay algún antagonismo con Yeshua?

S: *Se dice que hay gente que está descontenta porque va por ahí y predica el amor. Los zelotes están muy descontentos. Ellos quieren que diga: «Yo soy el Mesías. Seguidme, yo seré vuestro Rey». Y tomarían las armas al momento, en el acto. Pero él jamás dirá eso.*

D: ¿Dices que predica el amor? ¿Amor de unos a otros, amor a Dios?

S: *Habla ensalzando el amor entre tus vecinos, el amor entre tus hermanos y el amor por los extraños. Amar a alguien, compartir esto con los demás, es compartir a Dios con los demás. Dios es amor. Él es todo lo que llena un vacío que tenemos dentro. Compartir el amor con otro es lo más grande que puedes hacer, porque es compartir a Dios. Das libremente de ti mismo a otro, sin pensar en la retribución. Esto es parte del mensaje. La gente ha aceptado que el Señor Dios tiene un lugar en la existencia cotidiana. Y están aprendiendo a compartirlo unos con otros, a acercarse más, con este mensaje.*

D: Has dicho que hay gente que piensa que debería decir simplemente: «Yo soy el Mesías». ¿Tú crees que es el Mesías?

S:*(Con tono enfático.) ¡Lo es!*

D: ¿Él lo sabe?

S: *Sí. Esto le fue enseñado desde que era muy pequeño, quién era y lo que debía ser. Pero anunciarlo sería... podrían proclamarlo loco o blasfemo. Él les dice que es el Hijo del Hombre.*

D: ¿Qué significa eso?

S: *Él es, como lo somos todos, hijos del hombre y de Dios. No puedo explicarlo muy bien. Él es hijo de Dios, como yo soy hijo de Dios, pero su destino es iluminar de una manera más extraordinaria de lo que yo podría. Él está más cerca de su destino final que yo. Yo estoy muy lejos, pero Él está casi en el punto que todos aspiramos. Él es lo más próximo a la perfección.*

D: Si somos todos hijos de Dios y también hijos del hombre, ¿qué le hace a él diferente?

S: *Él ha aprendido sus lecciones y ha seguido su camino hasta completarlo.*

D: ¿Así que piensas que esto significa que es perfecto?

S: El lo será. Ate decisión suya venir una vez más para darle esta luz a la gente. Él no estaba obligado a volver.

D: Después de esta vida, ¿podría volver alguna vez?

S: Así se ha dicho, pero con qué fin no lo sé.

D: ¿Tienes noticias de Benzacarías?

S: Se dice que está en el Jordán y que mucha gente Lo escucha. Y es, como dice Él, una voz clamando en el desierto, quizá para abrir los corazones y los oídos de Los hombres a la buena nueva de que el más grande está aquí. Hay muchos, como Los zelotes, que lo encuentran muy atractivo porque es tan fiero. Él es como un hombre salvaje. Su camino era diferente y no lo he visto en muchos, muchos años.

D: ¿Crees que ha cambiado?

S: No, siempre fue muy fiero.

Suddí llevaba un buen rato masajeándose el codo izquierdo mientras hablábamos, y le pregunté al respecto. Me dijo que le dolía la articulación. *«Soy un hombre muy viejo* --dijo con un suspiro--. *Dicen que me queda muy poco tiempo».* Me contó que tenía la «enfermedad de la ·ros» y que ahora estaba con sus primos en Nazaret de manera permanente. Le di instrucciones para que su brazo dejara de molestarle, para que no sintiera malestar físico.

D: Bueno, has visto muchas cosas en tu vida. Fue una experiencia extraordinaria poder enseñar a Benjosé y Benzacarías.

S: Sí, ha sido muy bueno.

Le pregunté quién era el rey en ese momento. Dijo que el primer rey Herodes había muerto y que Herodes Antipas era ahora rey pero que las cosas no habían mejorado. *«En todo caso, es muchísimo peor.»* No quería hablar de ellos. El tema le resultaba desagradable.

El material bibliográfico se refiere a Arquelao como sucesor de Herodes, pero no se menciona a Antipas. Suddí mencionó que Filipo era otro hermano suyo, pero nunca mencionó a Antipas. Me pareció un dato contradictorio y curioso. Seguramente habría algo

269

en la Biblia sobre esca. Tamo Harriet como yo leíamos más la Biblia que nunca, y la entendíamos mejor a medida que e revivía esta historia a través de los recuerdos de Katie. Pero Antipas no se menciona en la Biblia, mientras se afirma que Arquelao fue el sucesor de Herodes. Ambos reyes, tanto el que reinaba en el momento del nacimiento de Cristo como el que reinaba a la hora de su muerte, se llamaban Herodes. Durante la vida de Cristo, al rey se le llamaba sólo Herodes, el tetrarca, en la Biblia. ¿De dónde sacaría Katie el nombre de Antipas? Una vez más, la investigación reveló que estaba en lo cierto.

Herodes el Grande era judío por religión, pero ciudadano romano de sangre árabe lo que tal vez explique la reticencia del pueblo a ser gobernado por él. Como dijo Suddí: *«No puede decidir si desea ser griego o judío y, por tanto, no es bueno, ni como uno ni como el otro».* Él también fue sumamente cruel. Asumió el trono en el año 36 a. de C., a la edad de 37 años, y murió el año 4 a. de C. Asesinó a varios miembros de su propia familia, pero entre los que sobrevivieron, tres de sus hijos fueron designados para continuar el reinado. Eran Arquelao Antipas y Filipo. Las autoridades romanas decidieron que el país sería gobernado por Los tres. Ellos serían lo que se denominaría «los tetrarcas».

En ocasiones, se dividía una provincia romana por secciones, y un tetrarca o «reyezuelo» gobernaba una sección. A Arquelao, siendo el mayor, le fue dada la región más grande, Judea, y fue designad etnarca, o gobernad r. Antipas y Filipo fueron designados tetrarca en el resto del reino. Pero Arquelao no era bien visto en Roma y, en el año 6 d. de C., fue desterrado del país. Judea se convirtió entonces en una provincia romana de tercera categoría, administrada directamente por procuradores romanos (autoridades que se ocupaban de I s asuntos financieros o actuaban como gobernadores). El más famoso de é tos fue, sin duda, Poncio Pilato. En esta época, Filipo gobernaba el norte de Palestina. No creaba problemas, y se le permitió continuar. Desterrado Arquelao, Antipas ocupó u lugar y se convirtió en tetrarca de la región más grande de Judea. Adoptó el nombre de Herodes, y gobernaba en la época de la decapitación de Juan y la muerte de Cristo. Me asombra que Katie estuviera familiarizada con estos nombres poco conocidos relacionados con la historia de la época, a menos que hubiera estado ahí.

Suddí me pareció muy envejecido, cansado y triste durante la última parte de esta sesión. Yo tenía esperan a de que viviera durante toda la vida de Jesús. Quería obtener más datos sobre su vida. ¿Cuánta veces se presenta una oportunidad como ésta? Pero ahora parecía que tal vez Suddí moriría justo cuando Jesús empezaba su ministerio. Me interesaba conseguir la historia de la crucifixión. ¿Pero cómo? Suddí estaba en Nazaret, demasiado enfermo para viajar, y Jesús fue crucificado en Jerusalén, a bastante distancia de allí. Aunque Suddí viviera era poco probable que pudiera hacer el viaje. Pensé que moriría antes de que se terminara la historia. Yo confiaba en la posibilidad de encontrar alguna manera. Pero si no, podríamos al menos estar agradecidas por la infolmación que habíamos recibido.

Hice avanzar a Suddí en el tiempo hasta que tenía unos cincuenta años. Estaba sentado en los montes, más arriba de Nazaret, probablemente no muy lejos de casa de sus primos. Su voz sonaba muy fatigada.

S: *(Suspira.) Soy muy viejo. Tengo cincuenta y un... y algo, ¿cincuenta y dos años? Estoy muy cansado. Soy un hombre muy viejo.*

Me costaba aceptar que a esa edad se considerara viejo, pero supongo que era así en su cultura. Le dije que yo no lo veía como un hombre viejo.

S: *¡Pero lo soy! Muchos hombres han muerto antes de tener mi edad. Yo soy un hombre viejo. (Suspira.)*
D: ¿Qué haces arriba en los montes?
S: *No está lejos. No puedo caminar lejos. Estoy en armonía. Intento armonizarme con el universo y meditar sobre mi vida. Pronto moriré. Me ha sido dado saberlo. Tengo quizá*

un año de vida. Ya no puedo... tomar... aire para respirar. Me duele el pecho... y toso mucho. Por eso lo sé, por eso, y porque simplemente estoy muy cansado.

D: ¿Te molesta pensar que tu tiempo llega a su fin?

S: ¿Por qué habría de molestarme? No tiene mucho sentido. Eso es una tontería. ¿Por qué no pasar y aprender de esta experiencia y empezar otra?

Parecía tan deprimido que quise cambiar de tema, pero escogí uno que también le resultaba deprimente.

D: ¿Has tenido noticias de Benzacarías?

S: Ha muerto. Fue encarcelado por Herodes... y decapitado. (Le desagradaba hablar de ello.)

D: ¿Por qué lo metieron en la cárcel?

S: Por predicar la sedición. (Era una palabra desconocida para mí.) Predicaba lo que ellos consideraban equivocado y en contra de los profetas. Es como... traición contra el Estado, sólo que es contra Dios.

Katie se puso a toser con accesos violentos. Le hice sugerencias tranquilizadoras para que no sintiera apenas el malestar físico.

D: No pensaba que Herodes fuera un hombre religioso. ¿Por qué le habría de preocupar lo que predicaba Benzacarías?

S: Herodes no conoce en qué cree Benzacarías. Ésta es su fe y su desgracia.

D: ¿Y por eso Herodes lo mandó encarcelar?

S: Por eso, y porque le tenía miedo tenía miedo de lo que haría. Benzacarías tenía muchos seguidores.

D: ¿Qué predicaba exactamente?

S: Hablaba del Mesías, de su venida. De que hay que reconocer todo pecado, que deben confesarse a sí mismos que hicieron mal. Hacer eso es la mitad de la batalla hacia la libertad. Fue idea de Herodes que lo encarcelaran para

*poder hablar con él, pero se dice que fue su ramera quien
lo mandó decapitar.*

D: ¿Por que tendría una mujer algo que decir en un asunto
tan importante?

S: *Él predicaba la verdad, y la verdad tiene que llegar
finalmente a los demás. (Véase la referencia a Herodías
en el Capítulo 6.) Se dice que Herodes empezó a creer. Y
por tanto, puesto que Benzacarías hablaba tanto de esa
mujer y su vileza y la vida que llevaban, ella tuvo miedo de
perder el poder. De que Herodes creyera cm lo que decía
Benzacarías, y reconociera que lo que había hecho estuvo
mal Si él lo reconocía, entonces ¿no la habría apartado de
él? Y así ella perdería el poder.*

Katie hizo una pausa. Al parecer, Suddí tenía malestar.
«*Tengo una gran dificultad para... respirar. Falta de aire.*»
Decidí hacer que Katie avanzara para aliviarla de los
síntomas físicos.

Por cierto, nunca he tenido un caso en el que, habiendo
experimentado estas reacciones físicas, se viera afectada de
alguna manera la personalidad consciente. El sujeto siempre
despierta sintiéndose bien, sin recuerdo alguno de una
enfermedad asociada con su muerte en otra vida. Todo esto
queda totalmente en el pasado con la otra personalidad.

24 - La preparación para la crucifixión

Hice avanzar a Suddí para aliviar a Katie de los dolorosos síntomas físicos. Cuando acabé de contar, ella sonreía y, al hablar, la voz de Suddí ya no sonaba tan cansada y fatigada.

S: Estoy entre mis amigos. Estoy con mi hermana.
D: ¿Ah sí? ¿No había muerto tu hermana?
S: Hablas de morir. No hay muerte. Hay sólo otras formas de existencia.
D: ¿Dónde estás?
S: Observo mientras preparan mi cuerpo.

Cuando empecé a trabajar con regresiones, la primera vez que comprobé que podía hablar con alguien después de muerto, fue un descubrimiento bastante alarmante. Pero lo he hecho tantas veces desde entonces, que se ha vuelto una práctica común, si algo tan extraño se puede considerar común. En estas sesiones, he observado que la persona hipnotizada no se inquieta al encontrarse muerta. Los observadores de la sala solían incomodarse mucho más que el sujeto. Los espectadores esperan una reacción violenta, una protesta contra la muerte o, al menos, la expresión de cierto rechazo cuando la persona ve su propio cuerpo muerto. Las muertes tranquilas y naturales no representan trauma alguno. Pero es normal que la personalidad quiera demorarse lo bastante para ver lo que le sucede al cuerpo. Al fin y al cabo, con el tiempo le tomas cariño. Cuando han visto el entierro, o lo que sea, entonces están preparados para pasar a otra cosa.

También resulta sorprendente para los observadores que la personalidad continúe intacta, con pocos cambios, después de la muerte. A estas alturas, estoy bastante acostumbrada a hablar con los muertos cuando han cruzado la frontera, pero a menudo resulta difícil de entender para las demás personas en la sala. He comprobado que se puede obtener mucha información del espíritu. Pero la calidad de la información depende de la evolución y desarrollo del espíritu. En esta situación, también dirán sólo lo que saben en ese momento.

Suddí tenía unos cincuenta y tres o cincuenta y cuatro años cuando murió en Nazaret, mientras vivía con sus primos. Yo no entendía por qué había decidido quedarse ahí con ellos en lugar de volver a su amada Qumrán.

S: Fui dispensado de mi deber. Ya no tenía un gran propósito para quedarme. No tenía familia que me tuviera.

Equivoqué el sentido de su frase. Pensé que quería decir que no había nadie que lo tuviera, que se cuidara de él. Sin duda, siendo tan humanitarios como son los esenios, velarían por él en sus últimos días.

S: No, cuando digo que no tenía familia que me tuviera, quiero decir que mi familia ya no estaba ahí. Por tanto, mis lazos estaban casi cortados.

Esto era cierto, su única hermana había muerto. Él había derrochado tanta energía enseñando a Jesús y a Juan, que quizá ya no deseara regresar y enseñar a otros.

S: Viajé durante un tiempo. Hablé con la gente y escuché lo que tenían que decir sobre las profecías. Les hice saber que había llegado el tiempo para el que se habían estado preparando toda la vida. Y espero, con mis enseñanzas, haber iluminado a alguna gente. Dejé algunas semillas, espero que hayan dado fruto.

D: Bueno, a veces es lo único que se puede esperar.

Antes le había preguntado a Suddí qué enfermedad tenía, y él me dijo que era la «enfermedad de la tos». Ahora, después de su muerte, tenía muy claro cuál era el problema.

S: Había un crecimiento canceroso en los pulmones que los había consumido casi del todo.

Es evidente que esto habría provocado mucha tos, dolor y dificultad con la respiración, así que Suddí lo había definido correctamente en los términos de su época como la «enfermedad de la tos».

D: ¿Sabes qué lo ha causado?
S: ¿Quién sabe? ¿El polvo? Esto fue... esto fue elegido antes, que ésta sería la manera de mi muerte. Ha sido para ayudar en mi crecimiento.
D: ¿Ah, sí? ¿Morir de determinada manera tiene una importancia?
S: Sí. Aprender a afrontarlo en el día a día. Cómo vivir con ello, además de morir con ello.

Suddí sintió mucho dolor antes de morir, pero pudo controlarlo *«con el uso de la mente y la manipulación de las energías».*

D: Esto es bueno, no tuviste que sufrir, porque sabías hacer estas cosas. Mucha gente no sabe usar estos procesos de la mente.
S: La mayoría de gente sí, en lo más hondo. Es simplemente que se han cerrado a este conocimiento, y esto es una gran tragedia. Puede recuperarse con la práctica de la meditación. Abrirse al conocimiento que está ahí. Está ahí para que lo tomes simplemente, pero tienes que abrirte. Tienes que empezar desde dentro. Debe tomarse la decisión de que estarás abierto, entonces empezará a venir y crecerá.
D: En otras palabras, ¿tienen que desearlo ellos mismos?
S: Sí, igual que toda curación debe venir de dentro. Ha

276

Llegado el tiempo de comunicar este conocimiento. Si la gente está preparada para las semillas, crecerán. Ellos deciden.

Suddí contemplaba la preparación de su cuerpo. Le pregunté qué iban a hacer con él.

S: *Lo quemarán, como pedí. Lo quemarán fuera de la muralla de Nazaret y llevarán mis cenizas a la comunidad. Ahí las echarán a los cuatro vientos.*

Yo me sentía muy decepcionada de que Suddí hubiera muerto antes de terminar nuestra historia. Al morir él antes de Jesús, ¿significaba esto que se había acabado nuestra historia? Yo tenía el deseo sincero de conocer el resto de la vida de Cristo. Ésta había sido una oportunidad extraordinaria, única en la vida, pero no sabía qué hacer para obtener más información. Al menos podría hacerle preguntas sobre lo que sabía de Él justo antes de su muerte.

D: ¿Tuviste alguna noticia de Yeshua antes de morir?
S: *Estaba enseñando, y sigue intentando iluminar a las multitudes. Hay muchos que le escuchan. Es su ministerio con la gente. Les habla de amor y espera que el conocimiento llegue a otros.*
D: ¿Cómo acepta esto la gente?
S: *Siempre hay quienes creen cualquier cosa, sin importar lo que se dice, sólo porque ha sido dicho. Y hay quienes creen porque han reflexionado. También están los que dudan, por ser Él quien es. Y dicen: «¿Cómo puede ser que este hombre tenga toda esta sabiduría?» Hablan de su familia. De que no es un príncipe entre los hombres. Que es sólo un hombre pobre, sin posesiones. Dicen: «¿Dónde están sus túnicas elegantes?» Y no han llegado al entendimiento de que las posesiones no hacen al hombre, sino que es el hombre quien toma posesión de sí mismo. Un hombre puede no tener nada, pero si tiene bondad y comprensión*

y compasión hacia los demás es más rico que el hombre
que tiene un país y carece de estas otras cosas.
D: Pero ellos no conocen su gran educación, ¿verdad?
S: No. No se sabrá cómo ha sido instruido. No instruido, sino ...
mostrando que estaba en el buen camino. Mostrándoselo a
sí mismo, dándose fe en lo que estaba haciendo.
D: ¿Por qué habría que ocultarlo?
S: (Suspira.) Somos de un pueblo que quería permanecer en
secreto, por los problemas con diferentes religiones y por
otros problemas. No es importante el hecho de que Él fuera
instruido. Lo que era importante era que Él supiera. Él
tiene *este conocimiento, esto es lo que es importante.*
D: ¿Nació con este conocimiento, o lo ha adquirido durante
su vida, como Yeshua?
S: Él nació sabio, pero no nació con todo el conocimiento que
acumuló en su vida. Fue a muchas escuelas. Entre ellas, la
conocida como la comunidad de los esenios. Hubo muchas
tierras y muchos maestros a los pies de los que se sentaba
y escuchaba y aprendía. Le fueron mostradas muchas
maneras y caminos diferentes. Y Él, a su vez, mostraba a
otros los buenos senderos con su camino.

Suddí había dicho anteriormente que Jesús viajó por todo
el mundo conocido con su tío en su búsqueda de
conocimiento. Yo quería saber más específicamente por qué
países.

S: Fueron a los centros mercantiles de los fenicios en el
norte. Fueron por Cades y viajaron por los caminos de
las caravanas. Fue a la India y habló con algunos de sus
sabios. A Egipto, a diferentes países de aquella región.
También aprendió en las orillas de lo que se conoce como
Bretaña. No sé si fue a otros o no. Fue a casi todo lo
conocido por el hombre.

El tío de Jesús, José de Arimatea, era un mercader básicamente de hojalata, y otros metales. Su grupo viajaba bajo este pretexto, pero sabían que Jesús iba con ellos con otro propósito. Éste era *«lograr una comprensión de los demás, y también* dar *comprensión a otros».* A veces iba acompañado por su madre en estos viajes. Suddí dijo que se llamaba algo parecido a «María» en aquellos tiempos. Su padre, José, era mucho mayor que ella y murió cuando Yeshua contaba veintitantos años. *«Lo acompañó hasta que su hijo llegó a la edad adulta, ése fue su deber.»*

Yo tenía amigos que me habían pedido que indagara acerca de la muerte de José. Querían saber si ésta era la razón de que se retrasara el ministerio de Jesús. Tal vez había tenido que asumir la responsabilidad de ayudar a María a mantener a la gran familia.

S: ¿Acaso no estaban sus hermanos y hermanas menores? No eran mucho más jóvenes. En aquel momento recibieron ayuda de José (el tío) y de otros. Había varios ayudantes que eran carpinteros, que se ocuparon de seguir el negocio familiar, para que hubiera ingresos. Y, de tiempo en tiempo, volvía Yeshua y los ayudaba.

D: ¿Sabes si alguno de sus hermanos y hermanas menores le tenía rencor por no estar ahí constantemente?

S: Los criaron con el conocimiento de que él tenía mucho que hacer, y poco tiempo para conseguirlo. ¿Cómo podrían ser desconsiderados unos hijos criados por unos padres tan comprensivos? Lo aceptaron. Había un gran amor. Uno no podía conocer a Yeshua y no amarlo. No era posible.

D: Si Yeshua viajó a muchos otros países, ¿por qué volvió a su propio país para empezar ahí su ministerio?

S: Porque, en aquella época, esto era un punto de encuentro a medio camino entre Oriente y Occidente. Por tanto el conocimiento podía difundirse a muchos desde este punto central. Y esto era sabido.

D: ¿Tenía seguidores en esos otros países?

S: Se dice que había mucha gente que escuchaba su

sabiduría.

D: ¿Acaso no sabía que al volver estaría en peligro?

S: *Sí. Sabía desde muy temprana edad cómo iba a morir. Ésta es la parte más difícil de aceptar: Sabiendo que, incluso con todo este conocimiento previo, Él seguiría amando tanto al hombre que se entregaría por él.*

D: Sí, es diferente no saber lo que te va a suceder. No tienes ningún control sobre ello. Pero Él lo sabía, y de todos modos, estaba dispuesto a hacerlo. Eso sería muy difícil. ¿Sabes?, se cuentan historias de que ha realizado milagros. ¿Son ciertas estas historias?

S: *Sí, milagros es el término que se usa. Se los llama milagros. Pero en un cierto sentido no son milagros. Porque todos tenemos esta habilidad; es innata e instintiva. Se puede desarrollar esta habilidad si se tiene disciplina y tiempo. Meditar y tener la disciplina mental que hay que tener para que uno pueda 'hacer cosas similares. Él estaba en armonía consigo mismo y con los planos espirituales, además de tener una gran habilidad. Y la combinación de todo esto le ayudó a obrar lo que se llaman «milagros». Es el uso de las leyes de la naturaleza y el universo. En su conocimiento de estas leyes era capaz de hacer cosas que otros consideraban milagrosas, pero que todos los hombres tienen el poder de hacer. Pero debes abrirte para ser un canal del poder, para que éstos puedan obrarse. Sólo necesitas tener el conocimiento y la voluntad de usarlo. Él sólo era un canal muy claro.*

D: ¿Se le enseñó a hacer estas cosas?

S: *Sí, así es. Eso fue parte del régimen de su formación mientras crecía. Y puesto que él iba a ser el gran ejemplo, fue capaz de desarrollar estas habilidades hasta afinarlas mucho. Sus maestros podían hacer cosas, como elevar objetos o convertir el plomo en oro. Pero él podía hacer mejores cosas, como devolverle con su aliento la vida a alguien que estaba muerto, convertir el agua en vino o lo que sea. Y podía, usando sus habilidades con los que estaban enfermos, podía equilibrar sus energías hasta que se recuperaran.*

D: Me pregunto cómo conseguiría convertir el agua en vino ...

S: *Es difícil de explicar. Es como una combinación de varias habilidades funcionando juntas. Todo lo que hacía estaba ligado a las leyes naturales del universo. Es sólo que algunas de ellas las aplicaba en el plano terreno cuando normalmente se aplican al plano espiritual. Pueden aplicarse al plano terreno, pero necesitan un médium, como un ser humano, que ayude y lo canalice, sí.*

D: ¿Has oído hablar de algunos de estos supuestos milagros que ha obrado?

S: *Obraba tantos cada día, que yo no podría nombrarlos todos. Pero hacía cosas, en general, como curar a los sordos, los cojos, los ciegos y cosas por el estilo. Sólo necesitas tener el conocimiento y la voluntad de usarlo. Él sólo era un canal muy claro. Ha tomado a gente de este lado y los ha devuelto a la existencia, con sólo llamarlos. Todas las cosas son posibles con fe. Sólo hay que creer que uno puede hacerlo.*

D: Pero cuando alguien ha abandonado el cuerpo, ¿éste no empieza a descomponerse?

S: *Al cabo de cierto tiempo. Esto no lo harías con alguien que lleva seis meses... muerto. Pero, en todos los casos que he oído yo que sucediera, acababan de cruzar al otro lado, y quizá habían cruzado por error. Quizás el cuerpo haya cesado de funcionar cuando no debía. Él no lo hacía para intentar desequilibrar los ciclos de sus vidas, sino en aquellos casos donde la vida había quedado truncada por un acto circunstancial, y Él podía ver que aún no habían saldado sus deudas. Y sería mejor que pudieran saldar sus deudas entonces. Les devolvía la vida con su aliento para que ellos pudieran regresar y saldar aquella parte de sus deudas. ¿Acaso no has oído de gente que había muerto y resucitó de la tumba porque no había llegado su hora? Él sólo estaba ahí para guiarlos en el retorno.*

Esto se parecía mucho a las experiencias cercanas a la muerte, de las que tenemos cada vez mayor conocimiento. Son casos en que personas a las que se ha declarado oficialmente (médicamente) muertas, luego resucitan milagrosamente. En la actualidad, cuando esto sucede, se debe a nuestra avanzada atención médica.

D: Yo pensaba que era un sistema infalible. Que mueres cuando tienes que morir y que no existe la posibilidad de cometer errores.

S: *Siempre existe la posibilidad de que las cosas salgan mal. No pasa muy a menudo. A veces también es una lección que debe aprenderse. Por tanto, se los libera en el otro lado, para que despierten al conocimiento que está aquí.*

Suddí dijo que Yeshua había traído a algunas personas desde el otro lado y le pedí casos concretos.

D: ¿Eran personas que él conocía o simplemente extraños?
S: *A veces los conocía y a veces eran extraños. A la hija del centurión no la conocía. La hija de este comandante romano estaba muy enferma. Éste oyó hablar de un profeta que podría ayudarla, así que envió a un sirviente en busca de Yeshua. Fue un viaje de dos días. Y el sirviente dijo: «Por favor, ven, por favor, date prisa, está muy enferma». Y Yeshua le contesta: «Espera un momento, tengo que acabar lo que estoy haciendo aquí primero». Y lo cierto es que Yeshua se tomó su tiempo para ir a la casa del comandante romano. Cuando llegó era demasiado tarde y la hija estaba muerta. Y Yeshua vio que su vida no había terminado aún y que ella tenía deudas que saldar. Así que devolvió la vida a su cuerpo con el aliento, diciéndole al comandante romano: «No te preocupes, ahora sólo duerme». Entonces se fue. Ella durmió un período normal y entonces despertó y estaba bien. Luego hubo otro que era*

su primo, Lázaro. Era el único hijo de su madre viuda. Lo llamaron para que regresara. Pero no era su hora de morir, tenía mucho que hacer aún y Yeshua lo sabía.

D: Yo pensaba que, una vez depositado en la tumba, no podía ...

S: *(Interrumpiendo.) No la habían sellado. No habían puesto aún el sello. Lo único que hacen como preparación en este país es ungir el cuerpo con aceites. Algunos los queman en piras. Pero en general sólo se unge con aceites y se envuelve en sábanas y se pone en la tumba o lo que sea.*

D: ¿Cuánto tiempo pasa hasta que pueden volver al cuerpo?

S: *Unos días. Quizá dos cómo máximo. Después de este tiempo se requeriría la renovación de algo más que el espíritu al volver a entrar.*

D: Uno de los milagros que hemos oído, no sé si lo conoces o no, es cuando dio de comer a una multitud.

S: *¿Cuando les dio de comer con sólo unos cuantos peces y panes? Sí, esto se hace, también, a través de las leyes naturales de la abundancia. Si tienes necesidad y crees que estará ahí, ahí estará.*

Yo no tenía la impresión de que repartir pocas cosas entre mucha gente obedeciera a una ley natural. Suddí tuvo paciencia conmigo para intentar explicarlo.

S: *Pero tienes que creer que sucederá, y ocurrirá. Él creía que podía repartirlo y todos creyeron en Él. No sé si fueron peces de verdad o si creyeron en ello y se saciaron.*

Esto plantea un concepto interesante. Si la gente creía con la intensidad necesaria en lo que Jesús hacía, no importaba si la comida era un alimento físico sólido, de tres dimensiones. Pudo haber sido una alucinación. Lo más importante es que creyeron que eran alimentados y, así, su hambre quedó satisfecha. Ése era el fin, aunque se hubiera conseguido por medios psicológicos.

Había muchos interrogantes sobre la vida de Jesús que

preocupaban a la gente, y ésta parecía una buena ocasión para consultarlos. Dije: «Alguna gente dice que Él nació en condiciones muy extrañas. ¿Sabes algo de eso?».

S: Sólo que nació en una cueva, y arriba en el cielo se f armó una estrella. Ése fue el único suceso fuera de lo normal en su nacimiento.

La versión bíblica sólo menciona que pusieron a Cristo en un pesebre después de nacer, y no dice dónde estaba el pesebre. Incluso hoy, las cuevas alrededor de Belén se usan como establos para los animales. Suddí no había mencionado uno de los aspectos importantes del nacimiento, y yo esperaba que me lo dijera sin que hiciera falta insistir. Puesto que no lo hizo, decidí plantearlo directamente.

D: Hay gente que dice que su madre era virgen. ¿Sabes qué significa eso?

S: Me es familiar, pero no es cierto. Su madre era una mujer como las demás. Igual que su padre, era un hombre normal.

D: Bueno, la historia, según nuestra versión, es que la madre era virgen y el padre no era un ser humano. El padre era Dios.

S: Todos somos hijos de Dios. Él estaba más abierto a esto que otros, y había llegado la hora de difundir el conocimiento.

D: ¿Por qué crees que la gente contaría una historia así si no fuera verdad?

S: ¿Para qué habla la gente, sino para centrar más la atención en determinados aspectos?

Pensé que quizá podría averiguar algo sobre sus discípulos.

D: ¿Tiene seguidores especiales que estén con él?

S: La cantidad varía. Originalmente había unos treinta en el grupo central, y otros que sólo eran seguidores. Él es su maestro, con la esperanza de que aprendan de Él. Pero

284

algunos tienen muchas dudas, son humanos. Sus discípulos pueden obrar milagros también, porque estudian con Él. Esto es parte de su aprendizaje, enseñarles varios ejercicios de meditación para ayudar a las personas a ser receptivas a estas cosas, y desarrollar estas habilidades. Pasan mucho tiempo solos, arriba en los montes, estudiando estas cosas. Hay tanto hombres como mujeres entre sus seguidores, aunque a veces hay ligeramente más mujeres que hombres, porque lo femenino se desarrolla mejor. Son más receptivas a las cosas de esta naturaleza que el hombre.

No hace falta tener mucha imaginación para deducir por qué no se menciona a las mujeres discípulos en la historia de la Iglesia. La Iglesia primitiva estaba estrictamente orientada a los hombres y dominada por ellos.

D: ¿Estos seguidores van con Él a todas partes?

S: *¿Acaso no los ha enviado a enseñar a otros lo que Él les ha enseñado? Ellos deben seguir ese camino.*

D: ¿Qué hacen las mujeres que son discípulos?

S: *Son muy activas. Yeshua distribuyó a sus discípulos, en parejas de dos. Y también fueron distribuidas las mujeres que eran discípulos. Han sido enviadas por todo el mundo conocido para difundir sus enseñanzas y tener discípulos propios para ayudar a difundir estas habilidades que han aprendido.*

D: ¿No es peligroso para las mujeres viajar de esta manera y tener estos poderes?

S: *La manera en que los distribuyó fue generalmente emparejando hombre y mujer.*

D: Ah. Porque sabes que, siendo como es el mundo dominado por los hombres, no aceptan que las mujeres hagan estas cosas.

S: *Sí, Él lo sabía y quería proteger a las mujeres de aquellos que no entienden. Y por eso se envió a los discípulos en parejas. Normalmente se los empareja de acuerdo con sus cartas. Él tiene doce que lo siguen a casi todas partes. Pero quiere que los discípulos puedan separarse y desarrollarse por su cuenta y ser más fuertes siendo independientes, si no continuarían dependiendo de Él. Esto era mejor para los discípulos, para que pudieran desarrollarse hasta el máximo de sus fuerzas.*

D: ¿Conoces los nombres de algunas de estas personas?

S: *Estoy familiarizado con algunos... está Simeón, que se llama Pedro. Ah ... y están Benzebedee, sus dos hijos. Está Bartolameo y Matías y Judas. Hay varios más, no puedo... No los conozco tan bien. Aquí vamos descubriendo lo que harán. Se nos revela un poco.*

Benzebedee es mencionado en la Biblia como Zebedeo, el padre de Santiago y Juan. Pero la Biblia dice que Santiago y Juan dejaron a su padre en la barca de pesca y se hicieron discípulos. Después de esto, no se vuelve a mencionar a Zebedeo. Es interesante que Suddí mencionara al padre por su nombre y no a sus dos hijos más conocidos. Bartolomeo es uno de los discípulos menos conocidos. Y la Biblia ni siquiera menciona a Matías hasta después de la muerte de Cristo. Pedro es muy conocido, pero Suddí le dio un nombre que pronunció de forma diferente: «Simeón» en lugar de Simón. Encuentro significativo que mencionara a estos discípulos menos conocidos, pues esto avala la solidez del relato de Suddí.

D: ¿Crees que todos estos seguidores harán lo que él les ha enseñado?

S: *(Con tristeza.) No. Habrá algunos que saldrán y hablarán. (Suspira.) Y habrá quienes piensen que porque lo han conocido, son rectos y vivirán sus vidas creyendo que han encontrado el camino. Esto es muy triste, pues esto no es lo que él les enseñó... Y está, claro, Iscariote. Suele estar siempre muy malhumorado y no es popular entre los demás discípulos.*

Aquí de nuevo es interesante que Suddí lo llamara Iscariote en lugar de Judas. Ya había mencionado a Judas como uno de los discípulos, pero había dos Judas. A éste lo diferenciaba llamándolo Iscariote. En otros momentos, la pronunciación de su nombre sonaba como «Iscarote».

S: *Se le conoce como el traidor. Pues es su destino ser el instrumento de otros, en la ejecución de este acto.*
D: ¿A quién traicionará?

Yo tenía que fingir constantemente que no sabía nada de la historia, como si ignorase totalmente los hechos. Pensaba que así Suddí contaría la historia a su manera, sin excesiva influencia. Aunque Katie también conoce la historia (como todo el mundo), había notables diferencias. Y son diferencias que uno no haría conscientemente.

S: *Traicionará a Yeshua. Quiere obligarlo a decirles a los demás quién es. Porque aunque ellos (los seguidores) creen que ÉL es el elegido, el Mesías, Él nunca ha hablado de esto. Otros lo han dicho de Él. Y es el deseo de Iscariote que se declare ÉL mismo, cosa que Él no hará. Él dejará siempre al juicio de los demás decidir si es un hombre bueno y el elegido de Dios para ayudar a guiar a los demás en su camino, para que también ellos sean uno con Dios. Iscariote es un creyente tan sincero, que cree que Yeshua es realmente un dios. Y que siendo un dios, debería decir: «Ordenad a estos simples mortales que paren», y que ellos lo harían.*

Es posible que Iscariote fuera uno de los zelotes de que hablaba Suddí. Ésta era, sin duda, su línea de pensamiento.

D: ¿Crees que Iscariote intentará forzar la situación?
S: *Ésta es su naturaleza. Él cree que esto no ocurrirá. Que Yeshua debe declararse. Pero esto no es lo que sucederá.*
D: ¿Se considerará que Iscariote ha hecho algo malo con esta traición?
S: *Es algo que tiene que suceder. Es algo que sucederá. Pero lo peor de todo es que lo que él piensa que ocurrirá, no será así. Y cuando se dé cuenta, entonces se quitará la*

vida. Esto se sabe con gran tristeza, pues es un grave error.

Al parecer, el suicidio era un acto mucho peor que la traición a Cristo.

D: ¿Por qué piensas que se quitará la vida?

S: Porque sabrá que ha sido culpable del asesinato de un hombre sin pecado y esto no se puede soportar. Pero nosotros no lo condenamos. Él se juzgará a sí mismo.

D: ¿Sabes cómo lo traicionará?

S: No, no lo sé. Pero pronto amanecerá el día final. Yeshua estará pronto aquí con nosotros (en el estado después de la muerte). Nosotros lo sabemos, ¿cómo podríamos no saberlo? (Suspira.) Aunque así está dispuesto, es, no obstante, muy duro quedarse sentado y ver cómo ocurre. Da mucha tristeza saber que esto debe suceder para la salvación. Para mostrar a otros que el camino es posible. Que está abierto a ellos... Estoy pensando en lo que va a ocurrir y haciendo balance de mi vida. Estoy reuniendo fuerzas para que pueda... estar ahí. (Tristemente y con dificultad...) Yo también debo aprender de esto, como todos debemos aprender. Es algo muy difícil, pero espero aprender de ello ... Si es que tengo la fuerza.

Suspiré aliviada y, con profundo agradecimiento, dije una breve oración en silencio. Yo creía que si Suddí había muerto antes de que crucificaran a Cristo, no podríamos obtener el resto de la historia. Ahora parecía que tal vez fuera posible, si Suddí podía observarlo desde el otro lado. Era una novedad inesperada pero bienvenida.

D: ¿Habrá otros en tu mundo de espíritus que estén observando?

S: Creo que habrá multitudes. Se extraerá una gran lección de ello. La lección del altruismo, pues ésta fue su

288

elección. *Nosotros lo sabemos. Intentar emularlo es implicarse uno mismo en el camino del sufrimiento.*

D: Yo pensaba que, habiéndolo seguido tan de cerca a lo largo de su vida, tal vez quisieras estar con Él en el momento de su juicio.

S: *¡No es su juicio, es el* nuestro!

D: Hablas como si supieras lo que sucederá.

S: *Él morirá en la cruz.*

D: ¿Pero la cruz no era para los criminales y delincuentes?

S: *Será tratado como si fuera un* delincuente. *Y a los ojos de ellos* lo es, *porque ÉL se* atreve *a haced.es dudar. Él se atreve a hacerles mirarse por dentro, y para ellos esto es un gran crimen. Porque, ¿cuántos hombres pueden mirarse el alma y reconocer lo que hay ahí? Además, hay muchos que* creen *que Él es realmente quien dicen algunos que es. Que él es el Cristo y el Mesías. Ellos lo creen, pero dudan, porque enseña el amor. Enseña que* no *debemos odiar. Y que la guerra no es el camino para conquistar el reino. Pero ellos no entienden esto. Esperan que si lo presionan, acabará por decir en público: «Yo soy el Hijo de Dios y por tanto no podéis hacer esto». Pero no ven que esto está* escrito *y* repetido *desde el principio de los tiempos, que éste será su destino. Esto no lo pueden ver ellos.*

Fue un discurso muy emotivo, y Suddí ponía gran énfasis en sus palabras. Yo pensaba que la cruz era una manera espantosa para que una persona tan bondadosa terminara su vida.

S: *Mucha gente termina su vida de forma espantosa, y la gente no piensa en ello. Porque no es alguien importante, no es alguien que se conozca, no son ellos mismos. Al ser una persona que está sin pecado, que carece de envidias y odios, que sólo está lleno de amor, esto les hará darse cuenta de que hay muchos a los que les sucede lo mismo.*

D: ¿Y él podría renunciar? ¿Tiene alguna elección?

S: *Él siempre ha sabido que éste era su destino. Ahora no es el momento de arrepentirse, era* antes *(antes de entrar en la carne). Una vez tomada la decisión, no hay manera de volver atrás. Él puede pedir ayuda para ser fuerte y superarlo... con entereza, y le será dada.*

D: ¿Qué significa el que la gente le llame Cristo?

S: *Significa el Salvador, la encarnación del Dios vivo que vive.*

D: ¿Pero acaso no somos todos la encarnación del Dios vivo?

S: *Pero ¿somos todos conscientes de ello? ¿Cuántos estamos en contacto con el alma más profunda que es nuestro ser, que es nuestro ser verdadero, mientras habitamos el cuerpo físico? ¿Cuántos podemos tener una existencia día a día, viviendo con las tentaciones que le son Lanzadas a Él, y viviendo con todo lo que Él tiene? Él podría haber dicho: «¡Basta, no, me niego a pasar por esto!». Pero no lo hizo. Por tanto, por eso es diferente a nosotros. Yo no tendría el coraje. Él es lo que podemos ser todos. A lo que debemos aspirar todos. Es posible. ÉL dijo que EL es el camino. Si tan sólo pudiéramos abrir los ojos y los corazones, lo veríamos. (Una pausa y luego un suspiro hondo). Pero será difícil contemplarlo. Saber que alguien sin pecado, sin mancha, se entregalá por todos nosotros, para indicarnos el camino a seguir: ¿Acaso no es algo siempre difícil de contemplar? Saber que alguien, que no te ha conocido, que no te ha visto nunca antes, se sacrifica, sólo porque ama a toda la humanidad. Y saber que no eres digno de ello. ¿Acaso no es difícil de afrontar? la humanidad ha seguido, desde el principio de los tiempos, cometiendo los mismos errores. Pasando de tiempo en tiempo, pero nunca cambiando realmente. Y Él nos muestra que es posible crecer. Que pala escapar y alcanzar la libertad y el conocimiento del amor, debes crecer: Él nos muestra esto y, por tanto, sale de Él hacer esto, así como nosotros debemos hacer otras cosas.*

D: Me temo que habrá mucha gente que nunca entenderá las razones.

S: No entienden la totalidad de Yeshua. Su totalidad es demasiado grande para que lo entiendan, así que intentan limitarlo. Pero la gente entenderá. Quizá no en el sentido de las encarnaciones terrenales, quizá no lo entiendan de esa forma. Pero aquí lo sabemos y estamos aprendiendo.

Parecía que íbamos a poder escuchar la historia de la crucifixión desde la perspectiva de Suddí, estando él del otro lado. Pero pensé que era una historia demasiado importante para apresurarlo. Era mi deseo dedicarle una sesión entera. Además, no quería correr el riesgo de que se me acabara la cinta de grabar o el tiempo. Quería dedicarle todo el tiempo posible y entrar en el tema con todo detalle. Yo sentía que se trataba de un descubrimiento decisivo, que tal vez tendríamos la singular oportunidad de conocer la crónica de un testigo presencial de los acontecimientos posiblemente más memorables y controvertidos de la historia de la humanidad. ¿La versión de Suddí concordaría con la que nos ha sido legada? Ya hemos visto en anteriores capítulos que a menudo la historia de Suddí difería de la versión aceptada.

25 - La crucifixión y la resurrección

A la semana siguiente, tuve sentimientos encontrados al empezar la sesión. Tenía la esperanza de poder obtener la historia de la crucifixión. Sería la joya que coronaría este experimento. También sería muy importante para mucha gente. Pero me inquietaba que no se nos permitiera obtenerla. El subconsciente tiene un mecanismo de protección muy eficaz. No deja que el sujeto experimente nada que considere dañino. Es un hecho de sobra conocido en la hipnosis que si alguien ve o recuerda algo que no puede afrontar, en seguida despierta, aunque haya estado en un trance profundo.

Yo he visto cómo sucede. No tenía ni idea de cómo reaccionaría el subconsciente a algo tan traumático como ver morir a un amigo querido de una manera tan espantosa. Sabía que no podía pasar por encima de este sistema protector, y tampoco quería intentarlo. Tendría que confiar en nuestra larga relación y en la confianza que había ido creciendo paulatinamente entre nosotras, para convencer al subconsciente de que no había peligro. Mi principal preocupación es el bienestar de mis sujetos y su protección es siempre de máxima importancia.

Katie no intuía nada de esto y tenía ilusión por averiguar lo que iba a suceder. Así que dije la palabra clave, la observé mientras pasaba sin esfuerzo al estado que tan bien conocía ... y empezamos.

La hice retroceder en el tiempo hasta la vida de Suddí, y la devolví al plano del espíritu justo después de su muerte. Reanudamos la conversación ahí donde la habíamos dejado la semana anterior.

D: Voy a contar hasta tres y avanzaremos hasta el tiempo en que todo esto tiene que suceder. Si estás en una posición de saber, quiero que me cuentes lo que sucede. Si es posible, me gustaría que lo contemplaras. Quiero que compartas este conocimiento con nosotros. Pienso que puede aprenderse mucho de esta experiencia, si tienes la fuerza para contemplarlo y compartirlo. Uno, dos, tres, es el tiempo en que todo esto tendrá lugar. ¿Puedes decirme qué sucede?

Yo no estaba segura de si Suddí estaría en una posición que le permitiera presenciar los hechos. Dijo que lo haría si tenía la fuerza, así que ya sabía lo difícil que sería. ¿Sería capaz de soportarlo, o renunciaría? Cuando acabé de contar, no hubo vacilación. Pareció lanzarse directamente, sin más.

S: *Ha habido un ofrecimiento, que es la costumbre de los romanos, ofrecerle a un prisionero su libertad en cada festividad. Y Poncio Pilato no cree que Yeshua sea el ser malvado que dicen que es. Él sabe en su alma que esto está mal, que es un grave error. Por tanto, lo ha ofrecido a Él y a Barrabás como escogidos, sabiendo que por los muchos hombres que Barrabás ha matado, que ellos, por supuesto, liberarán a Yeshua.*

Yo intuía que Suddí temía, tal vez, perder valor y no sentirse capaz de hablar de ello si no se lanzaba directamente, sin más.

D: ¿Barrabás era un asesino?
S: *Sí.*
D: Hablas como si Yeshua estuviera encarcelado.
S: *Sí, se lo llevó el Sanedrín (pronunciado «San-jad-rin»). Y después de interrogarlo y encontrarlo, a sus ojos, culpable de blasfemia, decidieron que era asunto de*

293

Roma. Pues ellos no podían matar a alguien que otros decían era el Mesías, porque eso haría descender sobre sus cabezas el terror de la gente. En cambio, se lo entregarán a los romanos por intentar empezar una revolución, diciendo que había incitado a sus seguidores a hacer cosas contra Roma.

Al parecer, era la política de aquel tiempo. Jesús no fue una amenaza hasta que empezó a reunir seguidores. Antes podían restarle importancia tratándolo de radical o de loco.

D: ¿Quiénes hicieron eso?

S: *El Sanedrín. (Era difícil entenderlo porque pronunciaba la palabra de manera muy extraña). El Sanedrín. El consejo de legisladores de Israel. (También Israel lo pronunció diferente.)*

D: ¿Tenían poder para hacerlo?

S: *Sí. Era una de las cosas que la ley de Roma aún les permitía.*

D: Antes dijiste que Iscariote lo traicionaría. ¿Sabes si sucedió así?

S: *Acudió a los sacerdotes y les dijo dónde estaría Yeshua. Y...lo vendió.*

D: ¿Recibió algo a cambio de eso?

S: *Dicen que una bolsa con monedas de plata. No lo sé.*

D: ¿Pero en este momento van a ofrecer a Yeshua y a Barrabás al pueblo para que puedan elegir quién será liberado?

S: *(Era un momento muy emotivo para él,) Sí. Pero el Sanedrín tiene a mucha gente entre la multitud que ha pagado para decir el nombre de Barrabás.*

D: Ya veo. ¿Van a tratar de impedir que la gente elija a Yeshua?

S: *No hay posibilidad. No pueden, pues es... es su destino.*

D: ¿Esta gente del Sanedrín, le tiene miedo?

S: *Tienen miedo de que quizá sea el que algunos dicen.*

D: ¿No pueden arriesgarse a liberarlo? ¿Es eso lo que

quieres decir?

S: No, no pueden.

D: ¿Por eso han pagado a la gente que está entre la multitud, para incitar a la multitud?

S: Para decir su nombre. Se dice que el nombre que se grite más fuerte es el que será liberado.

Era evidente que esto conmovía profundamente a Suddí. Su voz era muy emotiva. Deseé que pudiera continuar.

D: Bien, avancemos y veamos qué pasa. Me gustaría mucho que nos lo contaras. Mucha gente podrá beneficiarse de esto. Si te inquieta demasiado, puedes contemplarlo como observador objetivo.

Me daba cuenta de que, ya de por sí, le inquietaba contemplar lo que le sucedía a alguien al que amaba tanto. Temí que fuera aún más traumático contemplar la crucifixión en sí. No podía más que esperar que su deseo de compartir esta información con otros contrarrestaría cualquier malestar que pudiera sentir. Continué mis sugerencias tranquilizadoras para el bienestar de Katie.

D: Contaré hasta tres y avanzaremos. Uno, dos, tres, ¿qué sucede ahora?

S: Se ha decidido... que este atardecer serán Él y otros dos clavados... en la cruz, para morir crucificados, el estilo tradicional de los romanos para matar a delincuentes, asesinos y ladrones. (Esto era difícil, pero siguió adelante.)

D: Per Él no pertenece a esa categoría, ¿verdad?

S: (Susurrando.) No. Él nl.l-nca ha hecho daño a nadie. Pero se dice que sangrará para todo el mundo.

D: ¿Hay más gente contemplándolo contigo?

S: Hay mucha gente aquí.

En la Biblia se habla de tumbas que se abren y de los espíritus de los muertos que se aparecen ante las multitudes en ese momento. ¿Habrían visto a los espíritus que estaban con él, contemplando desde el otro lado? Un acontecimiento de esta magnitud emocional podría haber intensificado las percepciones psíquicas de la gente.

S: Y hay muchos, cientos, que están en el plano terreno, que contemplan... horrorizados. Pues ellos lo aman. No pueden creer que esto se haga. Que se pueda permitir que esto suceda.

La voz de Suddí estaba casi sofocada por la emoción. Estaba al borde de las lágrimas. Todo lo sentía profundamente, a pesar de las instrucciones de que podía contemplarlo desde una perspectiva objetiva si lo deseaba. Yo tenía que mostrarme imparcial para poder observar todo los movimientos en detalle. Si hubiera alguna señal de que aquello se hacía demasiado duro de soportar, tendría que sacar a Katie del trance inmediatamente. La historia nunca merecía poner en peligro la condición del sujeto.

Normalmente estoy tan absorta al guiar al sujeto que no percibo en su totalidad el impacto emocional de la sesión hasta que vuelvo a escuchar las cinta más tarde. Entonces, yo también siento el extraordinario énfasis de lo que se está diciendo.

D: ¿Sabes cómo se siente Él en este momento?
S: Está muy tranquilo. Se ha aislado de una gran parte del dolor. Ayuda algo saber que... no hay un sufrimiento total.
D: Es bueno que tenga esta habilidad. ¿Tiene sentimientos hacia la gente que le está haciendo esto?
S: Siente un gran amor, al saber que no pueden ser conscientes de lo que están haciendo. Y sabe que con esto muchos se darán cuenta.

Parecía estar al borde de las lágrimas. Yo no tenía ni una sola duda de que lo estaba presenciando todo.

D: ¿Quieres avanzar y contarnos lo que pasa? (Traté de ser muy amable con él, pues sabía que esto era muy duro.) Si hay cosas que te son difíciles de contar; te las puede saltar. Como te he dicho, es un acontecimiento muy importante y el mundo entero debería tener conocimiento de ello. ¿No estás de acuerdo? (Suddí respondió con un «*Sí*» muy emotivo.) Yo creo que todos los *tiempos* deberían tener conocimiento de estas cosas que sucedieron.

S: *Está llevando la cruz por las calles. Es muy pesada y Él se cae. (Lo dijo lentamente, como si estuviera contemplando cómo sucedía paso a paso.) Varias personas en los márgenes lo ayudan a levantarse. Los soldados le dicen a uno que tiene que ayudarlo a cargarla, con su peso.*

D: ¿Uno de los soldados, o una de las personas?

S: *Han cogido a uno de la muchedumbre para hacerlo.*

D: ¿Cómo se siente esa persona por tener que hacerlo?

S: *Haría cualquier cosa para aliviar la carga. Está muy contento de saber que le ha ayudado de alguna manera.*

D: ¿Cómo se siente la multitud?

S: *Lloran. Hay algunos que se burlan, diciendo: «¿Por qué no te salvas tú mismo?» Pero en general saben que a pesar de lo que digan otros que es, éste hombre es... muy hermoso. (Respira hondo.) Sin fragilidades humanas. Se ha elevado por encima de los problemas cotidianos que nos persiguen... Ahora han puesto la cruz en el suelo y a Él lo han tendido encima y le han atado los brazos. Y las piernas. Y los clavos... le... están atravesando la piel. (Respira hondo varias veces.) Es como si se desgarrara el mundo entero. Pues los cielos que eran claros se han oscurecido del todo. Y crece la oscuridad. (Respira hondo.) Elevan la cruz, junto a las otras dos. Está en el centro. Desde este punto, casi toda la ciudad puede verlo. Está en un montículo a las afueras de la ciudad, para que todos lo puedan ver.*

D: ¿Por qué han venido las nubes y se oscurece el cielo? ¿Lo están causando desde tu lado?

S: *Es como si el mundo gritara... ¡Esto no debe ocurrir! (Respira muy hondo varias veces.) Él pide... que nuestro Padre lo perdone.*

D: ¿Por qué? Él no ha hecho nada.

S: *(Una larga pausa, luego un susurro.) No sé. Ahora está pidiendo que Abba perdone a los demás por realizar este acto. Porque ellos no saben. (Una larga pausa mientras Suddí respira hondo.)*

D: Los dos que están en las otras cruces, ¿son delincuentes de verdad?

S: *Sí. Pero uno de ellos habló con Él. La verdad es que no sé qué le dijo, pero el otro lo riñó, preguntándole si no sabía reconocer a un hombre bueno de verdad. Y Yeshua lo miró y le dijo que estaría con Él hoy... en su reino.*

D: ¿Qué significa eso?

S: *El estará aquí. Quiero decir, no siempre es así, pero É l... Creo que tiene que ver con... aunque sea en los últimos momentos de su vida, ha alcanzado una comprensión de lo que sucede.*

D: ¿Hay algo diferente en el cuerpo cuando está en la cruz? ¿Lleva algo encima o en la cruz?

Yo recordaba todas las imágenes y estatuas que he visto de Jesús.

S: *Hay una inscripción tosca que dice: «Éste es el Rey de los judíos», justo encima de Él. En los demás, pone el nombre y el crimen.*

D: ¿Puedes verlas?

S: *(Pausa, como si leyera.) No estoy segl-tro del nombre. El de la derecha dice... que era culpable de robo, de robarle las posesiones a otro hombre. No estoy seguro de qué. Creo que de su casa o algo así. Pero el otro era culpable de asesinato.*

D: ¿A cuál le dijo que estaría con Él?

S: *Al ladrón.*

D: ¿Y el cuerpo de Yeshua? ¿Tiene algo diferente?

S: *Había... antes de que lo clavaran a la cruz, llevaba una capa que se había echado encima de los hombros... y espinas alrededor de la cabeza.* Pero le han quitado ambas cosas al ponerlo sobre la cruz.

D: ¿No lleva la corona de espinas en la cabeza mientras está en la cruz? (Algo que siempre está presente en las imágenes.)

S: *No... Y los soldados están al pie de la cruz. Apuestan, echando suertes. Parte de la costumbre es que los artículos personales de los delincuentes se repartan de esta manera. Quien gana la apuesta, gana las prendas de vestir o lo que sea. Está... El cielo está casi negro a pesar de que es muy temprano. Pero, Él... la fuerza de su alma sigue brillando. Es como la única chispa de luz alrededor: Ahora uno de estos soldados, sabiendo que es sábado... dispara una lanza hacia uno de los ladrones para asegurarse de su muerte.*

D: ¿Qué quieres decir, sabiendo que es sábado?

S: *Los cuerpos de los delincuentes se bajan siempre en sábado, sin importar cuándo los subieron. Por tanto, ser crucificado significa morir en la cruz, lo que normalmente lleva días. Y tienen que asegurarse de que estén muertos antes de dejar que los bajen.*

D: ¿Entonces los están matando?

S: *Porque se oscurece el cielo y empieza el atardecer del sábado.*

En realidad, no había llegado aún el sábado porque el cielo oscurecía antes de lo acostumbrado.

D: Ya veo. Tienen que matarlos. ¿Los cuerpos no pueden quedar colgados durante el sábado? ¿Es así?

S: *Sí. (Súbitamente.) ¡Se ha ido! ¡Ha abandonado el cuerpo!*

D: ¿Qué? ¿El soldado tuvo que matarlo a Él también?

S: *No. La cabeza cayó hacia adelante en ese mismo instante, en el instante en que se fue. Ahora tienen curiosidad porque no pueden creer que uno haya muerto tan pronto. Así que le han arrojado una lanza también al costado, y la sangre fluye lentamente.*

299

D: ¿Quieren estar seguros de que está realmente muerto?

S: Sí.

D: ¿Su espíritu permanece cerca del cuerpo físico?

S: Camina con su madre mientras ella se aleja. Ella es consciente de su presencia.

D: ¿Ella siente su presencia o es capaz de verlo?

S: No lo sé, pero es consciente.

D: ¿Permanecerá en tu nivel?

S: Durante un tiempo, no mucho. Hay cosas de qué ocuparse, y luego seguirá adelante.

D: ¿Qué pasa con el cuerpo?

S: Todavía está colgado... Se dice que la tierra tiembla, aunque no lo sé. Sé que hay gente que corre atemorizada, pues saben que ha pasado algo espantoso. Y dicen que se sacude la tierra.

D: Tú no podrías sentirlo, ¿verdad? (Él negó con la cabeza.) Bien, avanza, y dime lo que sucede con el cuerpo. ¿Puede ver?

S: José (pronunciado «Yosef») ha solicitado a Herodes que le deje llevarse este cuerpo. Y Herodes lo envió a Pilato, que le dio su permiso.

D: ¿Por qué no se lo da Herodes?

S: Le dijo a Yosef que no era él quien debía dárselo. Porque lo mataron los romanos, era suyo.

D: ¿Es José, su tío?

S: Sí, y Pilato le da permiso para hacer esto. Y bajan el cuerpo y lo ponen en la tumba.

D: ¿De quién es la tumba donde lo ponen?

S: Es de José. La estaba preparando.

D: ¿Era para él?

S: No, era para Yeshua.

D: Entonces, ¿él sabía que esto sucedería? ¿Crees que se lo dijo Yeshua?

S: No necesitaba decírselo, pues todos lo sabían.

D: ¿Qué hacen con el cuerpo?

S: Lo ungen con aceites, y queman incienso, y lo envuelven en lino y lo tienden. Y hacen rodar la piedra asta tapar la entrada.

D: ¿Sellaron la tumba?
S: *Sí.*

La fuerte emoción había desaparecido. Parecía que lo más duro había sido contemplar cómo hacían daño a su amado amigo, cómo lo humillaban y mataban. Ahora la voz había recuperado su tono normal.

D: ¿Sucede algo más?
S: *Durante los próximos tres días, no sucederá nada más. Pues no se necesita. Entonces se habrá ido.*
D: ¿El cuerpo se habrá ido, quieres decir?
S: *Sí... Sé que hay maneras de hacer esto, pero no estoy familiarizado con el método.*
D: ¿Qué quieres decir exactamente? Yo creía que querías decir que el cuerpo estaba muerto.
S: *El cuerpo está muerto, pero ya no se necesita, está... Hay maneras de hacerlo, como si no hubiera estado allí. No conozco el método. No puedo explicarlo mejor.*
D: ¿No? ¿Es algo que tú mismo no entiendes?
S: *Es conocido sólo por los maestros.*
D: ¿Quieres decir que el cuerpo desaparece, en otras palabras?
S: *Sí, está hecho como si... Está hecho del polvo que era, y ya no está.*
D: Esto lo hacen los maestros de tu lado, o los maestros del lado terreno?
S: *Son los maestros de mi lado.*
D: ¿Por qué harían eso? ¿Por qué tendría que desaparecer el cuerpo?
S: *Porque se anunció en las profecías que resucitaría al tercer día. Y para resucitar, deben mostrar que el lugar donde lo pusieron está vacío. Y no pueden llevárselo por medios normales. Que el cuerpo no puede... ellos (sus amigos) no pueden llegar a Él para hacer nada. Por tan.to, hay que hacerlo desde este lado.*
D: ¿No lo hizo el mismo Yeshua? Cuando el cuerpo deja de

301

existir, ¿dónde está Él?

S: Él está allí con ellos, ayudándolos a hacer esto.

D: ¿Sus fuerzas con las fuerzas de los otros maestros?

S: Sí, con los otros maestros.

D: Sería muy complicado. Habría que estar muy avanzado para hacer eso.

S: Se hace con la ayuda de los otros también. No conozco este método. No estoy en ese nivel.

D: Y hacen que el cuerpo desaparezca, sin más. ¿Es ésa la palabra correcta? (Yo seguía intentando comprenderlo.)

S: Como dejar de existir sí.

D: Dejar de existir. Bueno, ¿Pilato o algún otro tomó precauciones para asegurarse de que...?

S: (Interrumpiendo.) Sí, había guardias ahí, porque conocían la profecía. Y sabían que otros hablaban de Él como si fuera el Mesías y, por tanto, había guardias ahí.

Es algo que, según parece, ha sido malinterpretado a lo largo de los siglos. Pienso que lo que intentaban demostrar era que es posible hacer incluso que el cuerpo físico trascienda el tiempo y el espacio. La tumba estaba sellada y los guardias apostados delante para evitar que alguien robara el cuerpo o se lo llevara por medios naturales. Había que demostrar que sólo las fuerzas sobrenaturales podían haber retirado el cuerpo. Esto debe formar parte de la enseñanza de la tumba vacía, para demostrar que las fuerzas superiores sí existen y que Él era una de ellas.

D: Me has dicho que la profecía anunciaba que resucitaría. ¿Sucederá esto?

S: ¡Sí! ¡Cómo no iba hacerlo! Él es como era antes. ¿Acaso no es, en esencia, una resurrección? Pues resucitará del cuerpo que está hecho de polvo y barro, y será como era antes.

D: Yo creo que la gente piensa que significa que el cuerpo mismo resucitará. ¿Sabes?, como Lázaro, cuando hablaste de él.

S: Pero entonces Lázaro volvió a ser un ente humano y habitó un cuerpo humano. Mientras que el Mesías, como es llamado, demostrará que hay continuidad después. *No sólo para decir que podemos volver al cuerpo, pues esto ya ha sido demostrado. Sino que debemos demostrar que hay continuidad. Que hay existencia después de que deja de existir el cuerpo humano.*

D: Creo que la gente entiende así la profecía, que el cuerpo resucitará *físicamente.*

S: *¡Por eso hay que destruirlo! Para que lo sepan por otros medios.*

D: ¿Luego qué pasa? ¿La gente descubre que el cuerpo ha desaparecido?

S: *Verás, es la costumbre que varios días después hay que volver a ungir el cuerpo. Y su madre y su prima habían venido a hacer esto. Y volvieron a abrirla (la tumba) con los guardias estando ahí. Y encontraron que estaba vacía.*

D: ¿Pero fue su *madre* quien vino con la otra mujer?

La Biblia no dice que estuviera la madre de Jesús entre las mujeres que acudieron a la tumba. Habla de María Magdalena, María, la madre de Santiago y la «otra» María, según la versión que se lea en los diversos capítulos.

D: Eso sería difícil de hacer, pienso, ver el cuerpo después de que ha yacido ahí varios días. Sería un acto de amor, ¿verdad?

S: *¿Y quién más dispuesto a realizar ese acto de amor que una madre?*

D: ¿Pero quién abrió el sello de la puerta?

S: *Los soldados ayudaron a abrirlo.*

D: ¿Qué pensaron al ver que el cuerpo no estaba?

S: *Ellos, claro está, dijeron que alguien se les había colado y robado el cuerpo. ¿Pero qué se podía decir? Las sábanas seguían ahí, manchadas de sangre. Y todo estaba como lo habían dejado.*

D: Y el sello de la puerta no estaba abierto, ¿verdad?

S: *No.*

D: ¿Qué sintió la madre cuando vio que el cuerpo había

303

desaparecido?

S: *Ella sabía que se había ido y que lo estaban preparando para seguir su camino.*

D: ¿Yeshua siguió su camino, o se quedó ahí?

S: *Durante un tiempo se quedó, pues debe ir a aquellos que creen en Él y decirles: «No desfallezcáis. Para que sepáis que todo es cierto, he predicado». Debe decírselo para que sepan que Él ha dicho la verdad. Y para hacer esto debe demostrar que Él* existe ... *para. ellos.*

D: Tengo la impresión, al oírte, que es como si El estuviera hablando con ellos. ¿Podían verlo y oírlo?

S: *Sí, pues tienen esa habilidad. Todo el que se abre tiene esta habilidad y pudo haberlo visto. Muchos lo hicieron.*

D: ¿Crees que lo vieron como una persona física?

S: *Sí, pero una... es diferente. Es más como uno de los seres de luz que como un cuerpo terreno. No podrías alargar el brazo y tocarlo, pues tu mano lo atravesaría.*

D: ¿Pero pudieron verlo?

S: *Sí. Saber que era verdad.*

D: ¿Todavía tiene marcas en su cuerpo espiritual? (Yo pensaba en los clavos que le habían clavado.)

S: *Sí, durante un tiempo será el eco de las cosas que se han hecho. Porque ésta era una manera de demostrárselo a ellos. Las dudas sobre si en realidad era quien decía que era.*

D: ¿Algunos dudaron?

S: *¿Cómo puede no haber algo de duda en el hombre? Ésta es su naturaleza.*

D: ¿Y por eso todavía llevaba la imagen, por así decirlo, de las marcas? ¿Para demostrar quién era?

S: *Sí.*

D: ¿Y lo vieron también otros? Hemos oído contar muchas historias. Algunas dicen que Él se apareció en su cuerpo físico y que caminó sobre la tierra.

S: *Es Él, como es en verdad, y no como lo conocieron ellos.*

D: Y el cuerpo físico se destruyó totalmente, por así decirlo.

S: *Reducido a polvo y cenizas, sí.*

D: Eso tiene más sentido, reducido a cenizas.

Según parece, la historia del ángel y la piedra volteada hacia fuera pudo haber sido una mentira inventada posteriormente por los soldados para salvar el pellejo. En las historias que han circulado a lo largo de los años, parece haberse ocultado el verdadero milagro de la resurrección. En mi opinión, este milagro fue la desintegración del cuerpo físico y la aparición del cuerpo espiritual. Dejándose ver ante tanta gente, quería demostrar la continuidad de la vida después de la muerte, porque su cuerpo físico había desaparecido. Se ha oscurecido y confundido este punto fundamental en el dogma religioso que ha ido creciendo en torno a este asunto a lo largo de los años. Suddí tenía razón, cientos de personas han regresado a sus cuerpos físicos después de ser declarados muertos. Al contrario de lo que ha afirmado la Iglesia, este fenómeno no es único. Los maestros también parecían esforzarse en demostrar la insignificancia del cuerpo físico.

D: Te has referido a los seres de luz. ¿Qué significa esto? ¿Es el estado de la persona cuando abandona el cuerpo físico?

S: *Son aquellos, algunos de nosotros, que están más allá de la necesidad de volver. Que han avanzado un paso más hacia el reencuentro de la unidad con Dios. Son aquellos que vienen y ayudan y nos guían de muchas maneras, al orientamos en nuestro camino.*

D: ¿Qué le sucedió a Yeshua?

S: *Volvió finalmente para estar con los demás. Para estar con los maestros y nuestro Dios, tal como lo conocemos.*

D: ¿Alguien vio cómo sucedía eso?

S: *Se dice que su madre estuvo ahí. Y vieron que la luz se tornaba brumosa, y entonces desapareció.*

D: Y Él entró al otro plano. ¿Sería una forma correcta de expresarlo?

S: *Sí.*

D: ¿Dónde está Yeshua ahora? ¿Está en el mismo plano que tú ahora?

S: *Él está con los maestros. No está aquí. Yo no estoy en absoluto cerca de ese nivel.*

D: ¿Sabes en qué nivel está?

S: *El noveno, al menos. Muy cerca del nivel diez.*

D: ¿Cuántos niveles hay en total?

S: *El décimo es la perfección.*

D: Si Él está en ese nivel, tú no tendrías manera de verlo ahora. ¿No *es así?*

S: *A menos que viniera Él al nuestro, no.*

D: Ya veo ... Hemos oído historias de gente que dice que lo han visto.

S: *No lo dudo.*

D: Quiero decir muchos años después de que desapareciera, de que abandonara la tierra ...

S: *Pero para nosotros, un año es sólo un instante, por tanto, ¿cómo no iba a ser posible?*

D: ¿Entonces permitiría que alguna gente en la cierra Jo viera?

S: *Si así lo desea, sí. Quizá si hubiera algo que este individuo necesitara hacer y aun tuvieran dudas. ¿Acaso no se revelaría ante ellos? Para que supieran que creen en fa verdad.*

D: De acuerdo con su sistema de creencias, ¿esto les ayudaría?

S: *(Suddí se frustraba en su empeño por ayudarnos a comprender:) Tengo muchas dificultades. Si hubiera una gran obra para esta persona, como dar a conocer la palabra, y que viviera para eso, y para dárselo a conocer a otros, ¿acaso no se revelaría Él ante ellos? Para que supieran que lo que creen es justo.*

D: Yo pensaba que tal vez estaría ocupado en el otro nivel. Que nunca bajaría a la tierra para este tipo de cosas.

S: *Si no velara por el hombre, no habría venido aquí en un principio.*

D: ¿Puedes hablarnos de las razones de su muerte por crucifixión? En nuestra época, o desde nuestra perspectiva, se dice que Él murió por nuestros pecados. Existe cierto desacuerdo en este tema. ¿Acaso no *somos* responsables de nuestros propios actos?

S: *(Suspira.) Es una pregunta de mucho peso.*

D: Tiene muchas respuestas, supongo.

S: *Pesan muchas influencias sobre estas respuestas. Debían crucificarlo para que otros lo ridiculizaran. Para demostrar que cuando viviera de nuevo, era capaz de estar por encima de esto y que nosotros,* también, *somos capaces de estar por encima de esto. Esto es algo por lo que Él tenía que pasar para su propio aprendizaje, además de los otros significados. Que él no era tan perfecto,* no *es tan perfecto como posiblemente otros quieren suponer. Que Él estaba disp1testo a pagar las penas y demostrar que nosotros tampoco debemos tenerles miedo. Y pagando por lo que hemos hecho, entonces seremos capaces de estar por encima de ello. Esto es parte del razonamiento que hay detrás de ello. Es demostrar que* el hombre *puede hacerlo, que el hombre puede hacer estas cosas.*

D: Entonces, cuando dicen que murió por los pecados de Todos los seres del mundo, ¿tienen razón?

S: *¿Cómo puede morir por los pecados de otro? Todo el mundo ha de pagar por los propios. Si no es en esta ocasión, entonces quizá en la siguiente, o incluso en la siguiente. Pero en última instancia, debes sufrir lo que has hecho sufrir a otros por tu causa.*

D: ¿Entonces su vida, su muerte no borrará los pecados de los demás?

S: *Existirá una ley de gracia. Pero no es porque ÉL pagara por tus pecados, sino porque lo aceptarías como un ser valioso y quizá como mensajero de Dios. Y la ley de gracia tiene que ver con el* amor *de Dios hacia ti, no porque él haya muerto por los pecados.*

D: Entonces se está interpretando mal esto, ¿verdad?

S: *Es muy posible. El hombre interpreta mal muchas cosas.*

D: Deberíamos esforzarnos en ser como Él. Pero esto no significa necesariamente que tengamos que seguirlo de

307

manera que lo adoremos *a Él.* Es el camino que Él nos ha indicado lo que necesitamos imitar. ¿Es correcto esto?

S: Si es correcto. Él es un punto casi de adoración, porque Él pudo hacerlo. Y demostró que se podía hacer. Por tanto, hay que maravillarse ante Él, pero no adorarlo. No deificarlo, porque codos *somos parte de Dios.*

D: ¿Crees que Él quiere que lo adoremos?

S: Él quiere que lo recordemos, *pero quizá no de la manera que muchos lo recordarán. Básicamente, su intención era parecida a la del guía, un guía en espíritu para conducir a las personas hacia una mayor iluminación, para ayudarlas a alcanzar un mayor poder. Para ayudarlas a ser más espirituales en sus percepciones. Se consideraba fundamentalmente un ayudante, un guía, un ejemplo, como un buen amigo que te ayuda con sus consejos.*

D: Hay mucha gente que lo verá como un Dio por derecho propio. Es difícil verlo como un ser humano.

S: Todos somos parte de Dios. Algunos somos más conscientes de esto que otros. Yo diría que t i es una de estas personas. Pero considerarlo y deificarlo por derecho propio y aparte de todo es un error.

D: Temo que mucha gente hará precisamente eso en el futuro. Deificarlo y también deificar a su madre, porque ella *fue* la madre.

S: Si esto significa que al hacerlo vivirán *como ellos, entonces es bueno. Pero si significa que en lugar de esto los convertirán en dioses para luego decir: «porque son tan sabios, me perdonarán cualquier cosa que haga», y entonces van y Lo hacen igual, esto es un grave error. Él simplemente era* consciente, *y ella también era consciente en muchos sentidos, de lo que es posible para todos nosotros. Es sólo que hace falta luchar mucho para alcanzarlo.*

D: ¿Él sería una persona que animaría a la gente a pensar por sí misma, o más bien a seguir a ciegas?

S: ¡Nunca seguir a ciegas! Siempre hay que dudar. Pensar las cosas por uno mismo es hacer que la decisión sea más grande. Porque la decisión se toma, no se entrega sin más. Si no se duda, no se tiene fe. Porque no puedes pensar las cosas si no dudas de ellas y las miras desde todos los ángulos. Y entonces, *cuando se ha hecho esto, si crees, si encuentras que es bueno,* entonces *merece la pena creer en ello.*

D: Alguna gente dice que cuando dudas, es obra del Diablo ..., si es que tenéis un Diablo en vuestra sociedad.

S: *(Suspira.) ¡No hay ningún Diablo! (Con voz dulce, pero firme, como si hablara con un niño testarudo.) Dentro de cada uno, hay dos partes.* Sí, hay *la parte que duda, que* puede *llegar a provocar el mal. Pero también es una parte muy* buena, *porque te* hace *pensar las cosas y te* hace *pensar en la gente. Porque no* toda *la gente es buena. ¿Aceptarías a una persona por sus apariencias si te sonriera mientras te clava un cuchillo en la espalda?* Tienes *que dudar de las cosas, pero también debes tener fe.* Se ha demostrado *que esto es verdad.* Se puede *tener fe en las cosas. Parece una paradoja, pero* no *lo es... en realidad.*

Suddí empezaba a frustrarse. Su convicción en este tema era muy fuerte y hacía un esfuerzo enorme para ayudarnos a entender.

D: Comprendo. Lo estás haciendo maravillosamente... Pero ¿cómo podemos saber, al descubrir un conocimiento nuevo, si es la verdad? ¿Cómo podemos distinguir?

S: *(Suspira.) La verdad... quizá te entristezca. Pero en algún lugar en lo más hondo de tu ser, sabes que es la verdad. Si pudieras tan sólo abrirte, sabrías cuándo las cosas son verdad y cuándo no lo son. Esto es algo alcanzable.*

D: A veces, cuando descubrimos nuevos conocimientos, la gente nos dice que esto es malo.

S: *¿Hace* daño *a alguien, de alguna manera? ¿Es dañino? Esto no significa que no te entristezca. Si hace* daño *a alguien, no puede ser* verdaderamente *bueno. Pero no hace* daño, *tómalo y estúdialo. Y encuentra la verdad. Descubre lo que tiene de* bueno.

D: ¿No es verdad que en la época en que viviste, en las sinagogas y en las diferentes religiones, muchos decían: «No dudéis, aceptad únicamente»?

S: *La mayoría lo decían, sí. Se proclamaba.*

D: *Tu* gente era diferente, ¿verdad? A los esenios, les gustaba dudar.

S: *Sí.*

D: ¿Puedes decirnos si el Cristo volverá a la tierra en el futuro?

S: *Sí, Él volverá.*

D: ¿Habrá gente que sepa de su venida de antemano, como lo sabíais vosotros esta vez, o aparecerá de repente?

S: *Habrá gente que lo sepa.*

Esta sesión fue muy difícil para Katie. Estuvo muy tensa y conmovida mientras contemplaba la crucifixión, como si fuera algo sumamente doloroso. Sin embargo, cuando la llevé hasta el presente y la desperté, no guardaba ningún recuerdo de lo que había visto, y se sentía muy bien.

Soy consciente de que esta sesión suscitará mucha polémica. Pero pienso que hay que verlo y examinarlo como lo que es: una visión alternativa de algunos de los acontecimientos más importantes de nuestra cultura.

Lo que me asombra de este relato no es la inexactitud, sino la exactitud. Que la versión que tenemos en nuestra Biblia pudiera sobrevivir a lo largo de dos mil años, tan *intacta* como está, es realmente extraordinario. Que sobreviviera a la edades bárbaras cuando se perdió una ingente cantidad de conocimientos irremplazables, y resistiera la influencia de los diversos escribas, traductores, exclusiones e inclusiones deliberadas, es realmente un milagro. Ningún ser humano racional puede creer que sea la verdad literal, palabra por palabra, cuando nuestros propios textos de historia reciente contienen muchas contradicciones. Incluso las informaciones de la prensa varían según el punto de vista del periodista. No deberíamos enzarzarnos en discusiones mezquinas sobre las diferencias, sino estar agradecidos de que conservemos la historia. El hecho de que la Biblia haya sobrevivido es, en verdad, un regalo de Dios.

26 La finalidad de la crucifixión y la resurrección

Soy consciente de que se han escrito volúmenes enteros sobre este tema y de que se escribirá mucho más en el futuro. Quiero ver qué interpretación extraigo yo de la información que se reveló sobre Jesús en las regresiones. Para ello, tendría que borrar todo el adoctrinamiento de la Iglesia y los dogmas a que he estado expuesta desde mi infancia. Tendría que contemplarlo a Él con ojos nuevos, observando y escuchando su historia por primera vez. Sería muy difícil hacerlo. El «lavado de cerebro» empieza muy temprano y está profundamente arraigado. Espero hacer un intento de averiguar lo que Jesús quiso decir a la humanidad.

¿Qué intentaba comunicar realmente al mundo a través de su crucifixión? ¿Dónde estaba el verdadero mensaje de la resurrección? Son interrogantes profundos e intensos, y yo no soy filósofa. Pero quiero presentar lo que esta historia me aportó y las lecciones que aprendí. Otra persona quizá vería mucho más que yo, y aún otra quizá vería algo totalmente diferente. Todos tenemos nuestro propio punto de vista, teñido por las experiencias de nuestra vida, y la gente nunca se pondrá de acuerdo sobre algo tan profundo y personal como las creencias religiosas. Pero tal vez mi interpretación ayude a alguien que camina a tientas en la oscuridad y la confusión.

Todos fuimos creados en el mismo momento y todos somos hijos de Dios en este sentido. Cuando vinimos a la tierra para experimentar la vida, quedamos atrapados en lo físico. Olvidamos de dónde vinimos. Al menos, lo olvidamos a nivel consciente. En lo más hondo de nuestro ser, una chispa aún recordaba y anhelaba regresar a «casa» al bienamado Padre que nos creó. Él esperaba con paciencia, porque para Él no hay tiempo; esperaba que sus hijos descubrieran, una vez más, su verdadero potencial y destino. Pero la humanidad disfrutó de la vida y se dejó absorber por las vicisitudes del mundo, cometiendo un error tras otro, hundiéndose cada vez más a través de la ley del karma. ¿Había alguna salida? Cuantas más vidas vivían los seres humanos, más karma creaban para sí. No podíamos volver a Dios hasta que volviéramos a ser perfectos, hasta haber expiado todas las faltas que hemos cometido contra nuestro prójimo.

Parece imposible. Por cada error que pagábamos, cometíamos dos más. Nos encontramos en una rueda que da vueltas y más vueltas y no llegamos a ninguna parte, porque no entendemos lo que hay que hacer para bajarnos de ella. ¿Cómo va a ascender la humanidad si está constantemente dando vueltas? Jesús vino para «salvar» a la humanidad de esto. La humanidad necesitaba un ejemplo, alguien que le mostrara el «camino». La humanidad se había metido en el lío en que estaba por el uso de la libre voluntad. Dios no castigaba, amaba demasiado a sus hijos para eso. Permitió que cometieran sus propios errores, y confió en que acabarían por aprender de ellos, por ver «la luz» y encontrar el camino que los llevaría a «casa». Puesto que Dios no quiere interferir (sólo puede ayudar y guiar), decidió enviar a alguien como ejemplo.

Yo creo que Jesús, o Yeshua, era un maestro del décimo nivel. Esto significa que después de incontables vidas llenas de flaquezas humanas, alcanzó por fin la perfección y regresó junto a Dios, desde donde había venido. Sólo que es posible que este tipo de ente pudiera resistirse a hundirse en el fango y la oscuridad de la existencia humana. Incluso para un maestro era peligroso, pues los placeres de la carne son muy tentadores, y podría olvidar el propósito de su venida.

Era importante que viniera, como todos debemos venir a un cuerpo humano, físico, y estar expuestos a todas las adversidades que afectan al hombre. Jesús tuvo que demostrar que podía elevarse por encima de ello. Si Él podía hacerlo, la humanidad también podía. Tuvo que aprender toda la sabiduría del mundo, para que pudiera comprender el tiempo en que vivió. Tuvo que formarse en el uso completo de la mente a fin de demostrar sus maravillosas capacidades. Para demostrar que un ser humano no era solamente un cuerpo animal, sino una creación espiritual suprema.

Jamás se enorgulleció de obrar milagros, pero contó a la gente que ellos también podían hacer estas cosas, y cosas aún más maravillosas. Tuvo que aprender a meditar para mantenerse cerca de la fuente de la que provino. De esta manera, tenía siempre su meta presente, y no se desviaba de ella. Su meta era mostrar a la humanidad, a través de su ejemplo, cómo debían vivir. Que la lección más grande que debíamos aprender era la de amar al prójimo en la tierra. Si el amor estuviera presente, no podría crearse más karma negativo. Si el amor estuviera presente, no habría más guerras y sufrimiento. La humanidad podría bajarse de la rueda del karma y empezar a avanzar de nuevo en la escala. Jesús fue el ejemplo perfecto de lo que cada persona tenía en su interior y de lo que eran capaces de alcanzar. Y, no obstante, siguieron sin entender. Su perfección los asustó y confundió. Lo temieron porque era diferente, y su única solución fue matarlo.

Yo creo que la finalidad de la crucifixión fue mostrar, mediante un contraste agudo, en qué se había convertido la humanidad, hasta dónde se había hundido. Yo creo que Dios ofrecía a la gente la posibilidad de elegir: seguid por vuestro camino actual y seréis como estos seres infames y envilecidos, desprovistos de conciencia, que piensan sólo en sus existencias terrenas y mundanas; o intentad construir vuestras vidas a partir de su hermoso ejemplo, y podréis elevaros por encima del caos del mundo y alcanzar la pc1fecciórr.

Él había alcanzado el entendimiento de la mente y por eso no tuvo que sufrir demasiado en la cruz. Fue capaz de abandonar el cuerpo a voluntad y morir antes de lo normal. El sufrimiento largo y prolongado no era necesario; el ejemplo y el contraste, sí. En este sentido, en verdad murió por toda la humanidad. Si no hubiera vivido, el hombre seguiría a tientas en la oscuridad sin el resplandeciente ejemplo de su vida perfecta.

Yo creo que la finalidad de la resurrección también se ha perdido y confundido en el pensamiento de las personas. Dios pretendía demostrar que el mundo físico no es todo, que el hombre era más. Un alma eterna, un espíritu que no podía extinguirse. Que el espíritu tenía una continuidad y podía existir después de que el cuerpo dejara de funcionar. Que él penetrara nuevamente en el cuerpo no habría demostrado lo que los maestros intentaban transmitir. Sólo habría demostrado que era posible continuar en lo físico. Por eso el cuerpo terreno de Jesús tuvo que desaparecer por completo.

El cuerpo estaba sellado en la tumba. Había guardias romanos y judíos apostados ante la tumba. No se fiaban unos de otros y querían estar seguros de que nadie se colaría a robar el cuerpo. Con la tumba sellada y vigilada, los maestros se pusieron manos a la obra con la ayuda de Jesús para desintegrar el cuerpo, descomponerlo en átomos y convertirlo nuevamente en polvo. Fue como si el proceso natural del deterioro y descomposición se hubiera acelerado hasta ser casi instantáneo. Se dejó la mortaja para demostrar que el cuerpo no había sido retirado físicamente. Cuando los propios guardias abrieron la tumba y vieron que el cuerpo había desaparecido, era evidente que nadie había podido llevárselo. Sólo podría haberse realizado desde el otro lado, el lado espiritual. Luego, cuando tanta gente vio la figura de Cristo, tuvieron que reconocer que ésta era la parte del hombre que sobrevivía a todo y era eterna. Que el espíritu era la verdadera naturaleza del hombre y que había algo más allá de la mera existencia terrena a la que el hombre se aferra tan ferozmente. Había que creerlo, porque era imposible que el cuerpo volviera, lo habían destruido por completo.

Pero por algún motivo, a través de los siglos, todo esto se ha ido enmarañando y confundiendo. Los soldados tenían la orden, so pena de muerte, de vigilar la tumba. El Sanedrín y los romanos conocían las predicciones sobre la resurrección. No podían dejar que le sucediera algo al cuerpo. Cuando abrieron el sepulcro y vieron que el cuerpo había desaparecido, los soldados temieron por sus vidas. Yo imagino que para salvar la piel, inventaron la historia del ángel que apartó la piedra y de Jesús que salía por su propio pie.

Es un hecho conocido que el Sanedrín pagó a los soldados judíos para que dijeran que alguien se les había colado en la noche y robado el cuerpo. Se han aceptado y transmitido estas historias a lo largo de los siglos, porque eran más fáciles de entender. La verdadera finalidad de la resurrección era, según parece, demasiado complicada y enigmática para sus mentes. Tal vez hubo otras razones para negar la verdadera historia. El miedo afecta de forma extraña a las personas.

Si estudiáis detenidamente los textos bíblicos, veréis que hay muchas referencias a repentinas apariciones y desapariciones de Jesús ante grupos de personas. Estas historias son mucho más representativas del espíritu que del cuerpo humano.

La historia de la vida de Jesús es hermosa como ejemplo del amor perfecto que Él nos legó. No puedo entender la necesidad de cubrirlo de tanta filigrana sobrenatural. ¿Porqué la historia de que nació de una virgen? Larson dice en su libro *The Essene Heritage,* que esto proviene de las creencias de los antiguos egipcios en las que un dios siempre debe tener un origen no natural. Hay muchos teólogos eruditos que no creen en el concepto de la inmaculada concepción. ¿Por qué era necesario? Fue transformado en un dios por personas que no entendían las razones de su venid a. Él no quería ser un *dios,* nunca pretendió que lo adoraran. Eso lo hizo el hombre. ¿Hay mejor manera de honrarlo y recordarlo que intentando vivir como Él?

Ciertamente, ésta es sólo mi propia interpretación y opinión. Pero qué horrible, si vivió y murió y el verdadero significado de todo ello se perdiera en las tinieblas.

No bastarían aclaraciones para explicar que una joven normal que vive en el siglo XX haya sido capaz de aportar información suficiente sobre una civilización perdida para llenar todo este libro. Una cosa es segura, y es que se logró por medios paranormales. Habrá, sin duda alguna, incontables discusiones sobre este fenómeno, sea reencarnación, posesión del espíritu o muchas otras explicaciones. Yo, personalmente, prefiero la teoría de la reencarnación. Pero es algo que ha dejado de importarme. Durante los tres meses en que trabajé con él, Suddí Benzamer se convirtió en una persona muy real. Nadie me podrá convencer de que no vivió.

Por sí solo, no hay nada realmente extraordinario o emocionante en la vida de Suddí. Fue un hombre silencioso y tranquilo, lleno de bondad y comprensión innatas, que dedicó su vida a conservar y enseñar el conocimiento. Durante sus infrecuentes viajes al mundo exterior, parecía desilusionado ante la condición humana. La singularidad de su vida provenía de la gente con la que vivía y del hecho de que se relacionó tan íntimamente con el que quizá sea el ser humano más grande que haya vivido jamás. Esto parecía llenarlo de alegría, haber vivido en el tiempo del cumplimiento de las profecías y haber ayudado en algo en la formación (o revelación) del Mesías.

El hecho de que se hayan cruzado sus caminos en Qumrán es importante porque describe una etapa desconocida de la vida de Jesús. Nos ha permitido ver el lado tan humano de un hombre desfigtlrado por la deificación. Después de esta experiencia, Él ha dejado de ser una cara en una ilustración, una estatua fría o una figura macilenta colgada de un crucifijo. Él vive, ama y vela por roda la humanidad. La relación que hubo entre Él y Suddí me ha iluminado de una manera que jamás creí posible.

La historia de la vida de Suddí también es valiosa por los maravillosos conocimientos que nos ha transmitido a través de dos mil años. Por compartirlos con nosotros, le estaremos eternamente agradecidos. Nos ha revelado una expresión de la mente antigua que no sabíamos que existía.

A Suddí, sólo le puedo decir: «Me alegro de que vivieras. Me alegro de que decidieras hablar con nosotros. Te agradezco desde lo más hondo de mi ser que hayas compartido esta información. Jamás te olvidaré».

Bibliografía

ALLEGRO, John: *The 11·easure of the Copper Scroll,* Doubleday, Nueva York, 1960. (Edición revisada: Anchor Books, Garden City, Nueva Jersey, 1982.)

-, *Dead Sea Scrolls,* Penguin Books, Middlesex, 1956.

-, *Dead Sea Scrolls: A Reappraisal,* Penguin Books, Middlesex, 1964.

-, *Dead Sea Scrolls: The Mystery of the Dead Sea Scrolls Revealed,* Gramercy Pub., Nueva York, 1981.

-, *Dead Sea Scrolls and the Christian Myth,* Prometheus Books, Buffalo, Nueva York, 1984.

DUPONT-SOMMER, A.: *The Jewish Sect of Qumran and the Essenes,* Macmillan, Nueva York, 1956.

FRITSCH, Charles T.: *The Qumran Community: Its History and Scrolls,* Macmillan, Nueva York, 1956.

GINSBURG, Christian D.: *The Essenes: Their History and Doctrines,* Routledge & Kegan Paul Ltd, Londres, 1964.

HELINE, Theodore: *The Dead Sea Scrolls,* New Age Bible and Philosophy Center, Santa Bárbara, 1957. (Un interesante enfoque teosófico.)

HOWLETI, Duncan: *The Essenes and Christianity,* Harper & Brothers, Nueva York, 1957.

LARSON, Martín A.: *The Essene Heritage,* Philosophical Library, Nueva York, 1967.

SZEKELY, Edmond Bordeaux: *The Gospel of Peace of Jesus Christ,* C. W Daniel, Saffron Walden, 1937. (Un texto clásico.)

-, *Guide to the Essene Way of Biogenic Living,* International Biogenic Society, Box 205, Matsqui, Colombia Británica, VOX 205, Canadá, 1977.

-, *The Gospel of the Essenes,* C. W Daniel, Saffron Walden, 1978.

-, *The Teachings of the Essenes from Enoch to the Dead Sea Scrolls,* C. W Daniel, Saffron Walden, 1978.

TUSHINGHAM, A. Douglas: «The Men Who Hid the Dead Sea Scrolls», en *National Geographic,* pp. 785-808, diciembre de 1958.

Leí muchos otros libros en el curso de mi investigación, pero se repetían entre sí y no ofrecían nada nuevo. Y estudié también muchas referencias en revistas y enciclopedias. Recomiendo especialmente el trabajo de John Allegro, porque lo expulsaron de la comisión por revelar demasiada información demasiado pronto. Otro enfoque nuevo es *The Essene Heritage,* de Martín Larson. En sus textos, este autor no se vincula con ninguna organización religiosa. No he usado los libros de Szekely. Sus fuentes son bastante controvertidas. He incluido sus obras sobre todo por su prestigio en Inglaterra. Muchos de los restantes autores eran seguidores estrictos de algún dogma religioso, y temían desviarse en su pensamiento. Ofrecen, sin embargo, interesantes perspectivas históricas.

SOBRE LA AUTORA

Dolores Cannon nació en San Luis, Misuri, en 1931. Creció y se educó en Misuri hasta que, en 1951, se casó con un soldado profesional de la Marina. Durante los veinte años siguientes, viajó por todo el mundo, como es común entre las esposas de marinos, y formó una familia.

En 1968 tuvo su primer contacto con la reencarnación y la regresión hipnótica cuando su esposo, un hipnotizador aficionado, tropezó con la vida pasada de una mujer a la que estaba hipnotizando (aparece en su libro *Five Lives Remembered*). En aquellos tiempos, el tema de las vidas pasadas era poco ortodoxo y muy poca gente experimentaba en este campo. Aunque despertó su interés, tuvo que dejarlo a un lado porque las exigencias de la vida familiar eran prioritarias.

En 1970, su marido fue relegado del servicio por invalidez y se retiraron a las colinas de Arkansas. Inició entonces su carrera como escritora y vendió sus artículos a diversas revistas y periódicos. Cuando sus hijos se independizaron, se reavivó su interés por la reencarnación y la hipnosis regresiva. Estudió los distintos métodos de hipnosis y a partir de ellos desarrolló su propia técnica que le permitió obtener información de aquellos a quienes hipnotizaba con gran eficacia. Desde 1979, ha practicado la regresión y ha catalogado la información que le han facilitado cientos de voluntarios. Ella se considera una regresionista e investigadora psíquica que recopila conocimientos «perdidos». También ha trabajado para la Mutual UFO Network (MUFON) durante vanos años.

Entre sus libros, se han publicado: *Ellas caminaron con Jesús* y *Jesús y los Esenios* (publicados en España por Luciérnaga y en Inglaterra por Gateway Books), *Conversations with Nostradamus* (3 volúmenes), *Keepers of the Garden* y *Conversations with a Spirit*. También ha escrito otras obras, aún sin publicar, sobre sus casos más interesantes.

Dolores tiene cuatro hijos y trece nietos que le exigen mantener un sólido equilibrio entre el mundo «real» de la familia y el mundo «invisible» de su trabajo. Quienes deseen mantener correspondencia con ella sobre su trabajo pueden escribirle a la siguiente dirección: (Se ruega incluir un sobre sellado con la dirección del remitente para la res- puesta.)

Ozark Mountain Publishing, Inc.
P.O. Box 754
Huntsville, AR 72740-0754

Made in the USA
Las Vegas, NV
19 March 2025

19824899R00181